정글 속에서 외친

복음의
메아리

정글 속에서 외친

복음의
메아리

지은이 | 이은무

표지디자인 | 한영애

펴낸이 | 원성삼

펴낸곳 | 예영커뮤니케이션

초판 1쇄 발행 | 2022년 8월 12일

등록일 | 1992년 3월 1일 제2-1349호

주소 | 03128 서울시 종로구 대학로3길 29, 313호(연지동, 한국교회100주년기념관)

전화 |(02) 766-8931

팩스 |(02) 766-8934

이메일 | jeyoung@chol.com

ISBN 979-11-89887-52-0 (03230)

값 21,000원

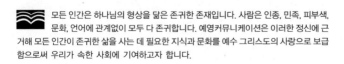

모든 인간은 하나님의 형상을 닮은 존귀한 존재입니다. 사람은 인종, 민족, 피부색,
문화, 언어에 관계없이 모두 다 존귀합니다. 예영커뮤니케이션은 이러한 정신에 근
거해 모든 인간이 존귀한 삶을 사는 데 필요한 지식과 문화를 예수 그리스도의 사랑으로 보급
함으로써 우리가 속한 사회에 기여하고자 합니다.

확실한 복음 소통을 위한 커뮤니케이션 전략

정글 속에서 외친

복음의 메아리

이은무 지음

A Missional Narratives on
Intercultural Communication

예영

추천사

김명혁 박사
강변교회 원로목사, 합동신학교 명예교수

귀중한 선교의 삶을 평생토록 살아가는 사랑하는 이은무 선교사님에게!
오랜만에 이렇게 진솔한 소통의 글을 주고 받게 되어서 너무너무 반갑고 고
맙고 좋습니다. 사실 저는 하나님의 망극하신 은혜와 사랑과 강복으로 11
살 때 캄캄한 밤에 38선을 혼자서 뛰어넘어서 남한으로 온 다음 한 평생을
고아와 나그네와 행인으로 가난과 고난과 슬픔과 아픔의 삶을 살아왔지만
부족함이 조금도 없는 넉넉하고 풍부한 삶을 살게 되었다고 고백하고 싶습
니다. 남한에 와서 서울중고등학교, 서울대학교를 졸업한 다음 미국으로 유
학을 가서 12년 동안 역사 신학을 전공했고 마지막 1년 동안은 조동진 목사
님의 권면으로 풀러신학교에 가서 선교 신학을 연구하다가 귀국해서 후암
교회에서 교육 목사로 5년 동안 사역하면서 젊은이들을 가르쳤는데 10여
명 이상의 젊은이들이 선교사와 목사로 헌신하게 되었지요. 그중에 안성원
선교사님과 이은무 선교사님이 있지요. 너무너무 고맙고 감사한 일이라고
생각합니다.

이은무 선교사님은 1976년에 인도네시아의 칼리만탄 정글에 선교사로

파송을 받아서 15년 동안 선교 사역을 하다가 싱가포르와 말레이시아에서 15년, 도합 선교 현지에서 30년 동안 선교 사역을 계속했고 지금은 미국에서 교수 사역을 하고 있습니다. 사실 저는 이은무 선교사님 때문에 인도네시아의 칼리만탄 정글을 방문하고 정글의 어린이들과 대화를 나누면서 놀라움 가득한 감동을 받은 일이 있었습니다. '어떻게 이럴 수가 있는가!' '어떻게 이럴 수가 있는가!' 생각을 하면서 감동을 받게 되었습니다. 그리고 어린이들과 함께 예배를 드리면서 가까이에 온 동물들과 함께 예배 드리면서, 깊은 감동을 받기도 했습니다.

이은무 선교사님이 최근에 본인의 선교 사역에 대한 진솔한 회고의 글을 써서 출판하게 되었는데 부족한 저에게 추천의 글을 써서 보내주면 좋겠다고 했습니다. 이은무 선교사님은 평생의 선교적 삶과 사역을 돌아보면서 아주 진솔한 자성의 고백을 했다고 생각합니다. 많은 실수를 범했다는 고백을 하고 또 했습니다. 물론 하나님께 대한 감사의 고백을 하면서 자신의 실수를 고백했는데 그런 진솔한 회고와 자성의 고백, 그 일부를 인용하면 다음과 같습니다.

정글 개척 선교의 길을 나서면서 보람과 많은 실수와 고난의 길 속에서 얻어진 소중한 경험들이 널려져 있었다. 이러한 경험들을 다른 사람들과 나눌 수만 있다면 후대가 고난의 길을 되풀이하여 걷지 않아도 될 쉬운 길이 될 수 있겠다는 생각을 하면서 펜을 들게 된다.
'무식하면 용감하다'는 말이 있듯이 정보도 없어 뛰어든 시대이지만 그때야말로 아브라함의 심정의 소유자였음을 알게 되었다. "갈 바를 알지 못하고 나아갔으며…"라고 하신 말씀과 같이 '믿음' 아니면 한 발자국도 디딜 수 없는 상황에서 우리에게 빛을 주시고, 비전을 주시고, 일을 이루게 하시는 하나님의 능력을 더욱 많이 경험하게 되는 것이다.

막연한 헌신만으로 모든 것을 메꾸어 선교하겠다는 생각만으로는 선교가 가야할 방향을 잃어 버리게 될 것이고, 방향성이 없는 선교는 결국은 많은 투자와 희생에 비해 그 보상을 받을 수 없는 무모한 선교가 되어 버릴 가능성이 많이 있다는 것을 염려해야 할 때가 왔다. 그러므로 '시작은 있으나 끝을 맺지 못하는 선교' 즉, 결과가 없는 선교는 더 이상 있어서는 안될 것이라고 본다.

전략은 선교사가 선교를 준비하기 시작할 때부터 만들어져야 한다. 바울의 선교 전략은 하나님과 함께 만들어진 전략이고, 하나님과 함께 만들어진 전략은 결코 포기할 수 없는 전략이기에 반드시 결과를 창출해 내는 선교였다.

이은무 선교사님은 다음과 같은 귀중한 권면의 말씀을 전하므로 선교 사역에 대한 조언을 했습니다.

이스라엘 사람들은 자신의 삶을 기록으로 남겼다. 이러한 선조들의 기록 정신은 우리가 읽을 수 있는 하나님의 말씀이 되었고 그 말씀 안에는 하나님이 이스라엘에게 어떻게 말씀하시고, 하나님의 주권이 어떻게 행사되었으며, 이스라엘의 영성을 어떻게 관리하셨는가 하는 것을 보여

주었다. 한편, 하나님의 인류 구원을 위한 이스라엘에 도구가 되게 하신 하나님의 기록들은 인류 구원의 역사이고 그 기록이 후대에 자산으로 남을 수 있었던 것은 우리에게는 그 어떤 것과도 바꿀 수 없는 축복이 되었다. 하나님이 움직이시는 삶과 사역의 경험들은 성공이든, 실패이든 다 귀할 수 밖에 없는 것은 우리는 성공에서도 배우지만 실패를 통해서도 많은 것을 배울 수 있기 때문이다. 우리의 삶 자체는 모두가 하나님 앞에서 소중한 것들이기에 같이 나누고자 하는 것이다.

끝으로 선교 현장의 삶과 사역을 이해하면서 그 누구에게도 장비(tool)만 주어진다면 이러한 불가능하게만 보이는 정글 사역도 해낼 수 있다는 생각을 가지기를 바라는 마음에서 이 글을 쓰게 되었다. 사역을 하면서 느낀 것은 내가 해낼 수 있을까였는데 바울은 "내게 능력 주시는 자 안에서 내가 모든 것을 할 수 있느니라"(빌 4:13)는 고백으로 우리도 할 수 있다고 독려하고 있다.

추천사

김정웅 박사

태국 선교사, 촌부리 선교센터 대표

한국 자생 선교단체인 KIM 시절에 철저한 훈련을 받으시고 1976년 몇 달 빨리 저보다 인도네시아 칼리만탄 정글의 선교사로 파송을 받으셨던 동료 이은무 선교사님의 진솔한 초창기의 이야기들과 선교에 대한 휘튼 대학교에서의 연구 내용을 중심으로 오랫동안 쌓아 올린 선교의 다양한 경험들이 어우러진 귀한 이 책을 집필하시고 출판하시게 됨을 축하하며 선교 후보생은 물론 오랜 경험을 하신 선교 동역자들과 선교학 교수들, 각 교회 선교위원회 임원들과 후원자들에게 좋은 경험과 선교를 바로 이해하는 데 크게 도움이 될 줄 알고 강력하게 추천합니다.

저자와 추천인은 초창기의 희로애락애오욕을 같은 선교단체에서 처음부터 함께 경험하며 초창기 7개국 선교지에 파송된 일곱 가정이 KMF(Korean Missionary Fellowship)를 함께 시작해서 녹음 테이프를 통해 서로 소통하던 때 초대 상임 총무로 원본을 만드셔서 보내주심으로 외로운 일곱 가정의 선교사들이 적진에 낙하된 선교 해병대들처럼 외롭고 갈 바를 모를 때 서로 의지하고 정보를 교환하고 후에 KWMF가 되는 기초공사를 하게 되었습니다. 첫 안식년 때도 같은 시카고 지역에 떨어져서 가끔 만나며 미주 지역에 해외선교 협력 사역에 대한 붐을 조성하기 위해 전 미주 교회들을 순회하며 함께 선교의 불을 지폈다고 생각합니다.

선교사들의 한계점을 생각하며 1995년 11월 1일부터 8일까지 선교사들의 지도력 계발을 위해 함께 머리를 맞대고, 짧지만 논문에 준하는 발표와 충분한 토론을 걸쳐 전적으로 선교사들이 회의 전체의 경비와 항공료까지 공동으로 분담하는 가장 비싼 대회에서 같이 머리를 싸매고 발버둥치던 것도 기억에 남습니다.

선교단체의 갈등으로 서로 헤어져 단체를 운영하다가 1999년에 GP선교회로 통합할 때도 큰 어려움 없이 잘 협력하여 오늘까지 이르게 됨을 감사드립니다. 그것이 계기가 되어 AMA(아시아선교협의회)의 사무총장으로서 아시아 교회들의 선교 운동에도 크게 쓰임을 받게 됨도 축하를 드립니다.

지금 미주에서 후학들을 교육하는 일과 지금도 선교지에 다니시며 교육하시고 학위를 수여하시는 지도자로서의 지난 선교 경험담을 통해 많은 선교 동역자들과 선교 후원자들에게 크게 기여하시게 됨을 축하드리며 계속해서 더 귀한 책들이 출판되기를 바라며 추천의 글을 드립니다.

Theme:

A Missional Narratives on Intercultural Communication

——————

"누구든지 주의 이름을 부르는 자는 구원을 받으리라

그런즉 그들이 믿지 아니하는 이를 어찌 부르리요

듣지도 못한 이를 어찌 믿으리요

전파하는 자가 없이 어찌 들으리요

보내심을 받지 아니하였으면 어찌 전파하리요

기록된 바 아름답도다 좋은 소식을 전하는

자들의 발이여 함과 같으니라"

(롬 10:13-15)

평생을 선교사의 마음으로 살아가는

모든 분들께 드립니다.

들어가는 말

선교에 대한 이해나 선교의 방향 감각도 없었던 시대인 1976년에 한국 선교의 프런트라인에 서서 '가는 곳이 길이 된다'는 생각을 가지고 정글 개척 선교의 길을 나서면서 보람과 많은 실수와 고난의 길 속에서 얻어진 소중한 경험들이 널려져 있었다. 이러한 경험들을 다른 사람들과 나눌 수만 있다면 후대가 고난의 길을 되풀이하여 걷지 않아도 될 쉬운 길이 될 수 있겠다는 생각을 하면서 펜을 들게 된다. '무식하면 용감하다'는 말이 있듯이 정보도 없어 뛰어든 시대이지만 그때야말로 아브라함의 심정의 소유자였음을 알게 되었다. "갈 바를 알지 못하고 나아갔으며…"라고 하신 말씀과 같이 '믿음' 아니면 한 발자국도 디딜 수 없는 상황에서 우리에게 빛을 주시고, 비전을 주시고, 일을 이루게 하시는 하나님의 능력을 더욱 많이 경험하게 되는 것이다.

이제 한국 선교가 본격적으로 시작된 지 50여 년이 흘러가면서 이제는 선교사들의 숫자나 몇 개국에서 일을 하는가 하는 숫자 계산에만 연연할 일이 아니고, 전략이 있는 선교가 있는가를 질문해야 할 때가 되었다고 생각

하게 되었다. 수많은 선교사, 선교단체, 그리고 후원하는 교회들, 그러나 이
모든 자원들이 선교 현장에서 효과적으로 사용되고 있는가를 생각하면서
선교사들이 책임을 느껴야 할 때가 되었고, 선교적 노력이 열매로 연결되기
위해서는 전략적 접근이 필요하다 생각을 하게 된다. 전략적 접근에는 지역
복음화를 위한 현장의 상황적 데이터 수집과 현장이 필요로 하는 방법의 개
발, 그리고 필요한 자원, 효과적인 공급을 위한 대책이 나와야 한다. 막연한
헌신만으로 모든 것을 메꾸어 선교하겠다는 생각만으로는 선교가 가야할
방향을 잃어 버리게 될 것이고, 방향성이 없는 선교는 결국은 많은 투자와
희생에 비해 그 보상을 받을 수 없는 무모한 선교가 되어 버릴 가능성이 많
이 있다는 것을 염려해야 할 때가 왔다.

시작은 그럴싸하게, 그리고 많은 사람들의 관심 속에서 시작되었던 프로
젝트가 흔적도 없이 사라져 버리는 경우를 선교지에서 종종 보면서 이러한
상황은 결국 후원자들에게 실망을 가져다 주게 될 것이고, 결과적으로 교회
는 선교에 대해서 무관심으로 돌아서게 된다면 그동안 타 올랐던 한국 선교
의 불이 쉽게 꺼지게 될 것이고, 선교사들도 좌절할 수 밖에 없게 될 것이라

는 생각이 든다. 그러므로 '시작은 있으나 끝을 맺지 못하는 선교' 즉, 결과가 없는 선교는 더 이상 있어서는 안될 것이라고 본다. 어떻게 하든 결과를 만들어 내야 하는 선교를 위해서, 한국 선교의 질적 발전을 위해서는 전략 있는 선교를 깊이 고민하고 있는 것이다.

전략은 선교사가 선교를 준비하기 시작할 때부터 만들어져야 한다. 바울의 선교 전략은 하나님과 함께 만들어진 전략이고, 하나님과 함께 만들어진 전략은 결코 포기할 수 없는 전략이기에 반드시 결과를 창출해 내는 선교였다. 바울이 순종적 리더십에 있어서, 현지인들과의 관계에 있어서, 언어의 구상 능력에 있어서, 현장에 맞는 메시지 전달에 있어서 탁월한 모습을 보일 수 있었던 것은 그의 전략과 방법을 동원했기 때문이고, 그 전략적으로 진행하는 과정속에서는 구체적인 기도를 하게 만들고, 그 기도는 현실적이며, 능력으로 나타나게 되는데 그 기도가 그에게는 하나님과 통할수 있는 분명한 통로가 되었다. 이것을 '하나님과의 소통', 즉 '능력의 통로'라고 부를 것이다. 하나님과의 소통은 인간들(청중들)과의 커뮤니케이션의 원리를 터득하게 만드는 것이다. 한편으로 선교에 있어서 늘 장애물로 남아 있는 문화적 이슈, 사회적 이슈, 전통적 이슈, 그리고 언어적 장벽 등을 극복할 수 있는 지혜는 전략적 접근으로 충분히 해결해 주는 것이고, 초문화권의 소통을 위한 전략은 초문화권 사역의 통로를 만들어 줄 수 있다는 것이다.

정글 속에서의 사역은 초문화권 중에 초문화권으로 일반 도시 문명에서의 차이점을 훨씬 뛰어 넘는 지식과 생활 수준의 걸림돌이 결국은 넓은 간격을 만들어 내기 때문에 커뮤니케이션의 기술을 습득하지 않으면 결과는 찾아볼 수 없다는 원리이다. 이러한 요소들을 생각한다면 확실한 소통을 위한 커뮤니케이션의 원리는 이론적 바탕 위에 현장에서 소통의 길을 찾아 보는 것이다. 이론과 실제가 만나면 확실한 소통의 길을 열어 줄 수 있고, 이러한 이론과 실제는 두려워만 했던 정글 선교가 풍성한 얼매의 현장으로 바뀔 수 있는 가능성을 열어 주고 있다. 그래서 이 책의 이름처럼 '정글 속에서 외친 복음의 메아리'는 원리만 터득한다면 복음은 어디에서나 울려 퍼질 수 있다는 가능성을 제시할 것으로 믿는다.

이스라엘 사람들은 자신의 삶을 기록으로 남겼다. 이러한 선조들의 기록 정신은 우리가 읽을 수 있는 하나님의 말씀이 되었고 그 말씀 안에는 하나님이 이스라엘에게 어떻게 말씀하시고, 하나님의 주권이 어떻게 행사되었으며, 이스라엘의 영성을 어떻게 관리하셨는가 하는 것을 보여주었다. 한편, 하나님의 인류 구원을 위한 이스라엘에 도구가 되게 하신 하나님의 기록들은 인류 구원의 역사이고 그 기록이 후대에 자산으로 남을 수 있었던 것은 우리에게는 그 어떤 것과도 바꿀 수 없는 축복이 되었다. 하나님이 움직이시는 삶과 사역의 경험들은 성공이든, 실패이든 다 귀할 수 밖에 없는 것은 우리는 성공에서도 배우지만 실패를 통해서도 많은 것을 배울 수 있기 때문이다. 우리의 삶 자체는 모두가 하나님 앞에서 소중한 것들이기에 같이 나누고자 하는 것이다.

끝으로 초문화권 커뮤니케이션의 이론은 안식년으로 휘튼 대학교에서 얻은 이론과 함께 정글 깊은 곳에서 허덕이며 사역했던 일들을 조명해 봄으로 이론보다 실제를 더욱 강조된 스토리 중심으로 전개되는데 우리의 위치가 하나님의 부르심을 받은 메신저(발신자)로서 청중들을 위해 어떻게 현장 문화와 상황을 고려하면서, 어떤 방법으로 메시지를 준비하고 제시할 것인가를 이야기 형태로 꾸려 나가게 된다. 이것을 나는 '커뮤니케이션 전략'이라고 부른다.

아무쪼록 독자들은 간단한 커뮤니케이션 이론과 함께 선교 현장의 삶과 사역을 이해하면서 그 누구에게도 장비(tool)만 주어진다면 이러한 불가능하게만 보이는 정글 사역도 해낼 수 있다는 생각을 가지기를 바라는 마음에서 이 글을 쓰게 되었다.

사역을 하면서 느낀 것은 내가 해낼 수 있을까였는데 바울은 "내게 능력 주시는 자 안에서 내가 모든 것을 할 수 있느니라"(빌 4:13)는 고백으로 우리도 할 수 있다고 독려하고 있다.

이은무 선교사
한번 선교사는 영원한 선교사

인도네시아 지도 (칼리만탄 위치)

지도 출처: WIKIMEDIA COMMONS https://commons.wikimedia.org/wiki/File:Kalimantan_Locator.svg

칼리만탄 지도

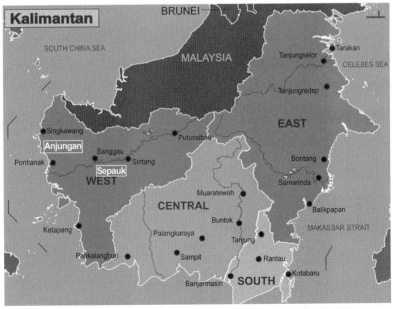

지도 출처: WIKIMEDIA COMMONS https://commons.wikimedia.org/wiki/File:Kalimantan.svg

목차

A Missional Narratives on
Intercultural Communication

제1장

복음의 메아리

아름답도다 좋은 소식을 전하는 자들의 발이여
(롬 10:15)

A Missional Narratives on
Intercultural Communication

"좋은 소식을 전하며 평화를 공포하며 복된 소식을 가져오며 구원을 공포하며 시온을 향하여 이르기를 네 하나님이 통치하신다 하는 자의 산을 넘는 발이 어찌 그리 아름다운가"(사 52:7). 이사야는 인류의 구원을 이루시고, 모든 민족을 통치하실 메시아의 오심을 예언하고 있다.

그 후 700년이 흐른 이후 세례 요한이 등장했고 예언이 성취되어 메시아의 임재를 확인하는 자리에서 많은 사람들의 관심을 자신에게 쏠리는 것을 보고 "나는 너희로 회개하기 위하여 물로 세례를 베풀거니와 내 뒤에 오시는 이는 나보다 능력이 많으시니 나는 그의 신을 들기도 감당하지 못하겠노라"며 자신의 역할을 소개하는데 그의 역할은 "광야에 외치는 소리", "주의 길을 준비하는 자"에 불과하다고 말한다. 세례 요한은 자신의 역할은 참된 복음을 위한 '메아리'라는 것이다. "그(예수님)는 흥하여야 하겠고 나는 쇠하여야 하리라"(요 3:30).

복음을 전하는 자의 발, 광야의 소리, 보잘 것 없는 존재들을 통하여 전해진 메시지는 메아리가 되어 지금도 정글의 여러 마을에 울려 퍼지고 있다.

1. 정글 속에서

    브라질의 아마존은 원시림이 그대로 있는 정글 지대로 전 세계적으로 잘 알려져 있지만 그곳 환경과 비슷한 인도네시아의 칼리만탄은 아는 사람이 그리 많지 않다. 보르네오섬, 옛날에는 가구로 유명해 한국에 알려진 숲으로 덮인 정글이라는 인식은 하고 있다. 우리는 TV다큐를 통해서 많이 보아오기는 했지만 정글 상황이 익숙하지 않기 때문에 어떤 상황인지 경험하지 않고는 상상하기가 그리 쉽지는 않다. 지금은 많이 개발이 되었다고는 하지만 그래도 '꼬따'라고 불리는 조금 큰 마을이 있고, 그곳에서 조금만 더 들어가려면 배나 발로만 걸어가야 가능한 곳이 많이 있다. 더욱이 복음을 들고 부족들을 찾아야 할 경우는 더욱 그렇다. 이사야 시대에는 말이나 낙타, 나귀 같은 짐승이 있기는 하지만 우리의 옛날 모습처럼 발을 사용하여 복음을 들고 걸어야 하는 시대이기 때문에 "복된 소식을 전하는 발이여!"라고 외쳤을 것이다. 오늘 날에도 그 발로 복음을 전할 수 있는 최고의 선교지는 바로 칼리만탄이다.

천사들의 소리를 찾아서

정글로 덮여 있어 많은 곳이 차로 갈 수 있는 질퍽한 길들이 있기는 하지만 또 다른 수단은 샛강을 따라 배를 이용하는 것이다. 내가 살고 있었던 마을 스파욱(Sepauk)에서 스네반 두아란 마을로 가려면 작은 배로 샛강을 타고 물을 거슬러 올라가야 한다.

늘 재정이 부족한 선교사에게는 5마력짜리 엔진보트도 감지덕지하다. 작은 배가 물위를 천천히 달리고 있다. 더 큰 엔진(보통 100마력)을 단 배가 옆을 지나 다치면 온통 작은 강에 파도가 치면서 우리의 작은 배를 위협한다. 우리 배가 느리기는 해도 인내하며, 기도하면서, 오늘 말씀을 묵상하면서 하나님이 주신 환경 속에서 감사하며 주일 말씀을 전하기 위해 떠나는 것이다.

아침 동이 트면 아낙네들이 아침 식사를 준비하고 목욕을 하고, 그리고 아침 용변을 보기 위해 모두 강가에 나와 물 위에 떠 있는 허술한 나무로 만든 화장실을 이용한다. 늘 우리도 옛날엔 그랬지만 후진국의 화장실은 저주 받은 "뒷간"에 불과하다. 물위에 아무렇게나 지어놓은 나무집에 문도 달아 놓지 않고 볼일을 보는데 강물이 불어 물이 많으면 밧줄을 당겨 나무에 매면 물 위에 떠 있게 되고 가물 때는 물이 강바닥까지 내려가니 나무에 맨 줄을 풀어 느슨하게 만들어 집에 물을 따라 내려가도록 한 구조이다.

까푸아스 강은 큰 강이라 너비만 300미터 이상이 되는 고속도로 같은 강이고, 스파욱 강은 샛강이라 30여 미터 너비의 강으로 지방도로처럼 사용한다. 이 강가를 따라 마을이 형성되어 있다. 강가에 지은 집, 물 위에 지어진 집, 물 위에 통나무를 띄워 그 위에 지은 집, 강은 저들의 삶의 터전이요, 교통을 위한 통로이다. 그 물을 마셔야 하고, 그 물에서 빨래와 음식물을 씻어야 하는 생명수와도 같은 것이다. 물 위로 다니고 물을 사용하고, 물 위에서 놀고, 물로 식물을 재배한다.

한 시간 반에 걸쳐서 '스네반 두아' 마을로 들어가는 입구 강가에 배를 정박해 놓고 그곳에서 한참을 정글을 헤치고 마을로 들어가게 되는데 이런 곳에서는 신발도, 운동화, 장화도 아닌 맨 발로 걷는 것이 제일 좋은 방법이다. 연중 약 8개월은 우기이고, 4개월은 건기인 정글은 건기에 만들어진 길들이 우기가 되면 풀로 가득 덮여 버려서 길인지 정글인지 분간이 되지 않는다. 정글로만 덮여 있는 곳에서 길을 잃는다는 것은 죽음을 말하는 것이다. 그 넓고 깊은 숲은 아무리 소리를 지른다 해도 도움을 줄 사람은 나타나지 않고, 아무리 둘러 보아서 먹을 수 있는 과일이나 곡식은 찾을 수 없는 곳이 정글 속 환경이다. 원주민들은 정글 삶이 익숙해서 풀로 가득 덮여 있어도, 나무가 우거져 있는 길도 잘 찾아내니 자연히 우리는 저들의 도움을 받아 정글 속으로 떠나야 한다.

정글에 어떤 곳은 나무 사이로 길을 만들어 놓았는데 그 길은 외나무 다리로 된 길이다. 큰 나무들을 잘라 넘어뜨린 후 위로 뻗은 가지들을 잘라내고 밑으로 뻗은 가지는 적당하게 잘라 땅에 닿게 하고 그 쓰러진 나무를 받치는 기둥이 되게 만든다. 그렇게 계속 나무와 나무들을 연결하여 훌륭한 외나무 다리가 계속 이어지게 만든 것이다. 수 킬로의 거리를 외나무로 만든 길을 걷기는 그리 쉽지는 않아 비가 와서 젖어 미끄러워 자주 밑으로 떨어지곤 했다. 이 길을 걷는 데는 역시 맨발처럼 편한 것이 없다. 종종 외나무 다리에서 비로 인하여 미끄러워 떨어지면 늪으로 빠지게 되는데 다시 기어 올라 타기를 몇 번이고 하게 되면 마을까지 도착하려면 몇 시간이 걸리곤 한다.

이런 거리에는 날씨가 덥지만 청바지가 가장 좋다. 짧은 반바지는 물에 빠질 때는 좋지만 많은 벌레가 무는 것을 막을 수 없다. 주일에 설교를 해야 하는 상황 속에서 흙으로 더러워진 청바지를 물에 닦아 놓으면 마르게 되고 그 바지를 입고 설교를 하기 위해 사람들 앞에 서야 하는 경우가 많은데 이러한 상황 속에서는 목회자의 외적인 격식같은 것은 필요하지 않다. 중요한 것은 메시지라고 생각하기 때문이다.

오랜 고투 끝에 마을이 가까워지니 기다렸던 소리가 들린다. 그것은 개, 돼지. 닭 등 가축들의 소리이다. 우리 일행은 신이 나서 외친다.

"마을이다."

"이제 도착했어."

"할렐루야!"

두세 시간이나 걸려 마을에 도착했으니 우리 일행은 기쁨의 함성이 나올 만하다. 나무 다리 위를 걸어야 하는 스릴 있고 피곤한 행진이 다 끝났기 때문이다. 이렇게 마을에 흔한 짐승의 소리가 집이 가까워졌다는 것 때문에 반갑기는 하지만 그것이 좋은 소식이나 기쁜 소식은 될 수 없다. 이 마을에서부터 들려와야 할 소리는 기쁜 소식, 즉 복음의 소리여야 한다.

어렵게 도착한 마을에 교회를 세워 복음을 전하기 위해 이 어려운 길을 온 것이다. 우리와 동행한 일행은 현지인 젊은 주일학교 선생님들이다. 한번도 불러보지 못한 아이들에게 소위 '노래'라는 것을 가르치기로 했다. 학교도 없는 이 마을에 노래를 가르쳐 주는 사람이 없으니 무슨 노래 소리가 들리겠는가! 가져간 간단한 악기와 함께 쉬운 찬송가를 가르치기 시작하면 그것이 저들에게는 정말 신기할 뿐이다. 이제 어린이 찬송으로부터 교회가 시작되는 것이다.

"예수 사랑하심은 거룩하신 말일세, 우리들은 약하나 예수 권세 많도다…"

노래를 불러본 일 없는 어린이들은 이 새로운 노래를 마음껏 따라 불러댄다. 지난 주에도, 이번 주에도… 그 어느 동물의 소리인들 이 천진난만한 어린이들의 찬송가와 비교할 수 있으랴! 저들은 쉽게 배우고 외우기도 잘하는 것을 보면서 가능성은 얼마든지 있는데 가르침이 없었구나 하는 생각하면서 소망을 갖게 되었다.

매주 이곳에 교회를 세우기 위해 찾아오게 되는데 어린이들은 노래로 우리를 맞이하기 시작하였다. 마을에 도착하기 전 저들은 자랑이라

도 하듯 신나게 불러대며 우리 일행을 맞이한다. 이 마을에 동물들의 소리가 어린이들의 찬송 소리로 변한 것이다. 우리의 여행으로 인한 피로가 깨끗이 씻어진다. 정글 속에서 어린이들이 부르는 찬송 소리, 외딴 마을에 너무나 청량하고 순수한 찬양, 바로 그것이 천사의 소리이다.

나무 다리를 걷는 발의 위력, 그 헌신과 노력을 찬양으로 화답하는 순수한 어린이들, 그리고 그들을 따라 나오는 어른들의 발걸음이 교회로 향하게 되고, 온 마을은 교회 중심의 축제 분위기가 만들어진다. 하나님께 예배하는 모습 속에서 주님의 말씀은 저들에게 아름다운 소식, 좋은 소식이 된 것이다. 로마서 15장 10-11절에 "열방들아 주의 백성과 함께 즐거워하라" "모든 열방들아 주를 찬양하며 모든 백성들아 그를 찬송하라." 이러한 것이 정글 사역의 매력이고, 적도가 바로 지나가는 곳 서부 칼리만탄 열대지방에서 흘러내리는 땀 방울을 씻어주는 기쁨의 소리이며, 분명 '정글 속에서 울려 퍼지는 복음의 메아리'임에 틀림없다. 그래서 존 파이퍼는 "교회의 궁극적 목표는 선교가 아니라 예배다. 선교가 존재하는 이유는 예배가 존재하지 않기 때문이다"라고 말한다.[1]

순종만이 살 길이다

1970년대, 정글에 복음을 전하기 위해 헌신하고 그곳으로 가게 된 결심은 순전히 나의 생각이나 계획이 아니라 하나님의 인도하심이었다. 우리의 신앙생활에서 하나님의 부르심에 귀를 기울이는 것처럼 귀한 것은 없고, 그

---

1   존 파이퍼, "열방이 기뻐하라" in 『퍼스펙티브스』, 예수전도단, p.148

부르심에 대한 응답으로 순종하는 것은 더욱 귀하다. 하나님의 부르심에 대한 기쁨은 '나 같은 것'을 부르셨다는 기쁨 때문에 그 소명은 세상 어떤 것과도 바꿀 수가 없다. 더욱이 그 부르심에 대한 순종, 그리고 그 과정 속에서 힘든 상황을 하나님이 함께해 주시고, 같이 걸어주시고, 힘 주시는 경험은 경험한 사람들만 아는 것이고 세상의 그 어느 것과도 바꿀 수 없는 경험이고 기쁨이다. 오늘날 수많은 종류의 유혹과 수많은 종류의 소음들이 우리의 귀를 간지럽게 하지만 정글 속의 무공해 속에서 들려 주시는 하나님의 음성은 사역자들의 마음에 기쁨이 충만하게 해 주신다.

1976년 인도네시아에 파송되어 처음 도착한 곳은 열대지방에서는 볼 수 없는 사과가 열리고, 별장들이 즐비한 살기 좋은 동부 자바섬의 산 높은 곳에 위치한 바투라는 곳은 여러 면에서 나에게는 잊지 못하는 곳이기도 하다. 그곳에는 선교사들이 세워놓은 선교단체가 위치하고 있고, 현지인들에게 지도력이 이양된 자생 선교단체인데 그 규모가 인도네시아의 기독교 단체로서는 제일 큰 규모라고 할 수 있다. 그곳에서 언어 공부와 사역 오리엔테이션을 끝내고 1977년 12월에 서부 칼리만탄의 주청 소재지 폰티아낙 시에서 정글 깊숙이 선교사들이 운영하는 MAF 비행기[2]에 몸을 싣고 정글 속 깊이 1시간을 들어가게 되었다.

5인승 세스나 비행기는 정글로 비행을 하기 전 무전 연락은 물론, 몇 명

---

2   MAF는 Mission Aviation Fellowship이라는 비행기 서비스 선교단체로서 오지에서 작은 비행기를 운행하면서 선교사들의 사역을 돕고 현지인들을 치료를 위해 병원으로 나르는 일을 하고 있다. 교통 수단뿐만 아니라 편지, 연락 등을 돕는 사역을 해 왔다.

되지도 않는 승객들의 몸무게를 재는 것이 너무나 신기하기도 하고, 한편 두렵기도 했다. 나는 서양 선교사 파일럿에게 물었다.

"왜 몸무게를 일일이 재야 합니까?"

"몸 무개를 합산하여 이 비행기가 실을 수 있는 정량을 넘으면 한 사람이 내리든지 아니면, 비행기 밑에 실은 물건을 빼내서 정량을 맞추어야 합니다. 그렇지 않으면 비행기가 뜨지 않습니다."

나를 힐끗 쳐다 보며 서양 선교사 파일럿이 웃으면서 말을 건넨다.

"수영할 줄 아십니까?

"수영은 왜요?"

"비행기가 무거우면 뜨지 못하고 떨어질 때도 있습니다."

하나밖에 없는 엔진이 고장 나거나 무개를 이기지 못하면 비행기가 떨어지게 되면 강에 떨어뜨리는 것이 가장 안전하다는 것이다. 엔진이 꺼져도 약 20분 간은 날면서 내려 앉을 곳을 찾는데 가장 안전한 곳은 물 위라는 것이다. 비행기가 수면 약 2m 높이에 다다르면 문을 열고 물로 뛰어내려야 한다는 것이다. 그래야 충격을 피하고 살아 남을 수 있는데 까푸아스 강 너비가 300m가 넘으니 헤엄을 못치면 죽게 된다는 말이다. 타지도 않아서 겁을 주는 파일럿은 웃으며 농담 비슷하게 하는 말을 가늠할 수가 없었다.

진짜 농담이기를 바라면서 비행기를 타니 파일럿 옆 자리를 차지하게 되었는데 호기심이 많은 나는 파일럿의 거동 하나하나를 살피고 있었다. 비행기가 얼마나 낡았는지 문틈으로 바람이 세차게 들어온다. 비행기가 뜨기 전부터 기도가 절로 나오게 된다.

선교단체란 후원자들의 지원으로 운영이 되지만 절약이 미덕이고, 헌신된 마음으로 삶을 꾸려 나가는 것이 선교단체들이다. 때문에 늘 재정이 고갈되니 자연히 비행기는 믿음으로 운영이 되어야 하는 상황이다. 내 믿음은 어떤가, 정글에서 살아 남을 믿음이 있는가를 점검하게 된다.

파일럿은 비행기가 뜨자마자 책을 열고 읽기 시작하는 것이었다.
"오 마이 갓."
두려웠던 나의 마음이 조금은 진정이 되었다. 나는 크게, 그리고 조심스럽게 물었다.
"몇 년이나 이곳에서 비행을 하셨습니까?"
"약 20년이요."
"이 서부 칼리만탄 정글 속에 몇 개의 활주로가 있습니까?"
"모두 50여 개가 있는 그중에 10개 정도는 관리를 하지않아 내려 앉을 수가 없습니다."
미국에서 온 파일럿의 헌신과 노력은 놀랄만하다. 비행기가 내릴 수 있는 활주로는 정글을 깎아서 만든 진흙 또는 거친 잔디로 덮여 있는 곳을 위험을 무릅쓰고 내려야 하는 비행장이 아닌 비포장 도로이다. 활주로에 내리기 전에 눈으로 확인하는 일을 하는데 활주로 관리를 하지 않아서 풀이 많이 났는지 아니면 비가 많이 와서 활주로가 흙이 질퍽하지는 않은지, 만일, 질퍽하면 작은 바퀴가 빠지거나 활강할 때 위험을 피하기 위해서 내리기 전에 점검을 해야 한다. 이렇게 장비도, 비행장도 없는 정글 속의 활주로, 모든 것이 눈으로 관찰하고 내릴 지를 결정해야 하는 환경에서는 담대함 아니면 믿음으로 사는 것이다. 파일럿 선교사들은 정글 속에 집을 짓고 외로운 선교사로서 삶을 살면서 비행기로 사역자들을 이곳저곳 정글 속 마을로 빠르게 나르는 일로 사역을 돕고, 병든 사람들을 위해 정글 속에 지어놓은 '수르깜' 병원으로 이송하는 일, 그리고 선교사들이 사는 곳에 편지와 함께 주문한 물품을 배달하는 것도 비행선교단의 임무이다.

어떤 이들은 파일럿은 아니지만 정글 속에서 같이 살면서 비행기 엔진을 점검하고 수리하는 사람, 거대한 롤러로 활주로를 다지고 고치는 일을 하는 사람 등, 항공 선교 선교사의 업무는 다양하고 선교 사역 조력자로서 보람을 느끼고 있는 것 같다. 1977년, 처음 정글에 도착했을 때 한 곳에서 한국전에 참전했던 파일럿을 만나서 너무나 반가웠다. 그는 나이가 많지만 남은 삶을 선교 파일럿으로 살겠다는 결심을 하고 그곳에 온 것이란다. 이렇듯 저들의 헌신은 하나님의 부르심에 대한 철저한 순종으로 시작된 것이다.

발로 걷는 일, 배를 이용해서 정글교회를 방문하는 일 외에도 정글 용 오토바이를 이용할 수 있는 길이 있다. 한번은 정글용 오토바이를 타고 캄캄한 숲으로 덮여 있는 좁은 흙 길을 달리고 있는데 큰 구렁이가 길을 가로 막고 있었다. 캄캄한 밤에 오토바이의 헤드라이트에 나타난 뱀은 길을 가로질러 누워 있는 것이 아닌가? 기겁을 하며 피하려고 했으나 길 섶에 정글의나무와 숲이 우거져 있어 피하기는 쉽지 않았다. 다른 방법이 없었다. 그냥 커다란 구렁이 뱀을 질러가는 수 밖에….

족히 5m는 될 것 같다. 뱀이 밤에 이렇게 길에 나와 누워 있는 이유는 정글은 밤에는 제법 날씨가 써늘하기 때문에 밤이 되면 뱀들이 숲에서 나와 낮 동안 따뜻해진 길바닥에 누워 있는 것이다. 마치 큰 나무토막을 짚고 넘어가듯 지나쳐 달리니 머리털이 버쩍 서는 것을 경험하게 된다.

수요 저녁 예배를 끝내고 같은 길로 돌아오면서 조심스럽게 길을 살펴본다. 다행스럽게도 뱀은 사라지고 없었다. 자동차에 치였다면 죽었을 뱀이 오토바이로는 어림없다. 뱀은 정글 속에서는 흔한 동물이지만 그날만은 무서웠던 것은 등불 하나 없는 캄캄한 밤에 뱀이 나타났었기 때문이다. 정글 사역을 하면서 나는 종종 "주여! 할렐루야!"를 외치는 버릇이 생겼다. "주여!"는 위기의 순간이고, "할렐루야!"는 위기의 순간을 이겨냈을 때 외치는 일종의 감사의 기도였다.

지금은 많이 달라졌지만, 옛날 선교지에서의 사역은 팀(term)으로 나누어 1팀을 5년으로 규정하고, 안식년은 통상 1년을 쉬는 경우가 있었다. 이러한 제도는 선교는 전쟁터와 같이 치열하게 생존을 위해 싸워야 하는 경우도 있고, 일 년을 쉬면서 자녀들의 정체성도 길러주고, 자신의 하는 일을 멀리서 보면서 새로운 계획을 수립할 수 있기 때문에 서양 선교사들은 안식년 제도를 잘 만들어 활용하고 있었다. 10년을 정글에 머물면서 두 팀을 지내게 되는데 먼저 팀에서는 정글 속 깊은 곳에서 교회 설립을, 그리고 두 번째 팀에서는 신학교 설립을 통하여 정글에 모자라는 사역자들을 배출해내는 사역을 하게 된 것이다.

첫 번 팀에서의 교회 설립 사역에는 평신도 사역자들을 맡고 있는 스파욱 교회를 중심으로 훈련하여 동역을 하게 되었고, 외부의 지원으로는 실습을 위해 파송된 신학생들[3]의 도움을 통해서 11개 교회를 설립 또는 책임관리하는 사역을 하게 되었다. 선교회 본부에 있는 '이띠가' 신학교에서 보내온 신학생들이 있지만 저들은 칼리만탄으로 배치되는 것을 몹시 두려워한다. 오토바이나 배 같은 장비도 준비되지 않는 정글 속을 발로 걸어서 다녀야 하는 어려움과 각종 벌레와 모기, 질병 등 저들에게는 이 모든 것들이 두렵고 괴로운 조건들이다. 정글 사람들과 삶을 공유해야 한다는 것은 저들에게 사명이 아니면 해내기가 쉽지 않다. 그래도 어떤 신학생들은 패기를 가지고 1년간의 실습을 공격적이고, 성공적으로 마치는 학생도 있는데 저들에게는 고생을 통해서 얻어지는 많은 경험을 귀하게 생각하면서 기쁨으로 사역을 이끌어 나가는 학생들은 분명 미래가 보장된 학생들이다. 일꾼이 모자라는 정글 속의 교회들은 누가 와도 기쁨으로 맞이하고 최선을 다해서 저들을 돌보는, 상호 돌봄을 통해 맺어진 우정과 인연 때문에 다시 정글 사역을 위해 돌아오는 학생들이 있다. 그들은 정말 사명자들이다.

복음이 필요한 곳으로 가라

얼마전 96세를 일기로 타계하신 한국 선교의 선구자이신 조동진 목사의 KIM[4]을 통해서 내가 인도네시아에 파송된 것은 하나님의 큰 축복이 아닐

---

3 인도네시아 많은 신학교들이 3년간 캠퍼스에서의 공부가 끝나면 졸업 전 1년간 현장실습을 하게 된다. 이론과 실습을 겸비한 신학 교육이다.

4 KIM(Korean International Mission)은 1968년 조동진 목사에 의해서 한국 최초로 설립된 초교파적 선교단체로 AMA 선교운동을 통하여 한국과 아시아 각국에 선교운동을 주도했다. GP(Global Partners) 선교단체의 원조이기도 하다.

수 없다. 그분의 선교 지론은 선교사 파송 숫자에 연연하지 않고 선교사다운 선교사를 만들기 위해 강한 훈련을 통과해야 하고, 선교사의 숫자가 아니라 일을 제대로 하는 선교사가 필요하다고 말했다.

선교지로 오기 전 한국에서의 훈련뿐만 아니라 특별히 인도네시아 현지 IMF선교회[5]에 소속되어 많은 외국인 선교사들과의 삶을 공유하고, 현지 사역자들과 같이 사역하는 법을 배우게 한 것은 내가 정글 사역을 개발하는 데 큰 도움을 주었다.

첫 선교지를 정글로 정하게 된 것은 한국 선교단체인 KIM이 IMF 인도네시아 선교단체와 협약에 의해서 나를 서부 칼리만탄으로 보낸 것이다. 정글 속에서의 삶은 어려운 환경이었지만, 하나님의 은혜는 풍성하기만 했다. '사람이 사는 곳에는 나도 살 수 있다'는 결단을 하고 간 정글의 삶과 사역이야말로 나에게 낮은 자세로 섬기는 것이 무엇인가를 배우게 된 귀한 경험이었다. 일생을 선교사로 보내야 하는 나로서는 나의 첫 단추가 된 정글 사역은 선교사의 기본자세를 배우게 된 선교의 훈련 현장이었다.

예수님의 선교 사역의 특징은 "자기를 비워 종의 형체를 가지사 사람들과 같이 되셨고"(빌 2:7)에서 찾아볼 수 있는데 작은 모습이기는 하지만 주님의 모습을 배워 가는 것이다. 우리가 알아야 할 선교의 배경은 말씀이고,

---

5 IMF(Indonesia Missionary Fellowship)의 초청단체(receiving agency)로서 선교사가 선교 현지에 도착하여 그곳에서 언어, 현지인들과 같이 사는 법 등의 훈련 과정을 끝내고 다시 선교현장으로 파송하고 사역 책임을 지는 단체이다.

성경에서의 최초의 선교는 하나님에서부터 시작이고, 최초의 선교사는 예수 그리스도이시다. 예수님은 "아버지께서 나를 세상에 보내신 것 같이"(요 17:18, 20:21)라고 말씀하신 것은 '보내심을 받은 자'라는 사명의식에서 나타난 선교사의 모습이셨다. 아버지의 보내셨다는 것은 내 뜻대로 하는 것이 아니라 보내신 분의 뜻을 따라 행하는 것이다. 요한복음 4장 34-35절, "나의 양식은 나를 보내신 이의 뜻을 행하며 그의 일을 온전히 이루는 이것이니라"라고 말씀하시고 "눈을 들어 밭을 보라 희어져 추수하게 되었도다"라고 말씀하셨다. 예수님이 손가락으로 가리키신 곳은 분명 선교사를 필요로 하는 곳이다.

한 나라의 대사가 타국에 간다면 그는 분명 국가를 대표한 인물로서 반드시 자신이 아닌 자국의 의도대로 일을 처리해야 한다. 바울이 우리는 하나님 나라의 '사신'이라고 말씀하신 것은 바로 이 때문이다(고후 5:20). 그러므로 선교사는 내가 필요한 곳으로 가는 것이 아니라 예수님이 가리키시는 곳, 선교사를 필요로 하는 곳으로 가는 것이 당연하다. 그리고 어렵더라도 그곳에서 우리의 삶을 위해 적응해 나가는 것이 선교사의 갈 길이다. 우리말에 '죽으란 법은 없다'란 말이 있듯이 본능적으로 어디에서나 생존할 수 있는 능력을 인간에게 주셨다. 정글 사역을 떠난 지 30년이 지난 지금도 그곳에 대한 그리움과 다하지 못한 일들로 인하여 복음 빚진 자로서의 아쉬움을 가지고 있지만 늘 기도에 동참하며 정글 속의 교회들, 그리고 공동 프로젝트로 세워놓은 안중안 신학교가 진정 정글 복음화를 위한 초창기 설립 목적를 이루어 내는 학교로 계속해서 발전해 나아가기를 기도하고 있다.

하나님께서 나에게 주신 사명은 교육을 통한 선교라는 것을 비공식적 훈련 기간이었던 경상북도 안동의 한 중학교 교사가 되면서 깨닫게 되었다. 정글로 보내신 하나님의 의도를 파악하는 데는 많은 시간이 필요치 않았다. 나의 인격과 나의 교회 설립 기술 등은 실습을 통해서 습득되는 것을 알고 있었기 때문에 신학교 설립 사역으로 들어가기 전에 먼저 하나님은 나를 정글로 보내서서 경험하게 하셨고 그 경험이 학교에서 학생들을 가르치고, 정글 사역으로 인도하는 데 도움이 되는 줄은 전혀 모르고 순종했을 뿐이다. 선교는 결국 하나님이 하시는 일이고, 우리는 하나님의 계획 속에서 조건 없는 순종이 먼저, 그분이 원하시는 대로 사용되도록 준비하는 과정, 이것이 필요하다는 것을 깨닫게 된다.

선교를 명령하신 총 사령관은 물론 예수님이지만 한편, 선교의 수퍼 모델도 바로 예수님이시다. 주님의 방법은 가장 좋은 방법이고, 주님의 방법대로 한다면 선교는 성공할 수 밖에 없다.

주님의 방법을 몇 가지 간략하게 정리한다면, 먼저, 주님은 한 영혼에 대한 깊은 애정을 가지고 계셨다. 한 마리의 양을 찾으시기 위해 아흔 아홉 마리를 두고, 그날 밤에 잃은 양을 찾아 헤매시는 모습, 찾아 기뻐하시면 잔치를 배설하시는 목자, 그리고 양을 하나하나 세시고, 이름을 부르실뿐만 아니라 양을 위해 목숨을 버리시겠다고 약속하신다(요 10:11).

둘째, 예수님은 우리에 있는 양을 지키실뿐만 아니라 "우리에 들지 아니한 다른 양들"(요 10:16)에 대한 관심을 가지셨다. 이 말씀은 교회가 한 우리 안에 있는 양 무리를 위한 교회에서 사회뿐만 아니라 타지역, 또는 믿지 않는 이방인들에게까지 관심을 갖는 것이 바로 하나님의 나라를 섬기는 교회의 모습이어야 함을 가르쳐 주고 계시다. 선교란 주제를 가지고 정글 교회 설립 사역도, 신학교 교육 사역도 만들어 나갔던 이유는 이 주제가 바로 영혼 사랑, 이방 사랑으로 갈 수 있는 길이라고 생각했기 때문이다.

셋째로 예수님의 선교는 제자 훈련이었다. 사람들을 훈련시켜 저들이 이 사역을 감당할 수 있도록 하신 것이다. 주님의 훈련의 패턴을 보면 1) 강연 2) 모델링 3) 솔선 수범 4) 실습 5) 도전 6) 문제 해결 능력 7) 실물 교육 8) 비유를 사용하셨다.[6] 무엇보다 중요한 것은 말씀으로만 사랑을 외치시지 않고 십자가의 죽으심으로 우리를 향한 주님의 사랑을 확증하셨다(롬 5:8)라고 바울은 증언한다. 주님의 십자가는 곧 한 알의 밀이 땅에 떨어져 죽는 원리이다(요 12:24). 눈물 없이는 열매도 없다는 것이다(시 126:8).

주님이 사랑의 사신이셨다는 것은 인간의 모습 그대로를 보실뿐만 아니라 그의 어려운 형편과 필요를 따라 말씀으로, 고치심으로, 먹이심으로 해결해 주시는 모습은 선교사들이 해야 할 사역의 기초를 마련해 주신 것이다. 이 모든 것들을 3년이란 짧은 기간 동안에 이루어졌다면, 나는 30년이란 기간을 잡아 이 모델을 실천하려고 노력했지만 부족한 것 뿐이다. 정글 사역이야말로 뿌리는 대로 싹이 나고 열매 맺는 모습을 볼 수 있는 이런 오지에 나를 보내시고, 나를 사용하신 하나님께 감사할 뿐이다. 나는 이 정글 사역을 하면서 나를 향한 하나님의 사랑을 마음껏 느꼈을뿐만 아니라 가장

---

6 Ronald Habermas & Klaus Issler, *Teaching for Reconciliation*(Baker 1992) p.131. – 예수님의 제자들을 위한 교육방법은 분명한 목표를 향하여 활을 쏘듯 주님의 교육 프로그램은 비전을 주시고, 모범을 보이셨으며 생도들로 하여금 실습을 할 수 있도록 하셨다.

낮은 이들의 섬김을 통해서 주님의 낮아짐을 조금이라도 경험할 수 있는 기회였다.

눈물로 씨를 뿌릴 때

한국 선교의 초창기 선교사로서 선교지는 모든 것을 신기하고 새롭기만 하고, 모든 것은 배움의 현장이었다. 정글 속의 환경이 나에게는 모두 학교와 같고 배움의 교실과 같았다. 특별한 정글에 들어와 선교활동을 하고 있었던 서양 선교사들의 삶, 사역, 그들의 현지인과의 삶을 공유하는 모습 등은 나에게 모두가 선생님이 되고도 남는다. 칼리만탄에 도착해서의 일이다. 선교사들이 운영하고 있는 MAF 선교 비행기를 타고 '뿌뜨시바우'라는 정글 깊은 곳에 내린 적이 있다.

이곳은 일찍이 WEC[7] 선교사들이 자리를 잡고 있는 곳으로 비행 활주로가 만들어진 곳이다. 비행기가 내릴 즈음에 엔진 소리를 듣고는 뛰어 나온 정글 어린이들, 옷도 제대로 입지 않고 초라한 모습의 아이들 가운데 키 큰 어른들이 몇 분 서 있었다. 비행기가 가까이 접근해 보니 그 키 큰 어른들은 모두 선교사님들이었다. 저들은 비행기가 오면 반가울 수 밖에 없는 이유가 그 비행에는 편지와 햄 라디오로 주문한 식재료(주로 통조림)를 싣고 오는 비행기이기 때문이다.

---

[7] WEC(Worldwide Evangelization for Christ)는 1913년 C.T. 스터드(Studd)에 의해 세워져 전 세계적으로 1,800여 명의 선교사들이 각 대륙에서, 또는 오지에서 희생적으로 섬기는 단체로 알려져 있다.

나는 저들에게 가까이 다가가 몇 가지 질문을 던졌다.

"선교사님은 어디에서 오셨나요?"

"저는 호주에서 왔습니다." "저는 뉴질랜드에서 왔어요."

"얼마나 오랫동안 이곳에서 사역을 하셨나요?"

"27살부터 했으니까 벌써 30년이 지났네요."

머리는 희끗하고, 흰 수염이 난 노년으로 접어들어 보이는 한 선교사님들은 일생을 이곳 정글 사람들과 삶을 같이 했던 WEC 선교사들이었다. 나는 한참을 생각하며 한동안 처음 비행기를 타면서 초년 선교사로 두려웠던 생각이 한 순간에 사라지는 것을 느꼈다.

"선진국가에서 온 이들도 이곳에 일생을 보냈다면 내가 왜 할 수 없겠는가?"

마음으로 저들의 헌신을 깊히 존경하면서, "나도 이곳에서 일생을 보낼 수 있을까?" 스스로를 생각하면서 다음 행선지로 떠났다. 이제는 배를 타고 까푸아스강을 따라 내려가야 한다. 내가 탄 배는 유유히 강을 따라 내려오니 신땅이란 조금 큰 도시를 지나 '스파욱'이라는 면소재지 마을로 떠났다. 내가 살아야 할 그곳, 한국에서 얼마나 기다리고 꿈으로 그렸던 곳이었던가? 수년 동안을 기도해 왔고, 마음으로 그림을 그려왔던 그곳, 스파욱으로 가면서 기대와 함께 흥분된 경험은 지금도 생생하다. 정글 복음화를 꿈꾸면서 3시간 만에 도착하는 마을, 사람들은 이미 모든 것을 준비하면서 기다리고 있는 터라 그동안 우리는 서로를 위해서 기도했기에 오래전에 만난 옛 친구와도 같은 느낌을 갖게 되었다.

여기부터 흥분을 가라앉히고 차근차근 나의 사역을 처음부터 전략적으로 정리하고자 한다. 정글의 거대한 나무들이 아무렇게나 자라고, 아무렇게나 쓰러져 있는 혼란스러운 환경이지만, 그곳에 사는 사람들의 삶의 가치는 하나님이 보시기에 귀한 것이고, 그들에게 복음을 전하기 위한 나의 희생이 헛되지 않게 되기 위해서도 나의 사역의 체계와 방향성을 가지고 시작하는 것이 필요하다고 생각하게 되었다.

정글 사역에 무슨 이론이 필요하며, 무슨 전략이 필요한가? 뱃머리가 가는 데로 따라가면 되고, 세월이 흘러 가는 데로 가면서 전하면 되지 않겠나 생각하면서도 기왕이면 저들의 체계 있는 삶을 제공하기 위해, 나의 체계 있는 사역의 정리를 위해 복음의 소통과 효과적인 복음의 확산을 위한 커뮤니케이션 전략을 만들어 내는 것이다.

다음의 커뮤니케이션의 이론은 도시, 농촌, 정글을 가리지 않고, 선교사라면 반드시 알아야 할 기본적인 이론이다. 간단하고도 쉬운 이론으로 나의 사역을 조명해 봄으로 누군가에게는 필요로 하는 선교적 전략을 만드는 데 도움을 주고자 하는 것이다.

2. 말씀이 울려 퍼질 때

하나님은 직접 아담에게 말씀을 하시면서 소위 "문화적 명령"(cultural mandate)을 주셨는데 하나님의 창조물에 대한 관리책임을 맡기셨다는 의미이다.

"하나님이 그들에게 이르시되 생육하고 번영하여 땅에 충만하라, 땅을 정복하라, 바다의 물고기와 하늘의 새와 땅에 움직이는 모든 생물을 다스리라"(창 1:28).

이 명령을 하달하는 과정 속에 하나님은 인간과의 특별한 관계를 형성하시면서 순종을 통해서 하나님의 명령을 수행하는 동역자적 책임[8]을 인간에게 주실뿐만 아니라 그의 영을 불어넣어 주시므로(창 2:7) 하나님과의 영적 커뮤니케이션이 가능하도록 하셨다. 하나님의 명령하심과 인간의 반응 관계를 통해서 상호작용이 일어나며 이것이 하나님이 원하시는 관계성이고, 선교는 곧 인간이 하나님과의 관계성 회복(엡 2:16)을 말한다. 뿐만 아니라

8　이종우, 『선교, 문화 커뮤니케이션』(CLC 2011), p.69.

인간을 사회적 동물로 만드시는 과정 속에 고독하지 않도록 하기 위해 파트너로서의 여자를 창조하시고, 둘이 한 몸을 이루도록 하신 것이다(창 2:24). 여자의 창조는 첫 인간의 관계성을 만들어 놓으시고 이 관계성은 커뮤니케이션으로 계속된 것이다.

커뮤니케이션은 발신자와 수신자의 관계성을 대단히 중요시한다. 하나님과 인간간의 관계성의 회복이 결국은 하나님이 인간들을 향한 구원의 계획이고 이러한 방법은 곧 신뢰, 또는 '믿음'이라는 단어로 표현하게 되는 것이다. 주님은 이러한 하나님과의 관계 회복을 위해 오시고, 십자가를 지시는 고통의 과정을 거치셨다. 하나님과의 관계성의 회복은 한편 인간간의 회복을 요구하고 있다. 사랑이 하나님과 관계를 가장 잘 표현했다면 인간간의 관계도 '사랑'이란 말이 가장 적절한 말이 될 것이다. 그래서 주님은 두 계명 중 하나님을 향한 것도, 인간을 향한 것도 사랑이라고 말씀하셨다(마 22:36-40). 우리의 관계 속에 사랑이 전제된다면 커뮤니케이션은 쉽게 이루어질 수 있게 된다.

마지막에 아들을 통해서

예수님이 강조하신 관계성을 비유에서도 많이 볼 수 있다. 목자와 양과의 관계(요 10장), 포도나무와 가지의 관계(요 15장), 아버지와 잃어버린 탕자의 관계(눅 15장) 등 여러 곳에서 하나님과 인간의 관계회복을 위해 주님이 죽으셨고, 그 "십자가로 이 둘을 한 몸으로 하나님과 화목하게 하려 하심이라 원수 된 것을 십자가로 소멸하시고"(엡 2:16)라고 말씀하셨다. 이방인이었던 우리가 하나님과의 원수 되었던 관계를 주님의 육체의 죽음으로 화목하게 되었다는 엄청난 관계성 회복을 선언하신 것이다. 그래서 기독교는 종교가 아니라 '관계'라고 말하는 이유이다. 어떤 율법이나 교리적 프레임에 얽매인 종교가 아니라 자유를 구가하는 하나님과의 관계성 속에서 변해가는 우리의 모습은 바로 하나님을 아버지로 모신 자녀 관계의 모습이며 그것이 곧 참된 기독교인들의 모습이어야 한다. 그래서 우리는 하나님과의 관계성이 튼튼해질 때 이방인들까지도 이 관계성 회복의 반열에 들어올 수 있도록 하는 것이 선교의 중요 과제이고 초문화권 커뮤니케이션의 필요성이 생기는 것이다.

이 관계성 회복의 주역은 예수님이셨다. 하나님이 인간에게 말씀하시는 방법에 대해서는 히브리서 1장 1-2절에 잘 설명해 주고 있다.

"여러 부분과 여러 모양"이란 말을 하나님의 계시의 말씀인 구약과 신약을 통틀어 보면 하나님은 먼저, "선지자들을 통해서" 말씀하셨다. 여기서 선지자란 하나님의 구원의 역사의 반열에 있었던 모든 인물을 포함한다면, 아브라함으로부터 시작되는 족장들과 이스라엘 역사를 이끌어갔던 사사를 포함한 모든 임금들과 예언자들을 말할 것이다.

두 번째로, "여러 모양이란" 계시의 방법을 이야기하는 것으로 아래와 같은 방법을 하나님은 사용하셨다. 그것은 1) 직접 말씀하심 2) 꿈으로 말씀하심 3) 계시로 말씀하심 4) 글로 말씀하심 5) 징조로 말씀하심 6) 자연을 통해서도 말씀하셨다(욥 38:1, 40:6; 시 18:10-16).

세 번째로 하나님은 "우리 조상에게"라고 하셨는데 그것은 이스라엘이라는 한 민족의 역사를 통해서 말씀하셨다. 하나님의 통치, 인내, 관리, 훈련, 징계 등의 수단을 사용하셔서 "하나님이 누구이신가"를 알게 되고, "하나님의 원하심이 무엇인가"을 깨닫게 하셨다. 하나님의 인간 구원 계획은 이스라엘을 통해서 '이방의 빛'이 되어 이방도 구원의 반열에 참여하도록 하는 것이 그들의 소명이어야 했다(사 49:6).

하나님의 커뮤니케이션의 방법은 인간의 삶 속에서뿐만 아니라 하나님의 절대적인 계획과 탁월한 방법, 즉 그의 아들이신 예수님의 임재를 통해서 하나님의 사랑을 증거하시고(요 3:16), 하나님이 인간 속에 들어오셨다는 것을 말해주고 있다("임마누엘", 마 1:23-24; 빌 2:7). 이 놀라운 사실을 깨닫는다면 하나님의 커뮤니케이션의 다양성을 인정하게 되는데, 우리의 커뮤니케이션의 제한성을 깨닫게 되면서 복음전파의 커뮤니케이션의 중요성은 물론, 계속적으로 연구가 필요하다는 것을 인식하게 된다.

하나님의 사람들을 부르심과 약속을 통하여 말씀하신다. 성경은 하나님의 인간에 대한 사랑과 구속의 역사를 기록하였고 이스라엘은 하나님의 구속사의 장을 열어간 하나님의 선민이었다. 그러므로 복음의 핵심은 구속의 메시지이다. 성경의 중요한 관심은 인간이 어떻게 죄의 권세로부터 구원을 받게 되며, 완전한 생명으로 들어갈 수 있는가를 말해 주고 있다.

불순종의 인간을 구원하시기 위한 하나님의 계획은 창세기 3장 15절에 "내가 너로 여자와 원수가 되게 하고 네 후손도 여자의 후손과 원수가 되게 하리니 여자의 후손은 네 머리를 상하게 할 것이요 너는 그의 발꿈치를 상하게 할 것이니라"란 말씀으로 인간 구원을 위한 방도로써 십자가를 예시하셨다. "여자의 후손"(갈 4:4)은 동정녀 마리아에게서 탄생하신 예수 그리스도의 탄생이요, 예수그리스도의 오심은 십자가로 하나님과 원수된 사탄의 권세에서 해방되게 하신 것이다(엡 2:16). 하나님의 계획을 이루시기 위하여 사람들을 부르시고 하나님의 약속을 주셨다. 하나님의 부르심에 응답하고 하나님의 약속을 붙잡은 자들은 이 예수 그리스도의 오시는 길을 예비한 자들이다.

하나님은 이스라엘 민족을 치리하시는 방법을 통하여 말씀하신다. 하나님의 이스라엘 통치 방법은 철저한 훈련을 통하여, 하나님의 절대적 권세로 이스라엘 백성들을 구출하시는 데, 그것이 출애굽 사건이다. 그 후, 광야의 방황을 통해서 이스라엘 백성이 하나님이 누구이신가를 깨닫게 하며, 하나님께 예배하도록 만드시는 사건이다. 가나안의 약속과 정복 사건을 통해서 이스라엘의 우주적 사명과 증거의 책임을 감당하게 하실 뿐 아니라 이 모든 사건들을 하나님이 이스라엘을 쓰셔서 '이방의 빛'이 되게 하시기 위한 역사적 커뮤니케이션이고, 한편으로는 그리스도인의 삶의 표징으로 사용하신 것이다.

성경의 이스라엘 역사 속에서 말씀하신 하나님은 기독교 역사에 나타난 하나님의 역사의 주체가 되셔서 이끌어 가시고, 복음전파를 위한 교회의 사명을 통해서 역사의 흐름을 주장하신 것을 보게 된다. 하나님은 세계 역사 속에 나타나는 하나님이 이방 세계의 모든 역사의 주인이시기도 하시다. 하나님의 역사를 통해서 오늘날 세계를 이끄신다는 것을 알게 될 때 하나님은 역사를 통해서도 인간들에게 말씀하고 계시하고 계심을 깨닫게 된다.

끝으로, "마지막에 아들을 통하여"란 말에 주의를 집중할 필요가 있다. 인간 역사에 있어서 가장 놀라운 사건은 하나님이 인간이 되신 사건이다. 하나님과 인간 사이의 커뮤니케이션의 클라이맥스가 바로 이 성육신 사건이다. 인간들이 하나님의 음성에 귀를 기울이지 않을 때 하나님의 마지막 방법은 당신 자신이 인간의 모습으로 나타나신 것이다. 인간의 언어로, 인간의 삶 속에서 분명한 말씀을 하시기를 원하셨고, "인자"란 말로 스스로를 부르셨 듯, 인간의 삶 속에서 인간과 동일시하셨다.

빌립보서 2장 6-8절에서 성육신의 메시지, 문화 동일시의 원리를 터득하게 하신다. 이 성경을 가지고 하나님의 커뮤니케이션의 방법을 연구해야 하는데, 그는 인간이 되심의 원리는 "하나님의 본체"라는 하나님의 전능성, 초월성, 그리고 무소부재의 위치에 계시는 하나님이 이 모든 권세를 포기하신 것은 바로 "하나님과 동등 됨을 취할 것으로 여기지 아니하시고"라는 말씀에 모두 포함되어 있다. 이것은 바로 아브라함이 "고향 친척과 아버지의 집을 떠나"(창 12:1)라는 말씀과 선교사가 자신들의 친근한 모든 환경과 관계들을 끊고 떠나야 하는 원리와 같은 것이다.

계속해서, "자기를 비어 종의 형체를 가지사"라고 하신 말씀은 곧 하나님에 대한 완전 복종과 함께 인간 중에서 바닥 수준에서 섬기는 모습으로 자리매김하시고, 또 그들의 수준의 언어로 저들과 소통하심으로 그들의 친구가 되신 것, 그것은 바로 하나님의 효과적인 커뮤니케이션의 방법을 선택하

신 것이다. 그분은 많은 사람들에게 감동을 주셨고, 결단하게 하셨고, 저변
층의 사람들을 불러 교육 훈련을 통하여 제자들을 만드시고, 세계를 향한
비전을 주심으로 예수님의 하시던 일들을 감당하게 하시므로 기적에 가까
운 인물들을 만드신 것은 바로 예수님의 성육신의 사역이 잘 수용되고 있는
것이라고 보는 것이다.[9]

『화술의 달인 예수』라는 책에서 제드 메디파인드(Jedd Medefind)와 에릭
로케스모(Erik Lokkeesmoe)는 예수님의 삶의 특징을 세 가지로 요약했다.

먼저, 주님은 인간으로서의 약점을 그대로 보여주셨다는 것이다. 마귀로
부터의 시험, 십자가를 지시기 전의 겟세마네 동산에서의 기도 등이 이를
뒷받침해 주고 있다.

둘째, 예수님은 늘 솔직하게 말씀을 하셨다는 것이다. 약한 자에게는 약
하게, 강한 자에게 강하고도 솔직하게 대하셨다.

셋째, 예수님은 놀라울 만큼 다가가기 쉬운 분이셨다는 것이다. 문둥병
자를 비롯하여 각종 환자들이 스스럼없이 예수님께 다가가 구원을 요청했
고, 예수님은 스스럼없이 그들을 만지시고, 고쳐 주시고, 문제를 해결해 주
셨다.[10] 인간의 삶 속으로 들어오신 주님은 인간들에게 일체감을 가지고 저
들을 만나시기 편안한 자세를 취하셨다는 것은 선교사들에게 주는 꼭 필요
한 메시지라고 하겠다.

---

9 George W. Peters, *A Biblical Theology of Missions*(Moody 1972), p. 36-37.

10 제드 메디파인드, 에릭 로케스모, 『화술의 달인 예수』(리더북스 2005), pp. 114-116.

요한복음 10장 25절에 "내가 내 아버지의 이름으로 해하는 일들이 나를 증거하는 것이거늘" 주님은 말씀으로 만이 아니라 행함 자체가 곧 커뮤니케이션이셨다.

로마서 5장 8절에 주님의 십자가 죽으신 하나님의 행위는 "하나님의 사랑의 확증"이라고 말씀하신 것은 주님의 인류 사랑의 적극적인 표현이었다. 주님의 십자가는 인류 사랑의 하나님 최고의 커뮤니케이션 방법이었다. 이 백성들에게 위대하신 말씀은 바로 "하나님이 우리와 함께 계시다"(임마누엘, 마 1:23)란 말씀으로 시작된 독생자 예수의 시대는 하나님이 육신이 되셨다 (요 1:14)는 것이다. 예수그리스도를 통하여 하나님의 인격적 소통이 실현된 것이다.

전략적 생각

초문화권 커뮤니케이션의 문제는 동일 문화권과는 많은 차이가 있다. 문화의 차이로 인한 오해를 피해야 하고, 현지 문화에 맞는 커뮤니케이션의 방법과 언어 등을 고려해야 하기 때문에 인류학적 관점에서의 접근, 그리고 상황화에 대한 연구 등이 같이 이루어지지 않으면 복음의 왜곡, 불 이해, 결실 없는 사역 등으로 초문화권 사역을 무의미하게 만드는 경우가 많이 있다. 때문에 초문화권 커뮤니케이션은 일반적 커뮤니케이션과 분리해서 연구하게 되는데, 전략적 차원에서의 많은 아이디를 창출해내야 하는 것이 초문화권에서의 소통 전략이라 하겠다. 이러한 전략적 연구는 계속되어야 하고, 오지 선교에서는 더욱더 필요한 학문적 기초가 되지 않으면 안된다.

전략이 있는 사역과 전략이 없이 되는대로 사역한다는 것은 결과에 있어 큰 차이를 만들어 낼 수 밖에 없다. 때로는 하나님의 전략에 나 자신을 맡기고 기도하는 일에 전념할 수 있다면 그 나름대로 훌륭한 선교라고 말할 수 있다. 왜냐하면 어차피 선교는 하나님이 하시는 일이고 우리는 종의 위치에 있다.

그래서 바울은 "나는 심었고 아볼로는 물을 주었으되 오직 하나님께서 자라나게 하셨나니"(고전 3:6)라고 고백했던 그의 선교는 늘 하나님의 주권 아래 있었다. 9절에는 "우리는 하나님의 동역자들이요"라고 선언하는데 그 것은 곧 하나님과 더불어 일하는 자들이라는 것이다. 바울은 기도하는 사람으로 하나님의 인도하심과 뜻을 분명히 파악하면서 선교해 왔다.

한편으로는 그는 하나님은 전략의 하나님인 것을 인식한다. 구약부터 예수님이 오셔서 사역을 끝내시기까지 모두가 하나님의 계획과 전략에 기인했다고 깨달은 그는 하나님과 함께 의논하면서 만들어 내는 전략을 통하여 선교활동을 이어갔다.

"네가 예루살렘에서 나의 일을 증언한 것 같이 로마에서도 증언하여야 하리라"(행 23:11). 이 전략적 계시를 깨달은 바울은 하나님의 전략적 흐름 속에서 자신이 해야 할 일을 발견한다. 그는 전략을 가지고 세계 복음화의 획을 그은 분이었다. 그는 교회 세우는 일로부터 교회가 스스로 서게 하는 방법, 성숙하게 만드는 방법, 사역자를 세워 계속 선교하도록 하는 방법 등을 보면 전략적 맥을 잡아가면서 하나님의 지시대로 사역을 수행해 나갔다.

로마서 15장을 보면, 로마에 있는 작은 불씨(로마의 작은 무리의 성도들)를 살려서 로마를 복음으로 지배하여 '로마의 길'을 따라 세계를 정복하고자 하는 비전, 로마의 성도들의 선교의 비전을 가지고 참여하게 되어 저들의 도움을 받아 스페인까지 가서 복음을 전하므로 '땅끝까지' 복음을 전하려는 비전 등, 모두가 아주 전략적이라는 것을 우리는 쉽게 깨닫게 된다. 바울은 기도와 함께 만들어지는 그의 선교 전략은 하나님의 인류 구원 계획의 연장선에서 선교사의 역할을 확실히 깨닫고 있었던 분이다.

'전략'이란 말은 군사용어이지만 일상에서 많이 사용되는 용어이기도 하다. 전략적 자세를 가지면 무슨 일이든 앞에 다가오는 적들(장애물들)을 잘 물리칠 수 있을뿐만 아니라 좋은 결과를 만들어 내기 때문에 선교에 있어서 전략은 필수적인 기획이요, 선교사들이 꼭 챙겨야 할 사역적 방법이라 할 수 있다.

전략 뒤에는 구체적인 전술과 작전이 따라와야 하는데 이 모든 것들은 큰 그림, 작은 그림, 구체적인 그림으로 이어지는 것으로 '숲과 함께 나무'를 같이 보아야 하는 것처럼 모든 사역의 그림을 그릴 수 있도록 만들어 준다.

선교적 전략이란 하나님의 계획에 우리의 계획을 조율하는 것이라고 말한다. 데이톤(Dayton)과 프레이져(Fraser)는 이렇게 말한다.

"전략이란 우리로 하여금 하나님과 성령의 생각과 의지를 구하는 데 집중하게 하는 것이다."[11]

---

11 Edward R. Dayton, David Fraser, *A Planning Strategies for World Evangelization*(Eerdmans 1980) p. 39.

우리의 생각을 늘 하나님의 전략과 계획에 포커스를 맞추어 미래계획을 세우라는 것이다.

나는 한 지역이 하나님께서 주신 곳이라고 한다면 그곳에 필요한 복음화의 전략, 그리고 그 복음화를 위한 구체적인 전술이 필요하며 어떻게 문제를 해결해 나가고, 헤쳐 나가고, 어떻게 사람들을 훈련해서 그들을 통해서 이 거대한 한 지역의 복음화의 꿈을 이룰 수 있을까를 고민해야 한다고 생각한다. 이 일에는 하나님의 비전과 하나님 나라의 개념과 현지인들의 자원을 이용하기 위해 저들을 동원하며 훈련하는 일이 있어야 할 뿐 아니라 여기서 강조되어져야 할 부분이 바로 '커뮤니케이션 전략'이다.

나는 전략적 사고를 가져야만 모든 문제 해결의 열쇠를 가진 것이라고 생각하게 되었다. 사역뿐만 아니라 나의 모든 삶의 영역을 전략적으로 접근하는 방법을 찾곤 했는데 그것은 한 문제가 앞에 다가오면 그것을 피하려고 하지 말고 그것을 전략적으로 해결하려는 마음으로 접근한다. 이것이 아마도 개척정신과 경험에서 온 것이라고 생각한다. 개척 상황은 그 누구와도 의논할 수 있는 대상이 많지 않다는 것이다.

내가 홀로 뛰는 곳, 창의력과 창조력을 발휘하지 않으면 안되는 곳, 지혜에 있어서 다른 사람보다 위에 있어야 하는 경우가 많기 때문이다. 그래서 문제가 생기면 문제 해결을 위해 하나님의 지혜를 구하는 것이다.

사역의 분야뿐만 아니라 삶의 영역에서의 전략은 꼭 필요한 것이다. 복음화 전략, 경제 전략, 자녀 교육 전략, 건강문제 전략, 관계 전략 등등… 전략을 세우기 위해서 그 문제에 대한 분석과 자료수집 그리고 경험들이 동원되어야 하고, 확고한 전략은 하나님과 같이 만들어져야 하는 것이다.

커뮤니케이션 전략

처음 커뮤니케이션이라는 사회과학 이론을 가지고 복음 전파에 접목시켰던 대학이 휘튼 대학이라고 알려져 있었다. 휘튼 대학은 기독교 인문 대학으로서 세속적 개념에서의 커뮤니케이션, 신문 방송학과, 마켓 리서치 등 상업용으로 커뮤니케이션의 이론적 기초, 그리고 선교학, 전도학에 접목시켜 '초문화권 커뮤니케이션'이란 과를 개발하였다. 당시, 제임스 엥겔(James Engel) 박사가 주축이 되어 여러 교수가 기독교 복음 전파의 수단으로서의 커뮤니케이션학을 개발하게 된 것이다.

커뮤니케이션의 이론을 최초로 기독교에 복음 전파를 위해 접목한 학자는 네덜란드의 선교학자인 핸드릭 크래머(Hendrik Kraeme)라고 알려져 있다. 그가 1957년에 쓴 책 『기독교 신앙의 커뮤니케이션』(The Communication of the Christian Faith)이라는 제목이 말해 주듯 기독교 신앙을 전파하기 위한 수단의로서의 소통의 기술을 말해 주고 있다.[12]

1차 사역 5년의 사역을 마치고 안식년을 맞아 몰고 다니던 배들, 오토바이, 원숭이, 오랑우탄을 애완동물로 키우며 살아갔던 정글에서의 삶을 뒤로하고, 전략적 선교학이라고 불리는 초문화권 커뮤니케이션의 이론을 배우기 위해 미국 대학의 문을 두드린 것은 나에게는 그리 쉬운 일은 아니었다.

---

12 이장호, 제4장 선교 커뮤니케이션 in 『기독교 커뮤니케이션』(예영커뮤니케이션 2016), p.158.

그것은 또 다른 문화 충격을 경험하지 않으면 안 되었다. 나로서도 당시 칼리만탄에서 필요한 학문은 추가적 신학보다는 선교 커뮤니케이션[13]을 연구했다는 것이 옳다고 생각한 것은 사역을 커뮤니케이션 관점에서, 전략적인 관점에서 다시 보기 위한 것이었다.

독자들이 쉽게 이해할 수 있으면서 선교를 준비하는 분들에게, 선교를 진행하는 분들에게 도움이 되기를 바라는 마음에서 간단한 이론과 함께 사역의 경험을 접목시켜 '배우며 사역하고, 사역하며 배우는 선교'가 자신을 발전할 수 있게 한다는 생각에서 글을 쓰게 된 것이다.

선교학에서 커뮤니케이션의 이론은 말로 행하는 소통의 방법만을 이야기하지는 않는다. 물론 언어가 중요한 부분을 차지하지만 효과적인 소통을 위한 수단으로 몇 가지 중요한 방법이 있다. 소위 '묵시적 소통' 방법으로, 사람들은 소리 없이 행해지는 커뮤니케이션이 더 많다는 것이다. 자신의 의사를 전달하게 되는데 웃음, 울음 등 감정을 통한 전달, 몸짓이나 얼굴 표정, 손짓, 눈물, 눈맞춤, 눈웃음 그리고 인격이나 태도를 통해서 자신의 의

---

13 당시 휘튼대학의 커뮤니케이션 학과에는 신문방송학과, 일반 커뮤니케이션, 그리고 선교 커뮤니케이션(MA in Cross-Cultural Communication)이 있었다. 지금은 MA in Intercultural Studies로 바뀌었다.

견을 전달하고 있는 것이다. 본인의 의도가 아니더라도 사람들은 한 사람의 훌륭한 인격이나 봉사의 모습 통해서 배우기도 하고 영향을 받기도 하면서 조용한 소통을 하고 있는 것이다.

인간에게는 얼굴의 표정이 무려 700개나 된다고 말한다. 동물에게는 없는 이러한 표정들이 알든 모르든 커뮤니케이션의 수단으로 쓰여진다는 것이다. 많은 사람들은 노래나 멜로디를 통해서 의사를 전달하는 소위 '우주적 언어'라고 하는데 음악, 춤, 연극 등은 오늘날 다양하게 사용되는 수단이다. 어떻게 보면 영상 미디어가 발달하면서 TV나 컴퓨터를 이용한 전달보다는 모든 이들에게 더 다양화된 수단은 역시 스마트폰을 통한 커뮤니케이션이다. 도시나, 시골, 정글까지도 휴대폰은 필수품 중에 필수품으로 인식되면서 사람들과의 커뮤니케이션 시대를 열어가고 있다. 지금 이 시대에 이러한 커뮤니케이션을 통한 복음 전파 전략을 세워야 하는 것이 당연한 현실 앞에서 얼마나 교회는 이러한 다양한 소통 수단을 적극적으로 이용해서 컨텐츠, 즉 하나님의 말씀을 전파하고 있는가를 점검해 볼 필요가 있다.

'코로나 19'로 인한 인간 삶의 패턴이 많이 달라지게 되었는데, 대면적 만남보다는 디지털 기기를 통한 방법을 통한 만남이 더 원활해지기 시작했고, 비대면 영상 시대는 계속해서 우리의 삶을 자리매김하게 될 것 같이 보인다. 이러한 매스미디어(mass media)가 일상화되기 시작하면서 우리의 복음전파의 방법이 구심적(求心點) 모드에서 원심점(遠心點) 모드로 바뀌어지게 될 것이다. 우리는 교회 중심의 삶을 포기해서는 안되겠고, 예배가 중심이 된 삶을 사는 것은 기독교인들의 본문인 것은 분명하다. 그러나 이러한 펜데믹 상황 속에서 하나님이 가르쳐 주시는 교훈은 개인 또는 가정의 가치가 달라질 뿐 아니라 신앙생활의 패턴이 개인의 신앙 증진, 또는 가정과 직장, 그리고 사회에서의 성도들의 책임성을 가져야 한다는 것이다.

그렇다면 이 매스 커뮤니케이션의 활성화를 좀더 깊게 연구하여 새로운 세대를 맞아 복음의 사회화/대중화에 힘써야 하지 않을까 생각한다. 교회 안에서 사랑하고, 섬기는 모델과 함께 예수님처럼 인간의 삶 속으로 들어가 복음이 죄의 문제, 인간의 문제, 사회문제를 해결해 주는 역동적 소통이 되도록 하는 시대가 활짝 열릴 것으로 본다.

선교적 차원에서 볼 때 교회의 기능에 대한 모범적 모델은 사도행전에서 찾아야 한다. 사도행전 교회는 '모이는 교회'(예루살렘 중심, 행 1-7장)와 '흩어지는 교회'(유대-땅끝까지, 행 8-28장), 두 모델을 같이 제시하고 있다.

현대 교회의 문제는 '흩어짐을 면하자' 하는 것처럼 교회 중심의 신앙생활을 해 왔고, 사회에 대한 책임이나 선교에 대한 책임을 등한시하거나 적은 관심이었을 뿐이었음을 고백하지 않을 수 없다. 한국인들은 수많은 나라에 이민을 가서 교회를 세우는 것이 먼저이다. 그러므로 교회는 마치 유대인들이 흩어진 것처럼 흩어질 때에 그 사명을 발휘할 수 있는 한인 사회의 커뮤니티센터의 역할을 해 왔다. 교회는 어떠한 방법이든 흩어져 사회와 호흡을 같이 하면서 복음을 들어야 할 상대에 관심과 그들의 문제를 해결해 주는 교회로서의 책임, 곧 예수님이 죄인들을 찾아 다니며 그들의 영적, 정신적, 육신적 문제를 해결해 주시는 것이 확실한 선교적 접근방법이 아닌가 생각한다.

커뮤니케이션의 중요한 이론은 불신자들을 향한 복음이 복음(Good News)으로 역할을 하도록 만드는 것이며, 복음의 수신자에 대한 애정과 그들이 살고 있는 사회에 대한 책임을 말하는 것이다. 이 사명을 위해서 소통 전략을 개발해야 하는 것이 교회의 책무라고 생각하게 된다.

복음은 수레를 타고

사무엘하서 6장에 보면 여호와의 궤를 수레에 싣고 다윗 성으로 이동하는 과정이 나오고 있다. 다윗은 하나님의 언약궤를 예루살렘으로 이동하는 일은 다윗으로서는 가장 중요한 사명이자 필생의 사역으로 생각했다. 그 이유는 예루살렘은 하나님이 지목하신 곳임을 그는 깨닫고 있었다.

후대에 이사야는 2장 3절에서 "율법이 시온에서부터 나올 것이요 여호와의 말씀이 예루살렘에서부터 나올 것임이니라"라고 했기 때문이다. 예루살렘은 복음의 중심지(예수님의 십자가와 부활)가 될 것이라는 계시이다. 예루살렘에 대한 하나님의 집착은 인류 구원을 위한 하나님의 아들 예수 그리스도의 초림과 재림, 그리고 인류 구원을 위한 십자가의 희생, 성령이 부어 주신 곳, 첫 교회가 설립된 곳, 전 인류에게 복음을 전파하라고 명령이 선포된 곳, 구원의 복음이 전파되기 시작한 시발점이 되어야 하기 때문이다.

이러한 막중한 사역적 가치를 높이기 위해 당시 최고의 질을 자랑하는 잣나무로 만든 각종 악기를 동원하여 여호와 앞에서 연주하도록 만들었고, 소들을 동원하여 조심스럽게 이 언약궤를 싣고 가도록 한 것이다. 이러한 막중한 일을 경솔히 여긴 사람이 있었으니 그는 웃사라는 사람이었다. 소들이 수레를 끄는 과정 속에서 소들이 뛰는 것을 보고 하나님의 궤를 아무 의식이나 경계심, 또는 두려움 없이 그 수레를 붙들게 되었다. 그러한 무뢰한 일로 인하여 수레 옆에서 죽음을 맛보게 되었다고 성경을 말하고 있다.

다윗은 언약궤를 예루살렘으로 옮기는 과정은 아주 신중하고도 최고의 경외와 혼신을 다했다. 준비할 수 있는 최고의 악기들(수금, 비파, 소고, 양금, 제금 등)을 동원했고, 최고의 수레와 소들을 준비했고, 헌신된 사람들을 동원하였다. 그중에 오벧에돔은 정말 귀한 사람이었다. 수레를 그의 집에 세 달을 머물게 하여 그 집이 큰 복을 받게 되었다고 말한다. 그는 그 언약궤를 정중하고도 경외스럽게 다루었을 것이다. 다윗은 손수 동료들과 함께 언약궤를 메고 다윗성에 당도했을 때 소와 살진 송아지를 잡아 제사로 드리고 최고의 춤을 추었다고 했다.

선교에는 하나님의 언약궤에 대한 경각심이 없는 웃사와 같은 사람, 다윗이 기뻐서 춤을 추었을 때 창으로 내다보며 비웃는 미갈과 같은 사람이 있는가 하면 오벧에돔과 같은 사람은 말씀을 사랑하고 사역을 귀하게 여기는 사람, 왕의 위상도 개의치 않고 "하나님의 궤를 기쁨으로 메고" 천한 사람처럼 춤추며 기뻐하는 다윗이 있었다. 말씀을 받드는 자세는 정중해야 한다.

말씀을 전하는 과정도 헌신적이어야 한다. 이러한 신중성과 헌신된 희생을 담보하지 않는 선교는 말씀의 능력이 나타나지도, 열매도 맺지 못한다는 교훈이 들어 있다. 많은 선교사들이 선교를 쉽게 생각한다든지 '갈 데 없으니 선교지로 간다'든지 하는 것이 잘못된 생각이다. 특별히 정글 사역은 도시에서 할 수 없는 사람들이 가는 곳이기에 적당히 준비해서 적당한 자세로 간다는 것도 잘못이다. 그러한 준비 없는 선교는 인생의 시간 낭비요 현장에서 얻을 수 있는 열매를 찾을 수 없을 것이다. 하나님이 부르시고, 부르심에 응답하여 기쁨으로 자신의 수준과 능력을 계산하지 않고 순종하며 떠나는 사람들을 통해서 하나님이 일하시는 경험을 하는 것이다.

우리 주변에는 실제적으로 많은 훌륭한 자신들의 업적과 권리를 포기하고 낮은 곳으로 간 사람들일수록 그들의 헌신은 빛이 나고, 많은 열매를 창출해 낸 사람들을 볼 수 있다. 여기서 이 복음을 나르는 도구는 바로 수레였다는 것을 깨닫게 된다. 그것은 바로 커뮤니케이션이라는 것이다.

말씀 소통의 방법을 연구하는 것은 수단이지 목적은 아니다. 목적은 하나님의 말씀이 효과적으로 전해지게 하기 위해 방법을 찾는 것이기에 소통의 방법은 그 효과성에 초점을 두고 어떤 수레를 준비해야 할 것인가를 고민해야 한다.

정글에서 사역을 위해서 여러 가지 장비가 필요하다. 자동차가 있어도 들어갈 수 없는 정글 속은 일반 오토바이가 아닌 산악용 오토바이가 필요했고, 까푸아스 강과 같은 거대한 강에는 큰 배를 띄워야 하고, 스파욱 강과 같은 샛강에는 작은 배를, 그리고 정글 위를 날기 위해서는 5인승의 세스나 비행기를 이용해서

복음 전하는 선교사들의 모습은 정글에서 가장 쉽게 복음을 싣고 갈 수 있는 방법(수레)들을 찾아 현장에 맞는 특성 있는 장비를 준비하는 것이다.

이와 같이 수레에 비유할 수 있는 장비들뿐만 아니라 어떻게 효과적으로 언약궤를 나르는 방법을 찾는데, 그 장비는 언어의 구사 능력, 현장 문화적 적응력, 복음을 듣지 못한 사람들의 세계관 연구, 종교에 대한 연구, 현장에서 찾아 이해시킬 수 있는 개념이나 단어들 등을 찾아내는 일이 바로 선교 커뮤니케이션의 역할이라고 생각했다. 이러한 수레에 관한 골격을 만들어 놓고 나의 경험을 접목하고자 하는 것이다.

3. 확실한 복음소통 전략

커뮤니케이션 이론에 관해서는 사회과학적 측면에서 인간들의 소통 방법을 연구하다가 특별히 초문화권 상황 속에서 복음전파에 효율성을 위해 1960년대에 유진 나이다(Eugene A. Nida)[14]가 『메시지와 선교』(*Message and Mission*)라는 책을 출간하여 기독교 신앙을 타 문화권에 어떻게 효과적으로 전할 것인가에 대해 처음으로 커뮤니케이션의 이론을 제공했고, 그 후 찰스 크라프트(Charles H. Kraft), 데이빗 헤셀그레이브(David J. Hesselgrave) 등이 이 분야에 관련된 책을 집필함으로 더욱 구체적이고 실제적인 선교학으로 자리 매김하게 되었다. 한동안 이에 관련된 많은 책들이 출판되고, 신학교의 교과과목으로 채택되기도 했지만, 이제는 유행이 지나간 것 같이 보이기도 한다.

---

14 유진 나이다(Eugene A. Nida)는 그의 저서 『메시지와 선교』(*Message and Mission*)에서 기독교 신앙을 어떻게 전달 할 것인가에 대한 기본적인 내용을 다루기 시작하면서 여러 학자들에게 또 다른 저서를 쓰도록 동기 부여를 하였다.

교회 성장의 한 수단으로 전도는 하나님이 원하시는 하나님 나라의 확장 방법인데 교회들이 소위 '수평적 성장'인 타 교회에서 유입되는 성도들의 숫자를 교회 성장의 방법으로 생각하는 시대가 되었다. 그러나 진정한 교회 성장은 하나님 나라의 발전과 연계되어야 한다. 즉 불신자들이 회개하고 주님께 돌아오게 하는 전도와 이방인들이 개종을 통해서 주님께 돌아오게 하는 선교적 교회 성장[15]을 위해서 지속적으로 초문화권 복음전파 방법을 연구하는 것은 당연하다. 복음전파 방법은 주님이 오실 때까지 계속 발전시켜야 하고 그 방법은 계속되어야 한다고 볼 때 이 과목은 자국에서의 전도나 해외에서의 선교에 꼭 쓰여져야 할 방법이라고 생각한다면 중단되어서는 안될 중요한 선교 방법론이다.

한편, 설교 분야나 가르침 분야, 그리고 일상에서의 대화에 필요한 소통의 기술은 다 이러한 학문 분야에서 취급되기에 이 분야의 학문은 다양하게 발전해 나갈 것이라고 생각한다.

인간과 커뮤니케이션

인간은 '사회적 동물'이다. 이 말은 인간이 의사를 전달하며 사는 동물이라는 뜻이다. 인간은 자신의 뜻을 타인에게 전달하거나 전달 받지 않고는 하루도 살아 갈 수 없다. 마치 우리가 휴대폰을 하루라도, 아니, 한 순간이라도 갖고 있지 않으면 불안하고, 불편한 것과 같이 계속해서 정보를 주고

---

15 도날드 맥가브란의 교회 성장은 1) 생물학적 성장(자녀를 생산하여 교회 숫자가 불어남) 2) 수평이동 3) 불신자의 유입 4) 초문화권 선교지에서 개종을 가교적 성장(bridge growth)이라 부른다.

받기를 원하는 것이 인간의 습성이다. 하나님과의 사이도 마찬가지이다. 하나님과 인간 사이에 끊임없는 상호 소통과 관계 속에 살아가는 것이 정상적인 크리스천의 모습일 것이다. 인간이 '하나님의 형상을 따라 지음을 받았다'는 것 중에 가장 귀한 것은 하나님과 커뮤니케이션을 할 수 있는 기능을 주신 것일 것이다. 동물과 인간의 차이는 인간이 동물의 지배자이고, 동물은 피 지배자가 된 것은 정보 교환의 제한성 때문이다. 하나님은 인간에게 대화하도록 만드셨기에 이 커뮤니케이션의 원리는 하나님과 인간, 인간과 인간이 의사를 소통하기 위해 부호나 상징들을 만들고, 효과적인 소통 방법을 연구하기에 이르렀으며 소통의 효율성을 위해 사회과학 분야를 통해 커뮤니케이션 방법론을 개발하기에 이르렀다.

'커뮤니케이션'이라는 말은 라틴어의 *"communis'''*로 "나누다, 공유하다" 또는 "전달하다, 전하다"라는 말인데 복음전파의 수단으로 사용할 수 있는 중요한 단어이다.[16] 특별히 코드(code)를 "공유" 또는 "상호 반응"한다는 말인데 이는 "함께"란 말과 "나누는 것"의 합성어이다. 그렇다면 커뮤니케이션이란 말은 "의사소통의 참여자인 발신자(speaker)와 수신자(receiver)가 서로 메시지를 주고 받는 것"이다.[17]

선교 커뮤니케이션의 핵심은 역시 전도자가 준비한 메시지(하나님의 말씀)를 상대방, 수신자가 이해할 수 있도록 전달하는 최선의 방법을 찾는 것이

---

16 차배근, 『커뮤니케이션학 개론(상)』, 1978 p.19
17 최창섭, 『세상에서 가장 쉬운 매스미디어 101문 101답』(커뮤니케이션북스, 2001) p.14.

다. 커뮤니케이션 과정의 참여자로서 전달하는 자가 있는가 하면 전달받는 자, 즉 수신자가 존재해야 한다. 그리고 전달하고자 하는 내용(message)이 있어야 커뮤니케이션이 이루어진다. 내용물을 담는 용기로서의 미디어가 있어야 하고, 메시지를 받는 사람의 반응을 점검할 수 있는 피드백(feedback) 시스템이 만들어져야 한다.[18] 커뮤니케이션은 대상이 있어야 하는데 그것은 인간과 인간의 소통, 인간과 하나님과의 소통, 그리고 제한되기는 해도 동물과의 약간의 소통이 가능하기도 하다. 전달 수단은 다양하여 느끼는 것으로, 듣는 것으로, 만지는 것으로, 맛으로, 냄새 맡는 것으로 이루어진다. 또한 형태(form), 즉 언어, 제스처, 춤, 드라마, 음악, 예술, 미술 등으로 표현되기도하고 대중 전달로 표현되기도 한다. 메시지가 한 곳에서 한 곳으로 흘러가는 것을 말하는데 그것을 전달(transmission)이라고 부른다. 전달이 이루어지는 분야들은 다음과 같다.

(1) 대단위 이동 물체 – 인간이 만들어 낸 동력에 의해, 자연의 순리에 의해 움직이는 동물 등, 유동적 형태의 모습을 말한다. 교통 수단도 마찬가지이다. 말을 타던 시대, 수레를 가지고 짐을 나르던 시대에서 기선을 만들고, 기차를 만들어 대량의 상품들을 실어 나르는 시대에서 비행기를 만들어 빠르게 실어 나르는 시대로 계속 발전하고 있다.

(2) 파장의 이동 – 물, 빛, 전파, 기류 파장을 이루며 이동하는 것들이

---

18 박상진, 교육 커뮤니케이션 이론 in 『기독교 커뮤니케이션』(예영커뮤니케이션 2004) p.100.

있다. 이러한 것들은 파장은 끊임없이 이동을 계속하고 있고, 이러한 부류의 이동을 파장(wave)이라고 부르는데 이러한 현상 파동이 진행방향으로 동력이 이동하게 된다.

(3) 에너지의 이동 – 인간이 만든 동력이 움직이면서 생성된 에너지가 눈으로 확인할 수 없지만 그 동력이 이동하면서 인간의 삶의 발전과 실용적 요소가 되어 없어서는 안되는 현대 문명을 유도하고 있다.

(4) 심벌(symbol)의 이동(정보의 이동) – 정보의 이동이 기본적인 커뮤니케이션의 본성이다. 커뮤니케이션은 그 필요에 따라 이동하는 방법이 달라지는데 개인 대중전달, 매체를 통해 전달하는 매스컴은 일정한 매체나 기술을 통해서 대량의 정보를 대량의 청중에게 전달하는 것을 말한다. 이 심볼 전달의 개성은 다음과 같이 나눈다.

  1) 보도성 – 한 정보를 청중에게 전달하는 분야
  2) 오락성 – 인간의 기교를 통해서 대중을 흥미롭게 만드는 분야
  3) 교육성 – 준비된 정보를 홍보해서 청중들의 이해와 태도의 변화를 유도하는 방법
  4) 설득성 – 대중에게 캠페인이나 교육을 통해서 이해를 촉구하는 등 다양한 방법으로 만들어져 나간다. 설득은 결단 단계에서 이루어지는데 이 단계에서는 전달자의 내용이나 전달방법 등이 사람들을 감동시켜야 하는 과제를 안고 있다.

이러한 전달 과정과 방법은 우리의 삶 속에서 늘 일상화되어 가고 있는데 의도적으로 시간을 내어 집중해야 할 분야도 있지만 구체적 방법은 아니

더라도 일상적인 방법으로 상용되기 때문에 사람들은 사회적 활동을 통해서 듣고, 깨닫고, 배우고 하는 일들을 반복하게 되므로 그 사회 속의 일원으로서 같은 생각과 문화를 창출해 내고 발전해 나가게 된다.[19]

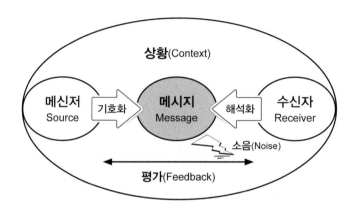

이 도표를 조금 확장해서 주어진 커뮤니케이션의 환경까지 포함하게 되는데 이 도표는 앞으로 전개해 나갈 부제들로 실질적인 사역에 한 가지 한 가지 접목을 시키게 될 것이다. 이 도표는 사역뿐만 아니라 우리의 일상 대화(interpersonal communication)에서 적절히 사용할 수 있는 중요한 커뮤니케이션의 패턴이라고 보는 것이 타당한 이유는 모든 소통은 이러한 원리로 이루어진다는 것이기 때문에 한 가지라도 등한시한다면 참된 의사 전달이 불가능하기 때문이다.

매스 커뮤니케이션의 분야는 디지털 시대를 맞이하면서 빠르게 발전하

---

19 이은무, lecture note: *Intercultural Communication*(GCU 2005)

고 있다. 통신 방법의 그 다양성과 속도는 수많은 청중들을 팔로워(follower)로 만들고, 기업들의 판로를 바꾸어 놓았고, 누가 먼저 이 분야를 점유하느냐에 따라 벼락 부자가 되기도, 경쟁에서 뒤지면 하루 아침에 거지가 되기도 하는 일들이 생기는 시대가 되었다. 이제는 누가 이 분야를 아이디어를 가지고 선점하느냐에 따라 승패가 갈리는 소통의 시대라고 생각한다면 모든 커뮤니케이션에 이론은 무시할 수 없는 학문이고, 선교지에서는 사역의 질을 높여주는 방법이라고 생각해야 한다.

여기에서 커뮤니케이션의 기본 틀을 간단하게 기술하고 그 틀을 가지고 나의 사역 스토리를 전개하고자 한다.

복음의 전달자(Source)

커뮤니케이션은 전달자(speaker) 또는 메신저(messanger)로부터 시작한다. 전달자란 정보제공자(source)를 말하는데 전달자가 메시지를 만들어 내기 위해서는 각종 지식을 가지고 정리과정을 통해서 자신이 확신 있는 메시지를 만들어야 하는 책임을 가지고 있다. 그러므로 모든 커뮤니케이션의 효과적 전달 문제는 얼마나 정보를 취합하고, 이해하고, 정리해서 커뮤니케이션의 방법을 선택하여 메시지화(化)해 내느냐에 달려 있다. 커뮤니케이션의 기획이나 전략은 전달자의 준비에 달려 있어 준비를 얼마나 잘 하느냐에 따라 그 전달하려는 청중들에게 큰 도전과 감격과 자극을 주어 듣도록 만들고, 결국은 회개나 개종을 통해서 변화 또는 결정을 하도록 만드는 것이다. 좋은 전달자는 선천적으로 말의 은사, 글 쓰는 은사, 인격 등 타고난 기질이 있는 사람도 있지만 후천적으로 노력을 해서 만들어지기도 한다.

커뮤니케이션의 총체적 책임을 지고 있는 전달자는 공공교육학에서 말하는 몇 가지 중요한 준비가 필요하다.

첫째는 지식(knowing)이다. 현대 교육의 맹점은 지식에만 열중하다 보니 전인적 교육에 등한시하는 경우가 많다. 기독교 커뮤니케이션에서 지식은 메시지를 말한다. 내가 전해야 할 포인트가 무엇인가? 성경말씀에 대한 지식, 말씀을 해석하는 방법, 하나님을 아는 지식, 하나님을 인격적으로 만난 경험 등을 메시지화시켜서 전달해야 하는 책임을 가지고 있다고 한다면 하나님이 준비시키시는 기간 동안 내가 철저하게 계획을 세워 준비하는 것이다. 물론, 신학교육을 이수한 분들은 쉽게 준비할 수 있지만 선교사들 중에는 많은 분들이 평신도로서 선교를 시작할 경우, 성경적 깊은 지식을 없어도 성경의 기본적인 틀, 하나님을 아는 지식, 내가 만난 하나님이 전하고자 하는 메시지로 만들어 내야 하는 것이다. 다른 사람들에게 전해 주고 싶은 메시지가 준비되지 않으면 선교사란 직업에 불과하고, 그러므로 선교사는 영성, 말씀과 하나님에 대한 지식, 그리고 인성이 같이 만들어져야 할 것이다.
하나님을 아는 지식은 성경 말씀을 아는 지식도 포함되지만 내가 얼마나 하나님과 관계성을 가지고 마치 양들이 목자의 음성을 듣고 따라오는 것처럼 주님의 말씀, 주님의 음성에 익숙해져야 한다. 마태복음 25장 12절에 "내가 너희를 알지 못하노라"란 말씀은 주님을 안다는 것이 얼마나 중요한가를 일깨우는 말씀이라고 생각한다. 이와 같이 앎이란 하나님을 개인적인 접촉

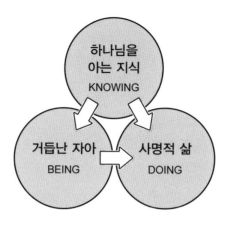

과 함께 하나님을 깊이 아는 지식을 말씀을 통해서 터득해야 할 것이다.

　한편, 교육학에서는 인격(being)교육 또는 인성교육이 이루어져야 하는데 전달자는 말씀을 통해서 다듬어진 인격, 즉 영성으로 빚어진 인격이 준비되어야 하는 것이다. 하나님의 인격이 준비되어지지 않은 사역자는 마치 심장이 없는 몸과 같아서 머리로만 예수를 알고, 머리로 준비된 말씀을 전하려고 하니 영성의 모습이나 능력이 나타나지 않는 것이다. 오늘날 교육의 문제는 대부분 머리로 지식을 습득하는 것으로 끝나 버린다는 데 있다. 부모들은 자녀 교육의 완성을 지식 습득의 완성으로 보는 것 같다. 교육의 목적은 직업을 얻기 위한 수단이 되어 버렸다.

　아리스토텔레스의 교육철학에 있어 "교육의 목적은 사회 구성원으로서 윤리와 도덕의 구현을 통해서 행복을 추구하는 것이다"[20]라고 말하고 있

20　William K. Frankena, *Aristotle's Philosophy of Education*(Biola University 1993), p.21.

다. 그러나 오늘날 교육에는 인성 교육이 제외된 교육, 핸디캡 교육으로 만들어 버렸다. 사회를 병들게 하는 것처럼 가슴이 뛰지 않는 사역은 머리로만 만들어진 사역이라고 말할 수 있을 것이다.

또 하나의 교육의 완성은 행함(doing)인데 이것은 여러 가지로 해석이 가능하다. 믿음의 행위(action), 기술적 지원(skill), 또는 봉사(service)를 말하기도 한다. 일반 교육에서 직업을 위한 기술이 필요하다면 이러한 기술 교육을 통해서 할 수 있는 능력을 키우는 것이 될 수 있지만 선교 사역에 있어서는 봉사를 통한 사랑의 실천을 말할 수 있을 것이고, 사역을 위한 기술적 준비 과정이라 말할 수 있을 것이다.

이러한 종합적인 교육은 복음 전달자로서의 선교사는 완전하지는 않지만 기본적인 준비 과정이 이수되어야 한다고 생각할 때 선교사가 반드시 거쳐야 할 과정은 교회와 선교단체에서 만들어지는 훈련 과정이다. 교회 생활을 통해서 하나님을 만나고 예수 그리스도를 영접한 경험을 통해서 예수님의 제자로서의 삶을 살다 보면 영혼 구원에 대한 관심과 부담을 갖게 되는 과정이 바로 인성과 인격의 성숙성을 말하는 것이고, 이러한 과정이 지나면 자신을 헌신하여 하나님이 쓰실 만한 그릇으로 준비 과정을 거치게 되는 세 가지 과정을 통해서 자신이 하나님의 부르심의 확신을 갖게 되는 것이다. 교회의 훈련 과정이 비공식적 과정이라고 한다면 선교회에서 준비한 공식적인 과정, 기술훈련 즉, 어떻게 선교사로서 섬길 수 있느냐 하는 방법적 훈련을 말한다.

커뮤니케이션에서 "발신자"라고 불리는 사람은 "정보 제공자"(source)라고 불리는데 그 이유는 발신자는 전하고자 하는 복음에 대한 충분한 정보와 내용을 확보하는 일을 책임지고 있다는 말이다. 물론, 완벽한 자료를 가지고 있는 사람은 있을 수 없기에 발신자는 필생을 준비 과정이라고 봐야 할 것이다. 무한한 영적 자원들, 지식들 그리고 성숙은 죽을 때까지 이루어지는 것이라고 믿고 있기 때문에 잠시도 배우는 일을 중단하면 안될 것이다. 그러므로 크리스천의 자세는 평생 하나님을 알아가는 것이고, 평생 하나님께 대한 충성심을 잃지 말아야 할 것이고, 평생 하나님의 사역을 수행해 내야 한다는 것을 의미한다. 선교사는 완성 작품이 아니라 완성을 향하여 도전하는 자들이다.

복음의 핵심: 메시지(Message)

메시지란 전달자가 자신이 가지고 있는 하나님에 대한 지식과 인격, 그리고 기술을 가지고 말씀에 근거한 복음을 상대방에게 전달하기 위해 '준비된 복음' 그 자체를 말한다.

메시지는 자신이 많은 준비를 통해서 만들어 낸 밥상과 같은 것이기는 하지만 그 밥상을 대하는 수신자의 입맛에 맞추어야 그 음식을 먹고 영양분을 섭취하여 성장할 수 있을 것이다. 이것은 단지 말씀만을 이야기 하는 것은 아니고, 우리의 삶 자체가 메시지가 될 수 있을 뿐 아니라 우리의 다양한 모습들이 메시지가 될 수 있다는 것이다.

메시지가 만들어지기 위해서는 기호화(encode)란 과정을 거치게 된다. 상대방이 알아 들을 수 있는 방법은 다양하다. 가장 흔하게 사용되는 것이 물론 언어이다. 언어는 혀를 통해서 우리의 생각을 표현하는 방법이지만 글로도 표현되기도 하지만, 위에서 언급한 발신자(메신저)의 인격이나 행동으로 전해지는 메시지를 말한다.

현대사회에서는 소위 소시얼 미디어(SNS)를 통한 언어가 전달 수단으로 쓰여진다면 그것은 '전자언어'라고 불러야 할 것이다. 물론 매스컴이라는 용어는 신문·방송·Youtube·SNS 등을 통해서 전달되는 메시지의 역할은 한꺼번에 대다수의 사람들에게 전달되는 현대적 장비를 갖추어지면서 이루어지지만, 직접 전단을 가지고 전달해야 하는 시대도 있었다는 것은 기호화의 다양성을 말해주고 있다.

기호화의 또 다른 분야는 해석화(decode)인데 이 분야에도 관심을 쏟지 않을 수 없다. 해석화란 청중이 메시지를 쉽게 전달받기 위해서는 몇 가지 고려해야 할 부분이 있다. 해석화의 과정은 청중이 말씀에 관심을 갖도록 하는 일과 저들의 수준과 이해 속에서 메시지를 깨닫게 되도록 만드는 과정이다. 즉, 청중에게 메시지에 관심을 갖게 하는 일과 이해력을 돕는 모든 수단을 해석화라 부른다. 대중에게 복음을 전해 본 일이 없는 베드로가 성령의 충만함을 경험하시면서 대담하고도 능력 있게 복음을 전했을 때 청중들이 "형제들아 우리가 어찌할고"(행 2:37)라고 반응했던 것은 저들의 귀로 알아들었고, 저들의 마음을 감동시킨 메시지이기도 하지만 저들의 "난 곳 방언"으로 들을 수 있었던 성령의 도우심 때문이었다. 3,000명이나 회개하는 놀라운 일은 메시지가 청중들의 귀에 알아 들을 수 있는 언어의 선택과 그들의 갈급함에 부합되고 성령께서 전달자와 수신자가 메시지에서 상호간의 만남이 이루어지게 하셨다는 것이다.

선교 사역에 무엇보다 중요한 것이 언어 훈련이라 하겠다. 선교사가, 초문화권 커뮤니케이션이라는 분야는 곧 선교지의 언어, 즉 들어야 할 사람의 언어에 깊이 관심을 가지고 습득해야 하는 이유는 언어는 세 가지 이유에서 선교커뮤니케이션의 대단히 중요한 선교 장비라고 시맨즈(John T. Seamands)는 말하고 있다.

첫 번째 이유는, 언어는 청중들의 생각 속에 깨닫게 해 주는 열쇠(the key to their mind), 즉 저들에게 쉽게 다가 갈 수 있는 도구이고, 두 번째는 청중들의 마음을 감동시킬 수 있는 열쇠(the key to their heart), 즉 저들에게 메시지를 이해시킬 수 있어 저들이 반응할 수 있도록 하는 도구라는 것이다. 그리고 마지막으로 언어는 청중들의 영혼을 구원하는 열쇠(the key to the soul of a people), 즉 영혼을 감동시켜 결단할 수 있도록 하는 힘이 있기 때문이라고 말한다.[21]

복음의 수신자(Receiver)

수신자는 커뮤니케이션 대상자를 말한다. 상대방이 없는 대화는 있을 수 없다. 얼굴과 얼굴을 맞대는 대화는 물론이고, 전화나 SNS로 소통을 해도 상대는 반드시 있게 마련이다.

---

21 John T. Seamands, *Tell It Well: Communicating the Gospel Across Culture*(Beacon Hill, 1981), p. 92.

우리가 기도를 해도 하나님이 수신자가 되는 것이고, 우리의 기도에 대한 응답을 기다리는 것은 하나님이 발신자이고, 우리가 수신자가 된 경우를 말한다. 기도 자체가 하나님과의 대화이기 때문이다.

매스컴에서는 청중이 누구냐에 따라 프로그램을 제작하게 되는데 노년층, 젊은층, 어린아이들, 남성, 여성을 고려해야 하고 일반 대중의 관심과 흥미를 돋구기 위한 프로그램 제작을 하게 되는데, 대중전달의 효율성을 극대화하고 청중에게 호소하는 역량에 따라 수신율이 올라가기도 하고 내려가기도 한다. 방송의 성공여부는 수신자를 제대로 파악해서 그들의 욕구를 충족하고, 청중의 관심과 호기심을 얼마나 자극하고 있는가에 따라 결정되는 것이기 때문에 수신자들의 입맛에 맞는 프로그램 제작이 관건이다. 그렇다면 상대가 필요로 하는 것에 집중하는 것과, 상대가 이해할 수 있는 수준을 맞추는 것, 그리고 상대가 관심을 가지는 주제는 물론, 상대가 흥미로워하는 방법을 채택하는 것이 방송 제작의 기본적인 철칙이라고 하겠다.

개인적 소통은 어떤가? 개인적 소통도 마찬가지이다. 상대를 배려하는 커뮤니케이션 전략은 상대로 하여금 메시지에 관심을 갖게 할뿐만 아니라 상대가 흥미로워할 수 있는 내용으로 생각하게 된다면 소통은 아주 쉬워 질 것이다.

이렇듯 커뮤니케이터의 위치 선정, 책임성은 상대에 대한 배려와 상대의 이익을 고려하게 되는 것인데 이러한 성공적인 배려는 초문화권 커뮤니케이션에서는 더욱 중요하다 하겠다.

초문화권 커뮤니케이션이란 발신자와 수신자의 문화적 배경과 언어적 배경이 다르다는 것을 말한다. 선교는 본래 이러한 장애물이 존재하는 상황 속에서 대화해야 하는 부담을 가지고 있는데 이러한 장애들을 극복하기 위해서는 부단한 노력이 필요하다. 이러한 노력 없이는 소통은 불가능하다고 생각한다. 이 문제 해결을 위해 링엔펠터(Sherwood Lingenfelter)와 메이어스(Marvin Mayers)는 선교사들은 150%의 인간이 되어야 한다고 말하고 있다. 이 말은 예수님이 지상에 오셔서 인간들에게 인간의 언어로 인간의 문화와 상황 속에서 200% 성육신적 커뮤니케이션을 하셨다면, 선교사들은 적어도 150%의 사람이 되어야 한다. 그 이유는 우선 자신의 문화를 100%를 지키는 것은 자신이 태어났기 때문에 포기할 수 없는 것이지만 상대의 문화를 50% 수용할 수 있어야 한다는 것이다. 물론, 200%(자신+상대방 문화의 완벽한 적응과 언어의 구사)는 불가능하다고 본다면 50%로 제한된 적응력만으로도 현지인들의 이해 범위 내에서 충분하게 언어적, 문화적 소통이 가능하다는 것이다.[22]

특별히 초문화권에서는 현지인들은 선교사들이 100% 자신들과 같이 될 수 없다는 것을 잘 알고 있기에 선교사들의 부족한 부분들을 인정하고, 이해하고 있다는 점은 누구나 인식하고 있다. 또 문화적 요소에는 언어로 표현될 수 없는 묵음적 요소들이 많이 숨겨 있다. 그래서 초문화권에서의 커뮤니케이션은 가능한 행동과 노래와 관심과 사랑, 봉사 등의 표현을 통해

---

22 Sherwood G. Lingenfelter & Marvin K. Mayers, *Ministering Cross-Culturally*(Baker 1986), p. 24-25.

서도 얼마든지 자신이 가지고 있는 하나님의 메시지를 만들어 낼 수 있다는 것이다.

복음의 상황(Context)

여기서 상황이란 문화를 포함해서 발신자와 수신자가 만날 수 있는 환경적 요소, 즉 저들의 삶의 배경을 말한다. 수신자가 메시지 준비나 전달, 그리고 수신자의 생각이나 수준을 이해하는 것은 필수적이지만 그것만으로는 커뮤니케이션의 조건이 다 갖추어졌다고 말할 수 없다. 수신자가 속해 있는 환경의 영향력은 대단히 클뿐만 아니라 수신자가 이해하고, 반응하는 그 배경에는 환경적 요소가 작용하고 있다는 것이다. 통상적으로 문화라고 하는 것은 한 사회가 만들어 놓은 생각과 행동의 원칙이라고 말하고 있는데, 그 문화가 형성되기까지 그 뿌리를 이해해야 하는 데는 많은 시간이 소요된다. 그 뿌리를 세계관이라 부른다. 세계관은 신념을 낳고, 신념은 가치관을 낳으며, 가치관은 행동을 낳고 그 행동이 한 집단에서 일치될 때 그것을 문화라고 말한다.

77쪽 그림에서 문화 A 선교사의 문화라고 한다면 문화 B는 선교지의 문화 사이에 적지 않은 갭이 존재하고 있음을 알 수 있다. 이 갭은 여러 가지가 있지만 언급한 세계관의 차이에서 문화의 차이, 언어의 차이, 살아온 개인의 배경 차이, 사회계급, 그리고 전통적인 종교가 그들을 우리와 갈라놓고 있는 것이다. 훌륭한 선교사는 이러한 간격을 어떻게 잘 극복하느냐 하는 것을 고민하고, 배우고, 터득하고, 포용을 통하여 그 갭을 줄이는 선교사이다.

여기서 채널이라고 불리는 부분은 하나님의 능력과 선교사의 노력으로 수신자를 만나며, 상호 소통할 수 있는 길을 마련하는 것이다. 이 채널이 넓으면 넓을수록 소통은 잘 되는 것이고, 성공적 초문화권 커뮤니케이션이 이루어진다고 보는 것이다.

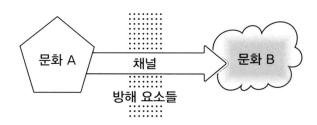

(1) 문화와 세계관의 차이

(2) 언어의 차이

(3) 살아온 배경의 차이

(4) 교육의 차이

(5) 사회계급

(6) 종교(신앙) 등등

복음의 장애물(Noise)

커뮤니케이션에는 늘 방해요소가 존재한다.

외적으로는 보이는 장애물, 즉, 환경, 소음, 온도, 반응, 사람 등 신경 쓰이게 하는 요소들이 주변에서 커뮤니케이터를 방해하게 된다.

보이지 않는 장애물은 문화적 차이, 이질적 요소들, 자민족 우월주의, 언어 등 정신세계에서 나오는 긴장된 요소나 의식하지 않으면 안되는 요소들이 있는 이들은 지나친 관심 때문에 자신이 전하고자 하는 메시지 전달에 실패하는 경우가 있다.

자민족 우월주의란 자기 민족의 우월감을 미끼로 다른 민족을 배타적으로 생각하는 마음을 말한다. 이러한 배타적인 관계가 형성되면 우리는 상호간 외국인이 될 수 밖에 없다. 이럴 때 해결 방법은 발신자와 수신자의 동질성을 찾아내거나 수신자에 대한 높은 감정이입(empathy)[23]을 가지면 도움이 된다.[24]

어떤 경우는 커뮤니케이터 자신이 방해적 요소를 품고 있다. 말의 톤(tone)이라든지, 버릇, 말의 기술적 결함, 언어 구사 능력의 부족, 상대방의 눈을 피한다든지, 대중 중에 한 곳만을 주시 한다든지 하는 커뮤니케이션의 방해 요소들이 청중, 또는 수신자로 하여금 메시지에 대한 집중력을 떨어뜨리게 하는 요소가 된다.

초문화권에서 가장 신경 쓰게 만드는 요소는 부족한 언어실력이다. 상대방이나 청중을 피곤하게 만드는 경우는 내용의 이해력이 떨어지고 이러한 장애 요소는 커뮤니케이션의 상황 자체를 피하게 만드는 경우가 많이 있다. 또는 타종교의 사람들은 전달자의 메시지에 대한 반감 내지는 거부감을 노골적으로 표현하고, 방해하는 경우를 성경에서도 많이 보게 된다.

---

23 '감정이입'이란 자신의 감정을 타인에게 무의식적으로 투사하고, 그들이 자신과 같은 감정을 가지고 있는 듯이 느끼는 것을 말한다(네이버 지식백과).
24 이종우, 『선교. 문화 커뮤니케이션』(CLC, 2011), p.39.

이러한 방해요소들을 피하거나 극복할 수 있는 방법은 없을까?

복음의 반응: 피드백(Feedback)

피드백이란 자신이 하고 있는 커뮤니케이션이 제대로 전달되고 있느냐 하는 것을 검증하는 절차를 말한다. 수신자가 이해하고, 깨닫게 하는 것이 발신자의 책임이라고 한다면 그 소명이 달성될 때까지 발신자는 부단한 노력이 필요한데 그러한 과정을 발전시키기 위해서는 피드백을 많이 활용할 필요가 있다.

인간은 의식하든, 의식하지않든 상대방에 대한 소통적 결과를 측정하기 위해서 수없이 노력을 하기 마련이다. 얼굴 표정이나 행동의 동향을 관찰하는 것으로부터 시작하여 언어로 확인 과정을 거쳐서 상대방이 나의 의도를 충분히 이해하고 있는가를 확인한다. 때로는 공식적인 과정을 통해서 상대의 이해력을 확인하기도 한다.

학교에서 학생들이 시험을 보는 것도 그러한 한 과정이다. 학생들이 시험 점수가 잘 안 나왔다는 것은 가르치는 사람의 책임도 있다는 것이다. 그들이 알아 들을 수 있는 언어와 지식(메시지), 지식의 구조적 정리가 결여된 탓에 학생들의 이해력을 돕지 못한 것, 자료 준비가 충분하지 못하거나, 표현력의 문제이거나, 학생들의 요구와 수준을 잘못 측정했을 가능성도 있는 것이다. 예수님의 학생들은 충분히 알아들었다고 말한 것은 주님의 메시지는 호소력과 함께 청중을 정확하게 판단하신 결과이다.

초문화권에서는 피드백을 위해서 충분한 메시지 전달 방법의 연구와 함께 저들의 반응을 살피는 과정에서 훈련이 필요하다. 이러한 연구 조사를 '참여적 관찰'(participant observation)이란 말을 쓰게 되는데 선교사들의 현지인의 생각 구조와 행동 패턴을 연구하기 위해서 현장에 들어가 그들과 삶을 공유하면서, 그들의 일을 거들면서 배우고 관찰하는 것을 말한다. 관찰력은 물론, 관찰로 만들어진 결과를 가지고 메시지 준비에 도움을 줄 수 있다면 그는 좋은 전달자로 성장할 수 있는 계기를 마련하게 되는 것이다.

선교사가 인류 학자가 되어야 한다는 이야기는 자신이 하고 있는 일에 대한 냉정한 평가와 함께 지속적인 연구를 하는 것을 말한다.

제2장

복음의
메신저

전파하는 자가 없이 어찌 들으리요

(롬 10:14)

A Missional Narratives on
Intercultural Communication

선교는 한 민족 이스라엘을 사용하시고, 하나님께 순종한 사람들을 통해서 이루시는 인류 구원을 위한 하나님의 계획이다. 지금도 인류 구원은 계속되고 있는 역사의 현장에서 주님은 "추수할 곳은 많되 일꾼이 적으니" 하시면서 한탄하고 계신다. 누가 이 하나님의 한탄에 응답할 것인가? 일꾼이 적다기보다는 추수에 합당한 일꾼이 적다는 말씀으로 들린다. 하나님은 반드시 준비된 사람들을 쓰시기 때문이다.

커뮤니케이션의 시작은 '발신자'라고 부르는 말씀이 준비된 사람들이 있어야 한다. 그 말씀은 곧 하나님께로부터 나오고, 그 말씀(Logos)은 곧 예수님이라고 지칭하고 있다. 예수님이 중심된 삶, 그리고 그분이 주시는 말씀대로 전하면 된다.

커뮤니케이션의 주역은 하나님이시지만, 말씀이 준비된 메신저, 즉 선교사, 그리고 선교사가 훈련한 현지 지도자들일 것이다. 디모데후서 2장 2절에서 복음은 바울 → 디모데 → '충성된 사람들' → 또 '다른 사람들' 에게로 계속 이어져 나가야 한다고 말한다. 이러한 연쇄적 연결이 초문화권 커뮤니케이션 전략이다..

1. 사람과 함께 일하시는 하나님

야웨 하나님께서 이 세계와 이 세계의 모든 것들을 창조하시고 인간들에게 생육하고 번성하고 땅을 정복하고, 땅에 충만하도록 임무를 부여해 주셨다. 이 명령을 주신 이유는 하나님은 창조주, 인간은 만물의 관리자의 역할을 하게 하신 것이다. 처음 사람 아담은 분주하게 경작하며 만물을 관리하며 그것들에게 이름을 하나하나 짓는 모습을 보신 하나님은 매우 만족해 하셨고 기뻐하셨다.

제 칠일에는 하나님이 쉬신 것처럼 인간들에게 쉴 수 있는 특권을 허락하셨다. 하나님께서 제 칠일에 '반드시' 쉬라고 하신 것은 다른 날은 일을 열심히 하게 하시기 위함이다. 이와 같이 하나님은 만물을 인간을 위하여 만드셨고, 인간들은 피조물인 하나님의 기쁘심을 위하여 창조되었다는 것을 쉽게 깨닫게 된다. 그러므로 인간은 하나님이 시키시는 일을 책임성 있게 수행하기만 하면 그곳에 기쁨이 넘치게 되어 있다. 그리고 하나님의 이미지는 처음부터 '일 하시는 분'이고, 예수님도 "아버지께서 이제까지 일하시니 나도 일한다"(요 5:17)라고 말씀하시고, 또 "때가 아직 낮이매 나를 보내신 이의 일을 우리가 하여야 하리라 밤이 오리니 그때는 아무도 일할 수 없느니라"(요 9:4)고 말씀하시면서 우리에게 하나님과 같이 일할 것을 독려하고 계시다. 그분의 뒤를 따르는 우리도 같은 명령을 따르는 사람들이다. 이일은 혼자가 아니라 하나님과 같이 일하는 모습을 성경은, 이스라엘의 모든역사와 하나님의 선택한 일꾼들을 통해서, 그리고 예수님을 통해서 하나님의 일하시는 방법을 가르쳐 주었다.

바울은 우리가 '하나님과 같이 일하는 자들'란 말을 쓰게 된 것은 하나님의 일은 혼자서 하는 것이 아니라 하나님께 순종하는 사람들과 함께 일하신다는 말이다. 성령께서 우리 가운데 계셔서 우리로 하여금 일하게 만드시고, 타인들과 같이 일하는 동역정신으로 주님의 나라를 확장해 나아갈 수있다면 일은 훨씬 쉬워지고, 열매는 풍성히 맺어지며, 계속 맺어지게 될 것이다(요 15:4).

'킹덤 마인드'로 동역한다면 우리가 기대 이상으로 그분의 구원 사역의한 부분을 담당하게 되는 것이다. 이곳에서 다루고 있는 정글 사역 외에도싱가포르에서(제3기) 말레이시아(제4기)에서의 사역의 열매를 계속해서 주시는 것을 보면 하나님이 같이 일하는 동역정신을 귀하게 여기고 계시다는 것을 깨닫게 된다.

하나님이 움직이는 사람들

예수님의 선교 개념을 하나님으로부터 '보내심을 받은 자'라는 것에 소명적 방점을 찍으셨다. 복음의 핵심이 요한복음 3장 16절에 "하나님이 세상을 이처럼 사랑하사 독생자를 주셨으니" 그리고 "내가 혼자 있는 것이 아니요 나를 보내신 이가 나와 함께 계심이라"(요 8:16), "아버지께서 나를 세상에 보내신 것 같이 나도 그들을 세상에 보내었고"(요 17:18), "아버지께서 나를 보내신 것 같이 나도 너희를 보내노라"(요 20:21)라고 말씀하셨다. 예수님께서는 한 번도 '내가 태어났다'라는 인간의 출생 과정을 이야기하신 일이 없다. 늘 아버지의 사명을 가지고 '오신 분', '보내심을 받은' 분으로 자신의 신분을 소개하셨다. 예수님께서는 이 땅에서의 3년간의 미션은 강력한 훈련 과정을 통해서 제자들을 세우시고 보혜사를 보내셔서 계속 일하실 것이라고 약속하셨다. 그러므로 예수님의 미션은 성령을 통해서, 제자들을 통해서, 우리들을 통해서 지금도 계속 일하시는 것이다.

커뮤니케이션 이론에서 발신자를 '정보원'[1]이라고 부르는 이유는 발신자가 전해야 할 모든 정보를 관리해야 하는 위치에 있기 때문이다. 이 위치는 커뮤니케이션을 이루는 주체이기도 하다. '정보원'이란 말을 송신자, 발신자, 전달자 등 다양한 말로 표현하고 있는데 이 정보원의 역할을 감당하는 자를 이곳에서는 '메신저'란 말로 사용하게 될 것이다. 메시지를 준비하고 전달하려고 할 때 이러한 정보(자료)가 없다면 메시지 자체가 생성이 안 되고, 들을 준비가 된 사람은 늘 이 정보원에 대한 기대를 하고 있는데 실상 그 정보원은 아무것도 준비된 것이 없다고 하면 커뮤니케이션은 이루어질

---

[1] 커뮤니케이션 이론에서 메시지를 준비하여 전달하는 사람을 "송신자"(sender)라고 하고 메시지를 받는 사람을 "수신자"(receiver)라고 부르는데 이 책에서는 자료를 수집하고, 정리하고, 메시지화시켜 보내는 자는 책임까지 지는 역할을 하는 커뮤니케이션의 주역이라는 점에서 "정보원"(source)이라고 말한다.

수 없다. 그렇다면 복음 전파에 있어 진정한 메신저(정보원)는 누구인가 하는 것이다.

기독교 커뮤니케이션 학자인 헤셀그레이브(David Hesselgrave)는 복음 전파자로서의 정보원을 세 가지 부류로 나눈다.[2]

첫 번째 메신저는 하나님 자신이시다. 하나님은 정보의 본체이시고 메신저 또는 전파자들(선지자, 선교사/전도자나 설교자 포함)을 통해서 그의 뜻을 인류에게 전달하시는 분이라는 것이다. 스스로 계신 계시자로서 하나님이 천지를 창조하신 날부터 피조물인 인간에게 말씀하신 것이 성경이고, 이것은 살아있는 기록이다.[3] 하나님은 "여자의 후손"(창 3:15; 갈 4:4)으로 그분의 독생자를 인간 세계로 성육신하게 하셨고, 예수님은 제자들을 부르시고 계획된 훈련을 거쳐서 주님의 사역을 이어 받도록 하셨지만[4] 저들 가운데는 주님을 부인하는 사람, 주님을 떠나는 사람, 주님을 배반하는 사람이 생기면서 주님의 마음은 심히 안타까움을 표현하시면서 "너희도 떠나려느냐?" 그러나 주님은 마지막까지 저들을 버리지 않으시고 "네가 이 사람들보다 나

---

2 David J. Hesselgrave, *Communicating Christ Cross-Culturally*, Zondervan, 1991, p. 42–43. 정보원은 첫 번째(primary), 두 번째(secondary), 세 번째(tertiary)란 말로 순위를 정해 놓았다.

3 정병관, 『복음혁명을 주도하는 크리스천 커뮤니케이션』(총신대학교출판부 2009) p.33.

4 로버트 콜만, 『주님의 전도계획』(생명의 말씀사 2007)에서 기꺼이 배우려는 사람들을 예수님이 부르셔서 처음부터 그분의 계획대로 저들을 훈련시키는 과정은 소수의 사람들을 그들과 삶을 같이 하면서 그들이 가진 모습 속에서 가능성을 발견하여 발전하도록 지도하며, 도전하여 하나님의 나라 발전에 헌신하도록 하는 제자 훈련이었다고 말한다.

를 더 사랑하느냐?"(요 21:15) 질문하셨다. 이는 주님의 "끝까지 사랑하시니라"(요 13:1)라고 하신 예수님의 제자들에 대한 애정과 기대의 끈을 놓지 않으셨다는 말이다. 베드로는 대답한다. "내가 주님을 사랑하는 줄 주님께서 아시나이다." 증인(순교자)이 되기에는 아직도 용기와 패기가 부족하다는 것을 아신 주님은 성령이신 보혜사, 진리의 영을 보내시기로 약속하셨고(요 16:7), 그 진리의 영은 1) 영원토록 그들과 함께 하신다는 약속(요 14:16)을 주셨고 2) 모든 것을 가르치시고, 예수님의 말씀을 생각나게 하신다(요 14:26) 하셨고 또한, 3) 예수님을 증언하고(요 15:26) 4) 모든 진리 가운데로 인도하시리라(요 16:12)고 하심으로써 주님의 지상 사역을 성령의 사역을 통해 계속 이어가도록 하셨다. 그러므로 커뮤니케이션을 만들어 내는 핵심은 말씀(진리)이고, 주님에 대한 사랑이 동기를 가진 자들에게 성령의 도움으로 이 일을 해낼 수 있도록 하시는 것이다. 아무나 선교사가 될 것이 아니라 하나님의 소명과 말씀에 대한 이해와 확신, 자신의 헌신 등이 같이 아우러져서 만들어진 복음 전달자, 즉 메신저로 태어나야 하는 것이다. 선교자는 강해지지 않으면 영적 전쟁과 타종교와의 싸움에서 승리할 수 없다는 것을 주님이 아시기 때문에 "아버지께서 약속하신 것을 기다리라"(행 1:4)고 하셨는데, 그것은 성령의 강력한 힘이 뒷받침되어야 하는 것을 말하며, 이 성령의 능력을 힘입는 일은 기도 사역을 통해서 가능했음을 사도행전은 설명하고 있다.

두 번째 메신저는 선교사이다. 선교사가 말씀에 대한 준비도 없이 선교지로 떠난다면 전할 수 있는 내용이 준비되지 않았다는 이야기이다. 철저한 말씀의 준비를 위해 신학을 공부하든, 교회에서 얻은 지식을 활용하든, 스스로의 말씀 연구를 통해서 얻은 지식이든, 하나님과 만남의 체험을 통한 간증이든 줄 수 있는 그 무엇(내용), 가르칠 수 있는 그 무엇이 준비되어야 한다. 이런 것이 없이 가는 것에만 역점을 둔다면 무모한 짓이고 열매도 기대하기 어려울 것이다. 그러므로 정보원의 탁월한 영성은 영혼 사랑에 대한 열정으로 나타나야 한다. 하나님을 만난 경험, 성령의 체험, 전도의 경험 등 영혼에 대한 열정이 어느 정도는 있어야 한다. 완성된 선교사는 없기에 이 모든 것들은 평생을 통해 발전해 나아가야 할 부분이지만 어느 정도의 사명 의식을 가지고 현장에 도착하게 되면 영혼들을 만나게 되는데 저들의 처참한 삶, 불신의 삶을 보면서 안타까운 마음을 갖게 되고, 점차적으로 영혼 구원에 대한 열정이 불 붙게 되는 경우가 많다.

영혼 사랑의 작은 불씨만 있어도 현장에 가 보면 그 불씨가 불로 변해 점점 타 오르고 있는 내 모습을 보았다. 교회가 세워지고, 하나님의 능력을 체험하면서 나의 체험적 영성은 조금씩 깊어만 가고 있었던 것을 스스로 느끼게 되었다. 그러나 선교지에서의 영적 갈증은 늘 남아 있다. 그 이유는 나와 함께 영성을 증진시킬 수 있는 진정한 공동체가 없다는 것이다. 같은 말과 문화권에서 뜨겁게 예배할 수 있는 그런 공동체가 없다는 것은 나 홀로 영성을 지켜야 하는 경우이다. 또 한 가지는 너무 많은 사역이 만들어지면서 바쁜 일정 속에서 기도하는 시간이 부족하다는 것이다. 결국은 선교사의 영성 문제는 자신과의 부단한 싸움이라고 볼 수 있다. 하나님은 완전한 자가 아니라 배우려는 자를 통해서 일하시고, 부족한 자들을 들어서 쓰신다. 하나님의 능력만 믿고 떠나는 것이다. 부족함을 느낀 나는 선교지에 도착하자마자 빌립보서 4장 13절을 세 가지 언어로 외우기 시작했다.

"내게 능력 주시는 자 안에서 내가 모든 것을 할 수 있느니라."
"스갈라 뻬르까라 다팟 꾸당궁 디 달람 디아 양 멈버리 꺼꾸앗딴 꺼빠다꾸."
"I can do all this though him who gives me strength."

헤셀그레이브가 말하는 세 번째 메신저는 현장에서 훈련된 일꾼들이다.
바울은 자신의 사명과 비전에는 강력한 리더십을 가지고 이끌고 나갔지만
소위 '싱글 파이터'는 아니었다. 늘 선교 현장에서 사람들을 세우고, 그 사람
들이 또 다른 사람들을 세우도록 독려하고 있었다. 디모데후서 2장 2절에
"또 네가(디모데) 많은 증인 앞에서 내게(바울) 들은 바를 충성된 사람(디모데의
제자)에게 부탁하라 그들이 또 다른 사람들(제자의 제자들)을 가르칠 수 있으
리라". 이러한 체인 관계는 훈련을 통해서 사람들을 세우도록 하여 인적 자
원을 마련하도록 요청한 것이다. 너와 내가 힘을 합치면 하나님은 그 위에
동력을 풍성하게 불어넣어 주신다는 원리이다. 그렇게 되면 일은 쉬워지고
몇 배의 열매가 맺어진다는 것이다. 이러한 원리를 터득한다면 자원 개발과
효율적 사용을 위해서 먼저 해야 할 마음의 자세는 배타적인 생각을 버리라
는 것이다. 선교는 초월하는 것, 즉 민족을 초월하고, 문화를 초월하고, 국
경을 초월하고, 교파를 초월하며, 직분을 초월해서 동원될 수 있다면 선교
사들의 숫자는 많아질 것이다. 민족 감정까지도 초월 할 수 있다면 다양한
선교팀을 만들어 낼 수 있을 것이다.

처음 인도네시아의 IMF선교회에 소속되어서는 여러 나라에서 파송되어 선교사들과 교제하면서 많은 것을 배울 수 있었지만 현지인들과 적응도 만만치 않은데다 또 다른 문화권(외국 선교사들)과의 적응은 처음부터 쉽지만은 않았다. IMF선교회는 현지 사역자들과 동역을 강조하면서 선교팀을 만들어 파송하곤 했다. 어떤 선교사들은 현지 사람들과 같이 일하기는 쉬우나 타국 선교사와 일하기는 쉽지 않다고들 말한다. 배타적 생각과 편견을 버리고 우리 모두가 하나님의 권속들이고, 하나님 나라의 일꾼으로 하나님의 나라를 섬기는 자들이라는 생각으로 가득 차 있다면 다행이지만 그렇지 못하다면 부단한 노력이 필요했었다.

하나님이 지시하신 땅으로

메신저는 하나님의 보내심을 받은 자이기 때문에 늘 하나님의 뜻이라면 때로는 어렵고 힘든 길이라도 결국은 순종한다. 순종의 모습은 훈련 받는 과정 속에서 드러나게 마련이다. 오늘날 많은 선교사들이 훈련은 '피할 수만 있다면'이라고 생각하는 경우가 아니면, '형식적으로'라는 생각을 하는 사람은 하나님께 쉽게 순종할 수 있는 사람이 아니다. 결국은 자신이 가고 싶은 곳으로 가서, 자신이 하고픈 일들을 한다면 하나님과 관계가 없는 사역이 되어 버릴 수도 있다. 늘 우리는 자신의 조건과 필요에 맞추어서 생각한다. 자녀 교육이 문제가 없는 곳, 와이파이(Wi-Fi)가 잘 터지는 곳, 사람이 살만한 곳 등등 조건은 우리의 삶 속에서 찾고 싶은 환경 조건들이지만 그런 것들이 우선시되면 결국은 '하나님이 지시하는 땅'이란 의미가 없어진다. 하나님의 뜻이라고 우겨도 그곳은 이미 선교사로서 "이 지방에 일할 곳이 없고"라고 했던 바울의 언급한 것처럼 현지인들이 충분히 해낼 수 있는 곳이라면 굳이 선교사가 필요치 않을 지 모른다. 깊이 기도하면서, 정보를 수집하면서, 그리고 하나님의 인도하심의 영적 민감성을 가지고 "나를 필요로 하는 곳'이라고 확신이 들면 나에게 필요한 환경 조건은 주님께서 채워 주시리라는 생각이나, 아니면 필요는 개척해 나가겠다는 생각을 갖는 것이 선교사 정신이 아닌가 생각한다.

나는 한국의 KIM선교회에서 제공하는 2년간의 공식 훈련을 받는 동안에 선교지 결정을 고민하면서 기도하는 일을 게을리하지 않았다. 당시, 선교사가 많지 않은 시대라 누가 나를 선교사 되라고 권유하는 사람도 없었고, "건너와서 우리를 도우라"라고 하는 마게도냐의 부르심도 없었다. 방향도 없이 막연하게 훈련을 받고 있는 동안 KIM선교회 대표 조동진 목사님께서 홍콩에서 아시아 선교지도자들을 만난 가운데 인도네시아 IMF선교회 대표인 옥타비아누스(Petrus Octavianus) 목사를 만나 인도네시아 서부 칼리만탄에 선교사가 많이 필요하다는 소식을 듣게 되었다. 들어보지도 못한 이름이지만 다행히도 한국에서는 보르네오섬은 많이 알고 있는데 그것은 '보르네오 가구'가 유명했기 때문이고, 흑백 TV에서 아프리카 정글을 배경으로 만든 영화 "타잔"이 한참 인기를 끌고 있었을 때이다. 이러한 간단한 정보 외에는 내가 찾을 수 없는 자료는 없었다. '모르면 용감하다'는 말이 있듯이 오늘날처럼 넘쳐나는 정보가 있었다며 칼리만탄으로 향하는 나의 발걸음을 중도에 멈추었을지도 모른다. 그래도 미지에 대한 두려움은 있었지만 동시에 호기심도 발동하고 있었다. 아무래도 내 마음 한 구석에는 미지에 대한 두려움이 더 커 마음 속에는 치열한 갈등이 있었다. 이제 믿음으로 떠난다."

"죽으면 죽으리라."

"아니다. 너는 힘들다. 열대 지방은 사철 더운 나라이고 정글인데 너는 여름에 모기소리만 들어도 잠을 못 자지 않느냐, 모기 소굴인 정글에서 어떻게 살려고 가려느냐?" 등등 잡다한 생각이 내 마음을 흔들어 놓는다.

"사람이 사는 곳에는 나도 살아남을 수 있다"라는 결단으로 용기를 냈다.

사람보다 원숭이, 오랑우탄이 더 많은 곳, 강이 생명줄이기에 강을 따라 모여 사는 정글 마을 사람들과 같이 살아가야 한다. 나는 신학교를 졸업하고 3년간을 경상북도 시골 마을에서도 살아보았고, 내가 태어나고 자란 경기도 파주도 당시 전통적인 시골 마을과 상황은 별반 다르지 않을 것이라고 상상해 보았다. 어쩌면 이 사역을 위해 내가 태어나기 전부터 하나님이 준비하고 계시지 않으셨을까 하는 생각이 들 때마다 두려움은 사라지곤 하였다. 부르시는 하나님은 '함께하시겠다'고 약속하지 않았는가! 어린아이가 물가로 달려가도 부모만 있다면 걱정은 사라진다. 그렇다! 하나님을 향한 나의 신앙을 키우는 것이 내가 할 일이라고 생각하게 되었다.

영혼 구원의 꿈을 꾸면서

주님이 선택한 제자들을 보자. 예수님은 우리가 상상하기 힘들 만큼 초라한 모습으로 세상에 오셨다. 베들레헴의 마구간에서 탄생하신 주님은 초라한 동네(나사렛)에서 초라한 직업(목수의 아들), 또 예수님이 선택한 제자들도 초라하기 그지 없었다. 그들 대부분이 갈릴리 주변에 가난한 어촌 지역에서 자라나면서 제대로 된 교육도 받지를 못했다. 그들의 환경은 먹고 살기에 급급했고 그들에게는 율법에 강조된 안식일이지만 그 안식일을 잘 지키는 일은 어려운 일이었을 것이다. 때문에 그들은 사도가 되어서도 '학문 없는 범인들'(촌놈)이라는 이름을 달고 다녔다. 그들 중에서 그래도 '세련된' 모습을 가진 유대 출신의 사람은 가룟 유다 뿐이었지만 그는 스승을 배반했다.

그러나 예수님이 보시는 눈은 달랐다. 이들의 내면에 세상을 바꿀 수 있는 지도자가 만들어질 수 있다는 잠재력과 가능성을 보신 것이다.[5] 우리도 선교지의 일꾼들 가운데 가능성을 보는 눈이 필요하다. 저들을 밑으로 내려 보기 시작하면 끝이 없다. 저들을 어떻게 세울 것인가를 생각한다면 주님의 방법을 배워야 한다. 주님은 철저한 교육을 통해서, 혹독한 꾸지람과 도전을 통해서 저들 속에 숨겨져 있는 잠재력을 끌어 내시고, 저들에게 세계를 향해 도전을 하셨는데 그것이 곧 주님의 '지상명령'이다. 바울은 생각하기를 하나님께서는 자신과는 비교될 수 없는 "세상의 미련한 것들을 택하사 지혜 있는 자들을 부끄럽게 하려 하시고 세상의 약한 것들을 택하사 강한 것들을 부끄럽게 하려 하시며"(고전 1:17), "형제들아 너희를 부르심을 보라 육체를 따라 지혜로운 자가 많지 아니하며 능한 자가 많지 아니하며 문벌 좋은 자가 많지 아니하도다 그러나 하나님께서 세상의 미련한 것들을 택하사 지혜 있는 자들을 부끄럽게 하려 하시고 세상의 약한 것들을 택하사 강한 것들을 부끄럽게 하려 하시며"(고전 1:26-27)라고 기록하고 있다.

---

5 로버트 콜만(Robert E. Coleman), 『주님의 전도 계획』(생명의 말씀사 2007), p.29-30.

주님의 한 영혼의 귀중함을 깨우치는 말씀은 복음서에서 얼마든지 찾아볼 수 있다. 때문에 예수님을 보기 위해 수 천명이 몰려오는 상황속에서도 12명이라는 소수에 집중하신 것은 작은 것을 일으키시겠다는 예수님의 훈련 계획 때문이었다. 많은 군중들이 자신의 필요를 따라 예수님을 따랐지만, 주님은 기도와 40일 금식을 하시면서 주님의 필요를 따라 소수의 제자를 신중하게 택하신 것이다. 로버트 콜먼(Robert Coleman)은 말하기를 "열둘이라는 숫자에 부여하려는 상징적 의미와는 상관없이, 예수께서 이 사람들로 하여금 주님의 사역에서 독특한 특권과 책임을 갖도록 하실 생각이 있었음은 분명하다"[6]라고 했다.

이제 한국 선교는 숫자에 연연하지 말고 미래의 선교는 선교사의 역할론을 다시 정의해야 할 때가 왔다. 선교사는 누구인가? 선교사의 정체성, 책임있는 한 사람, 그 사역의 중요성을 생각해야 한다고 생각한다. 내가 하는 사역의 숫자만을 보고하는 사역이 아니라 한 영혼이라도 주님을 깊이 알도록 교육이 필요하고, 그곳에서 끝나는 것이 아니라 그 영혼이 주님의 제자로서의 사명을 깨닫게 하는 데까지 가야 한다. 그것은 그가 또 다른 그를 만들도록 하는 데까지 책임을 지는 것이다. 때문에 누구에게나 선교 교육이 필요한 것이고, "가르쳐 지키게 하라"는 말씀을 따라 제자가 되기 위한 교육과 함께 재생산의 책임까지를 계획해야 한다는 것을 말한다.

말레이시아에 세워진 GP선교회 훈련원인 GPTC에서 강의를 하고 있을

---

6 Ibid, p. 30−31.

때 한 선교사 훈련생이 나에게 질문을 했다.

"'선교'를 한 마디로 말씀하신다면 무엇이라고 말씀하시겠습니까?"

나는 서슴없이 "나를 대신해 줄 사람을 세우는 일입니다"라고 대답했다.

물론 많은 교회를 세우고 다수를 주님께 인도하는 것은 중요하다. 하지만 예수님이 각 무리에 집중하신 것은 그들이 주님의 사역을 이어가야 하기 때문이다. 특별히 '창의적 접근 지역'[7]에서 자신의 신분을 숨겨가면서 사역을 해야 하는 상황이라면 더욱 그렇다. 또 다른 나에게 선교 역량을 집중할 수 있다면 세워진 그는 내가 언제든 떠나도 나를 대신할 수 있을 것이다.

종종 사람들은 나에게 선교사도 없는 세대에서 어떻게 선교사가 되기로 결심을 했느냐고 묻는다. 나의 고향의 작은 마을에 감리교회 하나가 세워졌는데 그 당시 담임목사인 리중은 목사님이 늘 어린 나에게 개인적으로 도전을 하곤 했다. 그것은 "너는 세계를 다니며 복음을 전해라."는 말씀이다. 그분은 나에게 무심코 한 말인지, 내가 무슨 가능성이 보여서 한 말인지는 지금도 이해되지는 않지만 15살의 초신자인 나는 그 말을 들었을 때 속으로 '말도 안돼' 했지만 그 후 내 영혼에 던져진 말이기에 귀에서 사라지지 않았고 그 말 한 마디가 씨가 되어 나의 인생을 바꾸어 놓았다. 나의 삶은 나도

---

7 창의적 접근 지역(creative access area)이란 세계인구의 20%를 차지하는 가장 중요한 피선교지로써 중국과 같이 선교 제한 국가이면서도 동시에 주변의 아시아 종교 영향 하에 있는 지역과 종족을 위한 전방 개척 선교 영향력을 점차 확산해 나가야 하는 곳으로, 이곳 사역자들에게는 특수한 선교 훈련이 요구되고 있다.

모르는 사이에 나의 가슴에 떨어진 그 씨에 집중하면서 그 씨가 싹이 트이도록 관리하고 준비하는 자신의 모습을 보게 되었다. 그리고 하나님은 그 길로 끊임없이 이끄심을 순간순간 감지할 수 있었다. "내가 너를 모태에 짓기 전에 너를 알았고 네가 배에서 나오기 전에 너를 성별하였고 너를 여러 나라의 선지자로 세웠노라"란 말씀에 예레미아는 "아이라 말할 줄을 알지 못하나이다"(렘 1:5-6)라고 반응했는데 그것이 나의 대답이었다. 나 자신도 전혀 이해가 되지 않는 그 "갈 바를 알지 못하고"의 길을 나선 것이고, "만삭되지 못한 자" 같은 내가 이 일을 시작한 것이다.

선교지를 기다리는 마음도 훈련의 한 과정이었던가? 2년간의 훈련의 과정을 거치면서 선교지에 관한 꿈은 분명해지고 있으나 나에게 인도네시아로 향하는 문은 열리지 않고 있었다. 당시 비자를 받는 것도 문제이지만 비자를 받기 전에 받아야 할 여권을 받는 일도 쉽지는 않는 일이었다. 당시만 해도 해외를 간다는 것은 미지의 세계로 떠나는 호기심과 기대감이 넘치는 개인적 사건인 것임에 틀림이 없었다. 그러한 '기다림'의 시간들이 나로 하여금 더욱 기도하며, 더욱 준비하며, 포기하지 않는 인내를 키워 주셨던 것 같다.

나는 평소에 꿈을 별로 꾸는 사람이 아니고, 꾸었다 해도 쉽게 잊어버리거나, 소위 '개꿈'으로 치부하는 경우가 많다. 그런데 하루는 심상치 않은 꿈을 꾸게 되었다. 그 꿈은 나의 소명을 다시 한번 확인하는 계기가 되었다. 꿈에서 예수님이 나타나셨다. 내가 본 예수님은 그림에서 보는 수염과 옷

등 크게 다르지 않았다. 상황은 이렇다. 주님은 비가 억수로 쏟아지는 높은 언덕에서 비를 맞고 서 계시면서 외치고 계셨다.

"저런 저런, 저 마을에 사는 사람들이 다 물에 쓸려 가 몰살되겠네" 하시면서 저들을 구해내라고 안타까운 마음으로 소리를 지르고 계시는 것이 아닌가?

"주님, 제가 구하겠습니다"라고 하며 뛰어 들면서 꿈을 깨고 말았다.

"내가 예수님을 보았네."

잠을 깨어 곰곰이 생각하게 되었다. 신기하기도 하고, 주님을 본 마음에 위로도 되기도 하고, 두려움이 있었다. 많은 비로 인하여 큰 보와 같은 거대한 뚝이 무너지면서 골짜기가 홍수로 밑에 있는 한 마을을 덮친 것이었다. 나는 이 한 순간 주님의 외침을 듣고 나도 외쳤지만 물은 둑을 허물었고 마을을 덮치고 만 것이다. 이것은 분명이 꿈이지만 주님이 나에게 주시는 큰 메시지인 것이 분명했다. 그것은 죽어가는 영혼들을 구원해 '네가 떠날 것이다'라는 음성으로 들려왔다. 더욱 나의 마음속에 확신과 주님의 인치심이 있다는 것을 깨닫게 하는 순간이었다. 꿈을 꾸기 전까지는 정글 사역으로 가야하는 결단은 나에게 너무나 두려웠고, 여권, 비자 상황을 보면 더욱이 포기하고픈 생각이 지배적이었으나 그 꿈은 나에게 주님이 보내시리라는 확신을 갖게 해 주셨다. 마치 예루살렘에서 살 소망이 없는 상황의 바울에게 주님이 밤에 나타나 "로마에서도 증언하여야 하리라"(행 23:11)고 확신을 주신 것과 비슷했다.

길고도 먼 메신저의 길

하나님의 방법은 복음의 메신저로서 하나님의 손에서 쓰임을 받을 사람은 길고도 먼 길을 가게 하신다. 그 길은 고난의 길, 훈련의 길, 기다림의 연속이었다. 마치 이스라엘을 광야로 몰아서 40년을 걷게 하신 것처럼…. 어떤 이들은 하나님의 훈련인지 모르고 삶을 살아왔던 사람들도 있었고, 어떤 이들은 가혹하리만큼 혹독한 훈련을 받았을 뿐 아니라 끝나지 않는 훈련을 참고 기다려야 했었다.

요셉이 그중에 한 사람일 것이다. 형들의 미움의 대상이 되었던 요셉은 17세에 형들에게 애굽으로 팔려 내려 갔고, 그는 보디발의 집에서 가정 총무로 신임을 받았으나 보디발의 아내의 유혹을 피해 가다가 그만 강간미수범으로 감옥에서 살게 되었다. 요셉은 도합 13년간이란 긴 시간 고난의 연속이었지만, 그 고난으로 좌절하지 않고 믿음으로 잘 견뎌 냈다. 요셉의 위대함은 바로 고난의 시간들을 하나님의 시간으로 생각하고 믿음으로 기다렸다는 것이다.

모세의 경우 궁전에서 40년을 자라 온 그는 험난한 광야에서 40년이란 긴 기간을 양들과 함께 지내며 하나님의 때를 만나게 되었다. 그의 시간은 인간들과의 대화 단절의 시간이었을 것이다. 그는 양들과 40년을 사느라 언어의 핸디캡에도 불구하고 하나님의 강권한 부르심에 순종할 수 밖에 없었고, 그에게 말의 대담함도, 바로를 만나려는 담력도 생기게 된 것은 그의 목적의식이 분명했기 때문이다. 하나님이 이끄시고, 하나님께 순종만 하면 된다는 생각과 당면하게 될 어려움들은 하나님께 맡기겠다는 생각이 결국은 하나님이 '친구'와 같이 대화하실 만큼의 신뢰받는 종이 되었던 것이다.

성경에 하나님이 쓰신 모든 인물들은 두 부류로 나뉘는데 아론이나 사무엘과 같은 하나님의 영성 사역을 위한 부르심과, 요셉, 모세, 다니엘이나 다윗과 같은 정치적인 위치에서 평신도적 사역을 위해 부름을 받은 사람들이 있다. 이들 모두의 공통점은 하나님의 쓰실 계획 속에서 호된 훈련 과정을 거치게 하셨고, 훈련을 통해서 강하게 만들어진 지도자들로서 하나님께서 직접 부르셔서 하나님이 구원의 역사의 한 축을 맡도록 하셨다는 것이다. 이러한 훈련을 비공식적 또는 공식적[8] 훈련이라고 부르는데 공식적인 것은 하나님이 직접 지시하셨지만 비공식적인 훈련은 삶에서 어려움과 고통을 통과하게 만드신 훈련이었다. 비공식적이라 함은 자신도 모르는 사이에 하나님이 한 일꾼을 준비하시는 과정을 말한다.

마치 예수님이 하나님의 '보내심을 받은 자'로서의 사역을 하신 것처럼 선교는 한 국가에 가서 사신(ambassador)으로 머무는 것이다. 그렇다면 메신저는 자국 국가(하나님 나라)에 대한 충성과 순종의 마음이 절대적이라고 하겠다. 한편, 파송된 국가에서의 삶도 귀하게 여기는 것은 파송된 사신의 책임이며, 곧 하나님의 인도하심에 순종하는 것이다. 하나님의 마음을 읽는 일, 그분의 말씀을 순종하는 일, 그분의 뜻을 이루는 일에 조금도 게으를 수

---

8 선교사로서의 비공식적(informal) 훈련은 과거의 삶을 돌아보면 하나님의 섭리와 인도 속에서 준비해 주신 삶을 통한 훈련이라면, 공식적(format) 훈련은 선교사로서의 영성, 선교 개념, 합숙, 현지 연구 등 다양한 규격화된 훈련 과정으로 들어가는 것을 말한다.

가 없을 것이다. 이러한 일은 하루 아침에 이루어질 수 없는 평생의 훈련 과정이다. 그러나 나는 아니고 하나님이라는 생각은 우리의 심중에서 절대 떠나서는 안되는 일이다. 나를 정글로 인도하심도 절대적인 하나님의 뜻에 의해서 이루어졌다.

이제부터 하나님이 나를 선교사로 만들어 나아가시는 모습을 나누고자 한다. 필자의 첫 선교 훈련은 1971년 경상북도 안동시 풍산면에서 시작된다. 신학 대학을 졸업하고 나는 선교사 후보생으로서 시골로 보내시는 뜻을 알게 되었다. 나에게 맡겨진 일은 중등 과정의 영어를 가르치며 주말이면 험준한 농촌 교회를 찾아다니며 설교를 하고 성도들을 돌보는 사역이었다. 주간에 학교에서 낮 근무를 했고, 저녁에는 학교에서 자전거로 약 30분 거리의 경찰서에서 근무를 하는 당시 "방위병"의 의무를 밤새도록 수행해야만 했다. 일인 삼역(一人三役)의 경험을 통해서 고난과 책임, 그리고 사명을 깨닫는 중요한 기회를 얻었다. 약 18개월간의 방위 근무를 마치는 날 새벽에 작은 농촌교회당에서 눈물로 재 헌신한 나의 선교 사명을 지금도 잊을 수가 없다. 하나님께서 나에게 선교사에게 필요한 영어교육, 농촌 교회 돌보는 사역을 통해서 가난하고 어려운 환경에 있는 사람들을 위한 목회를 배우게 하셨고, 해외여행의 필수적인 군복무 등 그 어느 하나 필요치 않은 것 없는 고된 3년의 훈련이었음을 깨닫는 순간, 이것이야말로 하나님의 계획된 선교 훈련이었음을 확신하게 되었다.

3년 기간 동안의 삶을 통한 하나님의 훈련을 마친 나는 1974년 KIM 선교회 문을 두들기며 하나님의 인도하심을 절실히 느낄 수가 있었다. 당시 후암장로교회의 담임 목사로서 선교 운동을 이끄는 조동진 목사가 요구하는 공식적인 고된 선교 훈련은 헌신된 탁월한 사람이 아니면 받을 수 없는 최고의 훈련이었다. 나는 정글 사역이 결정되면서 별 훈련을 다 받은 경험이 생각난다. 당시 선교사들이 정글에서 사용했던 커뮤니케이션의 방법인 모르스 부호(morse code) 공부를 익히는 연습을 했고, 선교편지 쓰기, 모금 운동, 개인전도, 언어학 교육 등 실질적이고 구체적인 훈련을 받기 시작했다. 2년에 걸쳐 여름에는 '하기선교대학원'을 준비하며 참여하게 되었는데 2주간 동안 미국과 유럽의 저명한 선교학자들[9]의 강의를 들을 수 있는 좋은 기회도 주어졌다.

한국 선교 개척자인 조동진 박사는 아시아 선교 운동과 함께 선교사 훈련을 강조했다. 선교는 목회와 같다고 생각했던 당시에 선교에 무슨 훈련이 필요하냐고 하던 때였다. 그러나 그는 성공적 선교를 위해 문화적 지식과 기술이 필요하다고 생각을 했고, 그래서 선교는 훈련부터 시작해야 한다는 것이 그분의 생각이었다. 훈련 과정에서 강조된 부분은 선교사의 삶은 현지인들과 같이 되려는 노력이 필요하고, 현지인 지도자들과의 동역 사역을 강조하였고, 선교의 목적은 현지 지도자들을 세워 선교사의 사역을 위임해야

---

9 훌러신학교의 도날드 멕가버런(Donald McGaraven), 랄프 윈터(Ralph Winter), 피터 와그너(Peter Wagner), 찰스 크래프트(Charles Craft), 횟튼 대학의 제임스 엥겔(James Engel), 위버트 놀튼(Wilbert Norton) 달라스 신학교의 죠지 피터슨(George Peterson), 그 외에 김순일, 전재옥 등이 강사로 나섰다.

한다는 '토착선교'의 원리를 강조하였다. 지금 생각해도 하나도 생략할 수 없는 선교의 성경적 원리인 것을 알게 되었다. 이러한 교육으로는 나는 처음부터 선교의 맥을 잡아가면서 사역할 수 있는 행운을 얻게 된 것이다.

그 결과 제1차에서 제4차 사역까지 현지 지도력 개발과 선교사 훈련 사역에 열중할 수 있었던 것은 선교 현지 지도력에 대한 개념과 선교사의 위치는 개척자적 책임이라는 성경적 선교사의 역할론을 터득했기에 나는 개척자로서의 임무에 충실하면서 후임 선교사나 현지인 지도자들에게 일임해서 사역이 계속 이어지도록 한 것이다. 이러한 개척자로의 선교사의 삶은 단순하지 않았다. 가족들과 함께 자주 옮기는 일, 동역자를 찾는 일은 만만치 않았지만 그래도 모든 포커스는 현지 지도력 개발이라는 목표를 두고 사역하게 되었다. 지금까지 네 곳에서의 사역인 1) 스파욱 교회 설립 2) 안중안 신학교 설립 3) 바탐 신학교 설립 4) 말레시아 신학교 설립 등 모두가 협력을 통해서 이루어졌기에 사역은 현지인들의 지도력 아래서 충실하게 발전해 나가고 있는 것을 보면 분명 하나님의 도우심이 아닐 수 없다. 이 모든 선교적 원리는 한 선교사의 역할은 협력을 전제로 하고, 현지 지도자들의 잠재력을 인식하며, 후배 선교사들과 힘을 합칠 수 있다면 얼마든지 시너지 효과를 창출할 수 있음을 확인할 수 있는 사역들이다.

무명의 선교사들

우리는 종종 "이름 없이 빛도 없이 감사하며 섬기리라"는 찬송을 부르며 헌신한다. 여기 정글 속에서 일하는 선교사들은 소문도 없이 묵묵히 일해 온 선교사들이기에 저들의 사역적 가치는 더욱 빛나는 것이다.

'세랑'이라는 마을은 스파욱에서 강을 따라 배로 약 3시간 가면 나오는 주민 약 200여 명이 사는 작은 마을이다. 이 마을이 특이한 마을이라고 볼 수 있는 것은 그곳에서 온 사람들이 모두 유난히 돋보인다는 것이다. 그 이유는 정글 사람들이지만 그들의 몸매는 깨끗하고, 말도 잘할 뿐 아니라 스파욱의 중고등학교를 나온 엘리트(?)들로 정글 원주민임에도 불구하고 소도시인 스파욱에서 교사로, 면 서기로 취직을 해서 사회에서 인정받는 지도자로서 역할을 하고 있기 때문이다. 어떻게 이 마을은 그렇게 다른 모습을 가지고 있는가? 같은 정글 다약 사람들인데 그렇게 예의가 바르고 신앙이 좋은가? 그곳 출신의 젊은 지도자들이 스파욱 교회에서 나오게 되면서 그들에게 많은 이야기를 듣게 되었다. 한 마을의 주민이 이렇게 발전하기 까지는 한 부부 선교사들의 헌신이 있었다는 것을 깨닫고 놀라지 않을 수 없었다.

그들은 캐나다에서 온 선교사 부부인데 20여 년 전에 그 마을에 정착하면서 글자 그대로 한 마을에서 '한 알의 밀'이 되신 분들이다. 그들은 섬기는 세랑 마을의 주민들을 끔찍이도 사랑하고, 어린이들에게는 엄한 교육을 시켰다고 전해진다. 예를 들면, 교회에 나오지 않으면 체벌을 하면서까지 교회 출석을 강요하고 성경공부를 시켰다는 것이다. 저들은 어렸을 때 왜 외국인 그분들이, 그리고 선교사란 분이 그렇게 혼을 낼 수 있는지 의문을 가지고 무서워했지만, 지금, 성인이 되어 훌륭한 인물들이 된 이들은 그 '스미스' 목사님의 엄한 교육의 이유를 깨닫기 시작했다는 것이다. 지금은 떠나고 없는 그 선교사님들이 늘 그립다는 것이다. 사랑이 동기가 된 매는 사람을 만드는 것이다. 그 결과는 신앙과 사회생활에 많은 진전을 가져다 주는 것이라는 생각을 하면서 여러 마을을 책임지는 것보다 한 마을이라도 소수에 집중하면서 훈련으로 사역한다면 그들을 통해서 많은 이들에게 도움을 줄 수 있게 된다는 것을 깨닫게 해 주었다. 그들은 스파욱으로 이주해 온 이후 우리 교회의 장로로, 집사로, 사역자로 큰 역할을 하게 됨으로써 수년 동안 성실한 사역 팀이 되어 교회를 세우고, 돌보는 데 도움을 주었다.

지금은 서구 선교사들을 많이 찾아볼 수 없지만 한동안 수많은 국가에서 온 선교사들이 병원을 세우고, 학교를 세우고, 교회를 세워서 정글 복음화를 위해 애쓴 결과, 이슬람이 다수인 인도네시아에 한 지역의 복음화가 이루어지게 되는 것은 이러한 무명의 선교사들의 '밀알 작전'이 먹혀 들어간 것이 아닌가 생각을 하게 된다. 선교는 말로 하는 선교가 아니라 잠잠히 자기의 일을 하는 것이고, 희생을 담보해야 하는 정글 사역의 그 가치는 과소평가할 수 없는 일이라고 생각하게 된다.

2. 필수적 훈련 과정

메신저가 메신저 역할을 할 수 있는 것은 부르심에 응답하는 과정과 함께 훈련 과정을 거쳐야 한다. 많은 선교사들이 훈련을 피하려는 경향이 있어도 하나님은 우리가 알지 못하는 사이에도 훈련을 시켜 오고 계셨다는 것이다.

선교단체에서의 공식적인 훈련 이전에도 또 다른 훈련, 그것은 무엇일까? 현장에 가서 보이지는 않는 적응 훈련 과정과 함께 언어 훈련을 해야 하는 선교사라면 삶 자체가 훈련이라고 말할 수 있을 것이다. 훈련이 두렵지 않고, 훈련은 우리에게 좋은 선교사가 되는 길이라고 생각한다면 기꺼운 마음으로 훈련에 임할 뿐 아니라 훈련이 끝난 후에 얻어지는 결실은 결코 작다고 생각하지 않을 것이다. 문제는 누가 훈련을 시키느냐이다. 훈련자는 선교 경험이 있어야 한다고 생각하는 것은 맞지만 선교 훈련을 받아 본 경험이 있어야 하고, 선교 경험도 무조건 경험이 아니라 제대로 된 선교의 전략을 가지고 성공적인 선교를 끝낸 사람이어야 할 것이다. '이것이 옳은 선교'라고 선교 훈련을 시키지만 그 '옳음'의 기준이 애매하기 때문에 때로는 잘못된 훈련을 받게 되면 차라리 안 받은 것만 못할 경우도 있다는 것이다.

훈련의 과정 속에는 말씀 속에서 얻어진 영성의 삶, 영혼 구원의 열정, 어려움을 이겨 내는 비결, 문화의 적응 능력, 모든 인류를 사랑하시는 하나님의 마음을 깨닫는 일 등 훌륭한 훈련의 주제들이 될 것이다. 그렇다면 이렇게 앎을 통해서 얻어진 모든 영적 지식들을 실천할 수 있을 때까지 지켜 내고 시행하는 과정이 필요하다. 이론과 실제는 늘 차이가 있게 마련이지만 선교 현장에서의 보이지 않는 훈련은 하나님의 인도 속에서 계속되는데 훈련 당사자가 선교지의 삶 자체가 훈련이라는 개념 속에서 스스로를 만들어 나아가려는 자세가 필요하고, 사역적 면에서도 실패이든 성공이든 늘 생각하고 기록하는 습관을 바로 배워가면서 사역하면서 연구하는 선교사의 모습은 자연히 전략적 선교를 만들어 낼 수 있는 기초가 될 것이다.

끝나지 않은 훈련

내가 이제는 할 만큼 많은 훈련을 받았다고 생각을 했으나 훈련은 아직 끝나지 않았다. 선교의 원칙에서 벗어나지 않으려 하니 훈련은 계속되는 것을 느꼈다. 드디어 거의 불가능한 것처럼 보였던 선교지로의 출발, 후암장로교회[10]의 지원을 받아 1976년 6월 27일 드디어 비행기에 몸을 실었다. 홍콩에서 1박을 한 후 비행기를 갈아타고 꿈에 그리던 자카르타에 6월 28

---

10 후암장로교회는 조동진 목사가 담임을 하고 있는 동안 한국 선교 초창기인 1962년 선교부흥 회로부터 시작하여 1968년 KIEMA(KIM)선교회를 창립하여 첫 번째 윤두혁 선교사를 홍콩으로 파송했고, ISM이라는 선교 훈련으로부터 시작한 한국 선교의 산실이라고 말할 수 있을 것이다.

일 저녁 7시 도착했다. 공항임에도 전깃불은 그리 밝지 않았고, 이민국을 통과한 후 짐을 찾으니 서로 나의 짐을 들어주겠다는 것이다. 아무리 생각을 해도 이 많은 사람들이 내 짐을 가지고 어디로 튈지 모른다. 아니면 이 사람들이 공짜는 아닐 텐데 모두 돈을 달라고 하면 어떡해야 하나. 나는 인도네시아 화폐 '루피아'도 없는데 무슨 돈을 주어야 하나 등. 아무리 생각을 해도 혼자서 가방을 모두 나르는 수 밖에 없었다. 카트를 빌려서 짐을 주섬주섬 싣기 시작하고 달려 드는 사람들을 닭 쫓듯 물러가게 하고 혼자 땀을 흘리며 모든 짐을 싣고 공항 밖으로 나왔다.

당시 자카르타 공항 '께마요란'[11]이라고 불리는 공항의 불빛은 흐릿했지만 기대했던 사람은 보이지 않고 나 홀로 근처의 호텔로 가야만 했다. 선교사가 없었고, 한국인들도 귀한 때라 나를 찾아 오는 사람은 아무도 없었다. 어려운 일이 다가올 때마다 하나님께 기도한다는 생각을 가졌고, 아직도 훈련은 계속되는구나 하는 생각도 하게 되었다. 혼자서 허둥거리며 길을 찾아냈다. 택시에 짐을 싣고 예약도 없이 가장 가까운 호텔로 데려다 달라고 부탁했다. '께마요란 인'이라는 작은 모텔이 있다는 것이다. 창 밖으로 희미한 가로등을 보면서 사이사이 야자나무가 바람에 흐느적거리고 있어 이곳도 정글인가라고 생각할 만큼 인도네시아에 대해서 무식한 나였다. 자카르타는 교통이 혼란스럽고 분주한 거대한 도시라는 것을 하룻밤을 지낸 뒤에야 알 수 있었다.

---

11 현재 사용하고 있는 1985년에 개설된 국제공항 수카르노 하타(Soekarno-Hatta) 이전의 공항이다.

다음날 수라바야로 가는 비행기를 타고 도착했을 때 선교회 IMF 소속 독일인 '볼카드' 선교사가 먼 길을 마중나왔다.

그의 차로 약 2시간 산을 따라 계속 올라가면 열대지방이지만 이곳만은 시원한 곳인데 그것은 산악 지대이기 때문이다. 이 아름다운 곳 '바투'라는 곳에 선교단체가 위치하고 있다. 그곳에는 각국 선교사들이 같이 모여 선교 부서들(신학부, 선교부, 전도부, 라디오 사역부, 청소년 사역부, 문서 선교부 등)을 만들어 각 부서마다 건물을 가지고 있으면서 부서에 따른 사역 개발을 하고 있는 IMF라고 불리는 역동적인 선교단체였다. 약 200여명의 선교사와 현지인 일꾼들이 같이 사역을 하는 보기 드문 수도원식 삶을 사는 곳에 KIM과 IMF 선교단체가 공식적인 협약에 의하여 내가 파송을 받게 된 것이다.[12]

이곳에서 또 훈련이 시작되는구나 생각하니 두렵기도 하고, 왜 이렇게 많은 훈련을 거쳐야 하나 하는 생각도 들지만 우선 오랫동안 준비하고 기다렸던 선교사의 삶이 공식적으로 시작된 것이다. 1년 6개월에 걸쳐 언어 훈

---

12 KIM(Korean International Mission)은 IMF(Indonesia Missionary Fellowship) 선교단체 간의 계약을 맺고 선교사들을 파송하는 방법은 지금 생각해도 훨씬 앞서간 선교의 원활한 활동을 위한 방법이라는 것을 깨닫게 된다.

련과 선교회 공동체 훈련, 그것은 나에게 생소하고 쉽지 않은 훈련이었다. 현지인들과 서양에서 온 신임 선교사들과 같이 기도, 공동생활, 사역 경험, 그리고 현지인들과의 사귐을 통해서 동역을 배우는 기간인데 당시 독일, 노르웨이, 호주, 뉴질랜드, 핀란드, 캐나다, 일본 등 다양한 선교사들이 현지인들과 같이 삶을 공유하는 삶은 새롭기도 하면서 또한 인내와 조화의 마음이 필요했다. 선교단체끼리도 다양해서 WEC선교회 파송 선교사, OMF선교회, Lutheran선교회, 일본 안디옥선교회 등 여러 선교단체 공동체를 이루고 있었으며 WEC선교회가 처음 온 독일 선교사 슈노만(Scheunemann) 선교사를 중심으로 시작된 선교단체이지만 지금은 인도네시아인들에게 위임되어 선교사들은 필요한 일에서 협력하는 토착 선교단체로 발전하고 있었다.

나는 싱글 선교사로서 도착하자마자 인도네시아 사역 후보생인 '마르고노' 형제와 한 방을 쓰고 있다가 그 방에 또 독일 싱글 선교사 한 분이 입소하게 되었다. 모든 환경이 생소한데다가 현지인을 비롯하여 외국 선교사가 같이 쓰는 방에서 내가 무엇을 어떻게 해야 하는지를 몸 둘바를 알지 못하는 글자 그대로 문화 충격의 한 중심에 서 있는 첫 경험이었다. 그래도 공통점은 우리가 주 안에서 한 가족이라는 마음으로 달래보지만 음식, 언어, 습관 등 불편한 것이 한두 가지가 아니었다. 인도네시아 사람들 가운데서도 한국인들과 비슷한 성격을 가진 직설적이고 분명한 태도를 보이는 '바탁' 사람이 있는가 하면 겉으로 잘보이려고 하지만 속은 다른 '자바' 사람이 있다. 같이 사는 마르고노형제는 바로 전형적인 자바 사람이었다. 방을 같이 쓰는 독일 친구는 쌀쌀맞다고 할 정도로의 개인주의적인 사람이었다. 이렇게 다른 세 종류의 문화를 공유하다 보니 자연히 서로가 조심하면서 서로가 배워 나가는 분위기였다.

미션하우스에서의 삶은 같이 식사하고 그릇을 같이 닦아야 하고, 심지어는 채소를 다듬어야 하고, 풀을 뽑아가며 뜰을 가꾸어야 하는 경우가 있다. 한국에서는 해보지 않는 생소한 일들이지만 이것이 사는 길이라고 생각하고 순종하면서 견뎌낼 수가 있지만 3-4개월이 지난 후에도 이 모든 것이 익숙해진 것이 아니라 오히려 심한 문화충격으로 다가왔다. 한국말, 한국음식 등 모든 것이 그리워지기 시작하더니 훈련을 포기하고 귀국하고 싶은 생각이 들었다. 상황이 어려워서라기보다는 한국인이 하나 없는 곳에서의 홀로 견디기란 쉽지 않다는 것을 깨닫게 되는데 특히 한국말을 쓸 수 있는 기회가 전혀 없는 곳에서의 삶은 삭막하기까지 했다. 하나님의 은혜로 견디며, 참는 경험 속에서 주시는 하나님의 위로가 이 일을 해 낼 수 있었다.

나는 공동생활을 통해서 한국에서의 신앙 깊이나, 예배 형식, 기도의 방법 등 한국에서의 교회생활에서는 전혀 경험해보지 못한 경험을 하고 있는 것이다. 나는 현지인들보다 우월하다고 생각해 왔는데 이곳에서는 늘 현지인들을 동등한 동역자로 생각하게 만드는 경험, 국제적 삶을 공유하는 경험 등 이루 헤아릴 수 없는 많은 경험들이 역시 한국인의 단일 문화에서 성장했기에 다양한 문화속에서는 취약하다는 것을 알게 되었다. 현지 언어로 대화하고, 성경을 읽으며 참고 견디는 나의 모습에서 많은 긴장과 어려움을 경험하게 되면서 나는 지금도 그곳에서의 삶이 나에게 큰 문화 충격의 현장이었다고 생각하지만 이러한 경험은 나의 삶을 완전히 선교사의 삶으로, 그리고 현지인들과 친구가 되고, 동역자가 되고 섬기는 법을 배울 수 있는 좋은 기회가 되었다.

'믿음선교'의 원리를 배우며

우리는 메신저로서 선교사는 늘 '가르치는 자'로 생각하고 오해할 때가 있음을 깨닫게 된다. 말씀의 축복을 나누는 자라고 생각하며 선교지로 가지만 하나님은 우리가 때로는 '주는 자'에서 '받는 자'가 되어야 한다는 것을 가르쳐 주셨다. 주려는 자는 먼저 받는 자가 되어야 하고, 가르치려는 자는 먼저 배우는 자가 되어야 한다는 것이다. 현지인들과 타국 선교사들과 공동생활을 하면서 어려움은 한두 가지가 아니었지만 많은 것을 배울 수 있는 곳이었다. 특별히 저들의 기도 방법은 대단히 구체적이었고, 순수했으며, 형식에 구애되지 않았다는 것을 깨닫게 되었다. 특별히 경제 공동체로서 우리의 쓸 것을 같이 기도하며 구하는 모습은 고국의 교회생활에서 쉽게 찾아볼 수 없는 모습이었다. 소위 '믿음선교'(faith mission)[13]라는 말을 들어 본일이 있지만 구체적으로 무엇을 어떻게 하는 것이 믿음선교인지를 배우기는 이번이 처음이었다.

미션하우스에 머물면서 현지인들과 함께 공동체 훈련, 언어 훈련을 받는 중 하루는 늘 있는 기도회에 참석하게 되었다. 선교부서에서 아침 8시면 기도회가 열리는데 이날은 조금 분위기가 심상치 않았다. 그래도 현지 지도자

---

[13] 믿음선교의 원리(faith mission principles)는 19세기 허드슨 테일러가 중국선교를 하면서 동역자들과 함께 "하나님의 뜻대로 하는 선교는 하나님의 공급하심이 부족함이 없다"는 이론으로 지금까지 수많은 선교단체들이 채택한 재정 조달의 원리이다. 믿음선교의 특징은 '1) 사람들이 아니라 하나님께 필요를 구한다 2) 빚을 지면서 일하지 않는다'를 기초로 한다.

들과 선교사들, 그리고 나같은 신임 선교사들이 같이 기도하며 문제 해결을 위해서 노력하는 모습은 아주 진지했다.

선교회는 전국의 후원자들로부터 보내오는 헌금으로 사역자들의 생활비와 활동비, 그리고 선교회 운영비로 사용한다. 그런데 그 달의 마지막 3일 밖에 남지 않았는데 헌금이 절반도 들어오지 않았다는 것이다. 수마트라와 칼리만타 사역자들까지 합쳐 약 300여 명이 넘는 사역자들의 봉급이 나가려면 매월 수억 루피아(Rupiah)의 재정이 필요한데 그 달의 입금 상황은 녹녹치 않아 당연히 모두들 긴장하지 않을 수 없었다. 같은 제목으로 이틀간 기도를 계속하고 있는데 마지막날 재정부에서 쪽지가 다시 날라왔다. 기도해 준 덕분에 이틀 동안 재정의 부족한 50퍼센트가 채워졌다고 하면서 이제는 감사의 기도를 드려 달라는 것이다. 교회생활을 하면서도 이러한 경험은 처음인데 나로서는 기적에 가까운 응답인데도 이곳 사람들은 아무렇지 않은 듯 보였다. 특별 기도에 익숙한 사람들이라는 것을 깨닫게 되었다.

나는 선교지에서 배운 것이 많지만 믿음선교의 원리를 배운 것은 나의 경제적 문제 해결 방법을 배운 신앙적 큰 교훈이었다. 이곳에 머물면서 터득한 나의 선교사적 삶은 일생을 하나님을 의지하는 선교로 만드는 데 큰 도움을 주었다. 훈련을 다 끝내고 정글 사역을 시작했을 때도 사역을 위한 경제적 필요를 구체적으로 기도로 얻게 되었고, 안식년에 미국에서 연구할 때의 학비 조달도, 그리고 지금 나의 모든 필요를 구할 때도 이 원리를 사용하고 있다. 인간에게 의존하기보다는 하나님께 의존하는 것이 훨씬 신앙적이고, 떳떳한 사역을 할 수 있는 자신감을 갖게 되었다.

나는 지금도 경제적 정책은 다음 세 가지 원칙을 세워놓고 살아가고 있다. 먼저, 필요할 때는 늘 하나님께 구한다(asking: 마 7:7-8), 두 번째, 하나님이 주신 것은 선한 청지기로서 정직하고, 알뜰하게 그리고 지혜롭게 관리한다(managing: 마 25:26-27), 세 번째, 잘 관리된 자원을 다른 사역자들과 나눈다(sharing: 눅 6:38)는 것이다.

45년 선교 사역을 하면서 부족해서 못한 일은 없었고, 개인 삶에 한 번도 빚을 져 본 일이 없으며 나눔을 계속할 수 있는 것은 바로 성경적 재정관을 가지고 살아가기 때문이라고 믿는다. 성경에 "피차 사랑의 빚 외에는 아무에게든지 아무 빚도 지지 말라"(롬 13:8)는 말이 있다. 믿음 선교의 원리는 이스라엘 백성들이 불 기둥과 구름 기둥이 인도하는 대로 행진했던 것처럼(출 40:36-37) 하나님이 명령하신 대로 가고 서는 것을 반복하는 것을 말한다.

광야 교회

사도행전 스데반의 설교에서 "광야 교회"란 말이 나온다. 광야 교회란 상황은 어렵고 힘들지만 그곳에 하나님의 공동체가 있고, 하나님의 임재를 체험하며(행 7:38 '천사와 함께') 살아가는 모습을 말할 것이다. 이 상황은 늘 미래가 보이지 않지만 하나님만 의지하는 공동체의 모습일 것이다. 메신저로서 삶을 꾸려 가기 위해서는 광야같은 현장에서 삶의 생존 전략을 세워야 한다. 현지인들과 같이 먹고, 마시며, 현장을 즐기는 것이 얼마나 현장의 삶을 공유하는 데 도움이 되고 현지의 사람들의 마음을 사는 데 도움이 되겠는가! 문화 충격은 대부분의 사람들이 처음에 겪어야 할 적응과정인데 한국인들은 단일 문화의 배경을 가지고 있어 타민족에 비해서 정도가 더 심한

편이다. 한편, 한국인들은 적응 능력도 빠르기 때문에 슬럼에서 쉽게 빠져 나오기도 하지만 아직도 현지인들과의 거리를 두거나 한국인들끼리 지나치게 교제권을 갈구하는 경향을 볼 수 있다.

폴 히버트(Paul Hiebert)는 문화 충격의 원인으로 세 가지를 지적했다.

먼저, 언어의 충격에서 오는 것이라는 것, 언어가 익숙하지 않으니 자연이 고립되거나 오해하는 경우, 두 번째는 친숙한 것들과 결별하지 못한 경우, 즉 자신들이 살고 있던 삶의 패턴을 버리지 못하는 데서 오는 것이라는 것이다. 세 번째는 관계의 변화, 즉 현지인들과의 참된 의미에서의 친구가 되지 못하는 데서 오는 갈등이 있다는 것이다.

선교사들은 개인의 성격에 따라 다르기는 하지만 통상적으로 처음 도착에서 6개월간은 소위 '관광객' 기간이라는 것이다. 한 국가를 여행하는 것처럼 모든 것이 생소하지만 재미있고 즐거운 시간이 전개된다. 시간이 조금 지나면 어떤 것들은 익숙하기는 하지만 어떤 경우에는 현지인들과 갈등 내지는 오해로 문화 충격을 불러온다. 그래도 참고 견디고 노력하다 보면 시간이 지나가게 되고, 약 2년 정도 참고 지내다 보면 언어에 자신이 생기면서 삶의 흥미를 찾게 되고, 정착이 되고, 언어에 자신감이 생기면서부터는 현장을 떠나고 싶은 생각이 사라진다는 것이다.[14]

동부 자바의 아름다운 고장 바투에는 신학교가 있고 그곳 교수 학생들과

---

14 폴 히버트, 『선교와 문화인류학』(죠이선교회출판부 2015), p.91-99: 다섯 가지를 이야기하고 있지만 이곳에서는 지면상 세 가지만 언급하였다.

같이 선교 여행을 종종 떠나면서 저들과 사역은 물론, 문화를 익히는 데 시간을 보냈다. 저들은 한결같이 묻는다.

"언어 훈련 끝나면 어디로 파송되나요?"

"서부 칼리만탄이요."라고 나는 자신 있게 대답한다.

"이곳 자바에 교회도 많고, 신학교에서 일할 곳도 많은데, 왜 정글로 가려고 하시나요? 우리 인도네시아 사람들도 칼리만탄은 가려고 하지 않아요. 말라리아에 걸려서 죽으려고 가시나요?"

"하나님이 부르셨고, 오랫동안 기도해 왔는데 안 갈 수가 있나요?"

이러한 유혹은 나로 하여금 지금까지 준비해 오고, 늘 생각해 오던 정글 사역에 대한 회의를 느끼게 만들어 주기도 했다. 사실 자바 섬은 인도네시아에서 인구밀도가 가장 높은 곳이다. 통계에 의하면 자바 섬의 넓이는 전체 인도네시아 넓이의 7%도 안되지만 인구는 55%인 1억 5,000만 명이 그곳에 살고 있고, 인구밀도가 세계에서 가장 높은 곳이다. 칼리만탄은 자바 섬보다 더 크지만 거대한 정글로 덮여 있어 인구는 최근 통계에 의하면 1천 66만 명(2020년)에 불과하다.[15] 저들의 제안은 나에게는 유혹과도 같았다. 인간적인 생각으로는 '살만한 곳' 자바 섬에 정착하면서 사역을 하고픈 생각이 왜 없겠냐만 어쩐지 마음에 죄의식 같은 것이 나의 마음을 누르고 있어 평안치 않은 것은 그동안 기도해 온 정글 지역을 포기할 수는 없기 때문이었다. 그러면서 저들의 말을 들으면 한편으로는 두려운 생각이 내 마음을 계속 두들겨 다시 나의 두 마음이 싸움을 하고 있구나 하고 생각을 하면서

---

15 위키 백과 2019 data.

그것이 결국은 영적 싸움으로 비화되고 있음을 알게 되었다. 이러한 싸움은 한국에서 나오기 전에도 경험한 바가 있어 능히 이겨낼 수 있었다.

1년 6개월을 선교 본부가 있는 바투에 머물면서 개인 교수로 언어를 습득하는 동안 성경을 교재로 언어를 습득하는 것이 가장 지혜롭다고 생각하게 된 이유는 내가 전하는 언어는 어차피 하나님의 말씀이기에 이 성경단어들에 익숙해져야 언어가 되겠다는 생각을 했고 하나님의 은혜로 자신감을 갖게 되었다. 동부 자바의 바투 마을에는 한국말을 사용할 수 있는 기회가 전혀 없는 곳이어서 한국말을 쓸 수 있는 유일한 기회는 하나님께 기도하는 일이다. 매일 아침 나의 QT 시간을 통해서 하나님께 나의 답답한 마음을 토로하는 시간을 많이 가졌다. 지금 생각해 보면 이렇게 혼자서 있는 것도 언어를 익히는 데 도움이 되었다는 생각을 많이 하게 된다.

1977년 12월 21일, 드디어 그동안 준비하고 꿈에서 그리던 서부 칼리만탄에 도착하여 상황 파악을 하고 경험을 하기 위해서 선교사들이 운영하는 비행기보다 배를 타기로 결심했다. '폰티아낙' 주청소재지에서 내가 가야 하는 스파욱까지 배로 가려면 무려 20시간이 걸리는 곳이다. 그곳에 도착하니 현지에 있는 교회 장로님들이 반갑게 맞아 주었다. 마뚜리시, 수아사, 아담, 이가스, 오트넬 씩 등등… 지금도 생생하게 저들의 이름들이 기억날 만큼 저들의 얼굴도 생생하고 또렷하다.

"살라맛 다땅."(어서 오십시오.)

"우리는 1년 이상을 목사님이 오신다는 소식을 듣고 기도하면서 기다려 왔습니다."

"저도 정말 반갑습니다. 이렇게 만나 뵙게 되니 하나님께 감사합니다. '뿌지뚜한'(하나님께 찬양 드립니다.)" 하면서 볼에 입맞춤으로 맞이했다. 이곳에 있는 암본 사람들[16]은 볼을 두 번 맞대고 인사한다.

저들을 만나니 처음 만난 사람들 같지 않은 것은 그동안 수 년을 기다려 왔던, 기도 속에서 만난 사람들이었기에 이미 정이 들어 있었음을 생생하게 느낄 수 있었다. 이곳으로 오는 것을 중간에 포기했더라면 저들은 얼마나 허망했었겠는가를 생각하며 저들과의 만남이 정말 정겹고 반가웠던 순간을 말로 표현할 길이 없다.

저들이 마련해 준 집은 방 하나에 작은 거실이 있는 바닥과 벽 모두 나무 널 판으로 지은 허술한 집, 침대도 1인용, 모기장도 잘 쳐놓은 곳으로 천정은 없고 서까래가 보이는 지붕만 있는 곳이어서 마치 창고와 같은 방이다. 그래도 저들의 따뜻한 사랑은 피부로 느낄 수 있었다. 그날 첫 밤을 꿈속에서 지내게 되었는데 정말 감개무량한 나의 선교지, 인정 있는 사람들, 이곳은 두려운 곳이 아니라 인간미가 있는 '살만한 곳'이라는 것을 깨닫게 되는 순간 두려움은 사라지고 무엇을 어떻게 이루어 낼 것인가만을 생각하게 된다. 적도 아래 위치하고 있는 지역이라 낮에는 치열하게 덥지만 밤에는 서늘한 곳임을 깨달으면서 '하나님은 사람이 살 수 있도록 만들어 주셨구나' 하는 생각을 하게 된다.

---

16 칼리만탄에는 주로 다약(Dayak) 인종들이 살지만 당시 스파욱에는 외부에서 온 암본(Ambon) 사람 경찰서장 두 분이 장로 교회를 섬기고 지키고 있었다.

필생 사역 파트너

사역의 파트너 중 가장 중요한 파트너는 역시 아내이다. 나는 늘 특이한 삶을 즐겨하는 것 같다. 목사가 안되고 선교사가 된 것도, 결혼도 하지 않고 선교지로 떠난 것도, 한국이 아니라 하와이에서 태어난 아내를 맞은 것도 그렇다. 사람들이 안 가는 길로 가기를 즐겨했고, 사람들이 두려워하는 정글을 선교지로 정한 것을 보면 모험심이 작동하는 것 같다. 아내, 선교사로서의 동역자만 된다면 서로의 힘을 얻고 사역을 능히 해낼 수 있다는 생각을 했다. 문화 적응에 자신감이 붙었고, 현지인들과의 적응, 같이 일하는 제3국의 선교사들과의 동역, 그리고 이제 가정에서의 초문화권으로 이루어진다면 선교에 있어 중요한 이슈인 문화적응 문제에 있어 달인이 될 것이라는 생각을 하게 된 것이다.

독신으로 바투 IMF선교회에서 훈련을 받고 있는 동안에 그곳에서 근무하고 있는 많은 외국 선교사들 가운데 특별히 독일 선교사, 노르웨이 선교사 가정과 좋은 교제권을 형성하고 있었다. 그들의 초청을 받아 식사를 할 때마다 나의 결혼 문제가 화두가 되곤 하였다. 애인은 있는가, 왜 지금까지 결혼을 안 했는가, 결혼은 언제 할 생각인가 등등… 정글로 가서 사역을 하려면 가정이 있어야 한다는 것이다. 한 선교단체의 캠퍼스에 있기에 저들은 늘 서로가 깊은 관심을 가져주고, 또 미래의 사역을 위해 걱정하며 기도해주곤 했다. 나는 저들의 이야기를 들으면서 타국인이지만 한 가족과 같은 느낌을 받기도 했고, 그러한 타인의 문제를 세심하게 관심을 가지고 기도하는 분들의 그 아름다운 마음에 감동을 받게 되었다. 그러나 나에게는 그와 같은 사람은 없으니 기도를 시작해야겠다는 생각을 하면서 한국에서 파송되기 전 있었던 한 여인이 생각났다. 그는 신앙심도 좋고, 선교사로 헌신되어 있지만 정글은 못 가겠다는 것이다. 아내가 된다는 것은 사랑이 전제되어야 하지만 선교사의 아내는 다르다. 그 이상의 그 무엇이 있어야 한다는 것을 깨달았다. 그것은 소명이다. 하나님이 부르시는 곳이라면 어디든 가겠다는 용기는 바로 소명에서 나오기 때문이다.

IMF는 매년 7월이 되면 후원자들이 전국에서 선교 본부로 몰려와서 일주일 동안 숙식을 같이 하면서 선교 컨퍼런스를 개최한다. 이 자리에는 국제적으로 알려진 강사들이 초청되는데 하루는 기타를 치며 부르는 찬양이 울려 퍼졌다. "물가로 나오라(Come to the Water)"라는 제목이다. "주 예수 오셔서 내 슬픔을 아시네…" 2,000여 명이 모인 사람들이 큰 감동을 받는다. 나도 그중에 한 사람이었음을 발견한다. 한 인도네시아 친구가 나에게 귓속말로 알려 준다.

"저기 영어로 찬양하는 사람은 이름이 박델로린인데 한국인이래요."

그곳 IMF 선교 본부에서 민족 개념이나 인종 개념이 없는 선교사들 속에서 삶을 살아 오고 있는 나로서는 이제는 인종의 차이, 언어의 갭 등을 상관치 않는 열린 마음 때문일까 영어로 부르는 찬양에 마음이 끌려 그에게로 다가가기 시작했다. 그동안 여러 독일 선교사들 부부들이 저를 위해서 기도

하기 시작했는데 정글 사역을 위해 파트너가 필요하다면서 강력히 결혼을 권유해 왔기에 이미 오랫동안 결혼 대상자를 위해 기도해 오고 있는 터였다. 3개월간 단기 선교사로 아버지가 한국인인 하와이 출신인 이 여인은 기타를 들고 와 인도네시아의 여러 교회들을 방문하다가 이곳 바투의 IMF선교회 본부까지 오게 된 것이다.

3개월이 지나 이제 하와이로 떠나야 하는 델로린에게 저돌적으로 '선교적 프로포즈'를 하기로 결심했다. 선교적 프로포즈란 나의 사역지가 이렇게 좋은 자바에 있는 도시가 아니라 정글이라는 특수한 부름에 대한 나의 소명에 대해서 이야기했다. 사랑도, 가정도 중요하지만 하나님의 부르심을 거절할 수 없는 곳인데 정글의 삶을 이야기했을 때, 실망했을 것으로 생각했던 그녀의 눈에서 눈물이 나오는 것이 아닌가! 하나님이 원하시면 기왕 커플이 될 것이라면 과장할 일도, 속일 일도 아니라는 이유 때문에 나의 확신 있는 간증을 하게 된 것이다. 대답은 'yes'였고, 도시나 정글이나 하나님이 원하시는 곳에 따라가겠다는 결단이었다.
선교적 프로포즈란 '사랑' 플러스 '사명'이 같이 가야 한다. 서로가 전에 경험해 보지 못한 평안함을 느낄 수가 있었다. 델로린 선교사는 이러한 나의 프로포즈에 기꺼이 응했고, 그를 한국으로 보내 7개월간 바울의 집에서 선교 훈련을 받도록 했다.

나는 정글 사역을 잠시 놓고 휴가를 얻어 한국에 1977년 7월 21일에 도착했다. 그와 같이 하와이의 한 교회에서 결혼식을 하기로 결정하고 준비에 들어갔다. 처가에서는 호놀룰루에 있는 카이무끼(Kaimuki)교회에서 결혼식을 거행하고, 피로연, 손님 초청 등 9월 13일에 있을 결혼식을 위하여 만반의 준비를 3개월 전에 이미 끝냈으나 신랑은 마지막 순간까지 보이지 않았다. 당시 한국인이 신용 있는 초청장이 없이는 미국 비자 받기란 쉽지 않았고, 나는 부단한 노력을 했으나 가짜 결혼식이라고 마지막까지 거절당한 것이다. 델로린은 대학 친구들, 가족들이 미국 본토에서 하와이까지 왔으나 결혼식은 거행되지 못했다. 신랑없이 사진들만 같이 찍고 헤어졌다고 한다. 그후, 델로린의 부모님들이 한국을 방문하도록 했고, 나를 파송한 후암장로교회에서 한재호 목사의 주례로 같은 해 9월 22일 결혼식을 끝내고, 신혼 여행을 설악산으로 가게 되었는데 영어만 하는 부모님을 모실 분이 없어 신혼 부부와 함께 두 부모가 동행하는 흔치 않은 일이 벌어졌으나 부모에게 한국의 아름다움을 보여줄 수 있는 좋은 기회가 되기도 했고 색다른 신혼여행도 즐거웠다.

우리는 결혼식 후에 즉시 인도네시아 칼리만탄으로 돌아오게 되었다. 갓 결혼한 우리들은 폰티아낙에서 선교사들이 운영하는 비행기를 타고 신땅으로 가는 길이 선교적 결혼에 이어 '선교적 신혼여행'이 시작되었다. 비행기가 뜨자마자 보이는 것은 정글, 그리고 뱀같이 흐르는 강들뿐이다.

아내는 우리의 신혼의 사랑의 관계가 별안간 두려움으로 변한 것 같다. 옆 얼굴을 보니 신혼여행과 같은 기쁨은 보이지 않고, 평생을 이곳에서 살게 될지도 모른다는 생각에 두려움이 역력했다. 하와이에서 부모 밑에서, 3명의 언니들 밑에서 곱게만 자란 딸이 어떻게 잘못 만난 선교사 남편을 보면서 한심스러워했을지도 모른다. 허니문과는 너무 거리가 멀었다. 그래도 그동안 쌓아 놓았던 믿음을 활용할 기회가 되어야 하는데, 그것은 눈물로 만들어 낸 헌신과 희생의 정신, 그리고 자신이 하는 일에 대한 철저한 책임의식이 해결할 수 있을 것이다. 더 이상 우리는 낭만적이고, 감성에 젖어야 할 시간이 없었다. 현실은 그러한 생각들을 하도록 내버려두지 않고, 현실은 어떻게 살아 가느냐가 먼저이고, 어떻게 이러한 새로운 상황에서의 조그마한 사명의식을 펼칠 것인가를 고민해야 하는 순간이 되었다.

훈련은 예외가 없다

지금과는 다르게 그 당시는 '아내도 선교사인가'라는 질문을 많이 하게 되었다. 아내도 선교사가 되어야 할 이유는 선교지에는 여성이 할 일이 많다는 것을 알게 되었다. 교회의 여성들을 교육하는 일, 주일학교 및 교사들을 훈련하는 일들, 손님들을 대접하는 일 등 어떻게 보면 여성들의 할 일이 남성 선교사보다 더 많은 것을 보게 된다. 메신저로서 선교사의 아내, 좋은 동역자임에 틀림이 없고, 훈련을 그냥 지나칠 수 없는 중요한 사안이었다.

아내 박대련 선교사는 시애틀에서 대학을 졸업한 후 호놀룰루로 돌아와 교회에서 운영하는 프리 스쿨의 원장을 하고 있었다. 고생과는 거리가 먼

하와이에서의 삶 속에서도 아주 보수적인 교회를 다니면서 그래도 주님을 위한 헌신은 뚜렷했다. 우리의 만남은 농촌과 도시 문화의 만남이었다. 나는 농촌 배경은 물론 고된 훈련 후 이미 칼리만탄 오지에서 어느 정도 적응을 하다가 결혼하게 됐지만 아내는 전혀 정글 삶이 생소하기 그지없다. 생전 경험해 보지 못한 장면과 두려움이 교차하면서 깊은 사색에 빠지게 되었다. 아무 소리 없이 1시간을 타고 신땅에 도착하자 그곳의 허름하게 지은 선교관에서 하룻밤을 지내고 다시 3시간이 걸리는 까푸아스 강을 배를 타고 스파욱까지 오게 된 것이다.

동네 사람들은 우리가 이미 부부가 되었다는 것을 알고 내가 혼자 사용하던 1인용 침대를 2인용으로 바꾸고, 모기장도 예쁜 것으로 침대 위에 걸어 놓았다. 나에게는 그 정도면 정글 속에서의 첫날밤은 만족했지만 정글로 데리고 온 나는 못할 일이라도 한 듯 아내의 눈치를 보느라 정신이 없었다. 너무 낯선 환경, 저들이 정성껏 만들어 놓았다고 하지만 거칠게 보이는 침대, 나무 껍질로 된 지붕, 서까래가 보이는 천정 없는 집, 모기장, 널판으로 만들어 놓은 싱크대, 부엌 겸 거실, 사람들이 가져다 놓은 이름도 모르는 정글 야채들 모든 것이 아내에게는 생소했다. 레시피가 없으면 음식을 못한다는 도시의 삶과 전혀 다른 상황에서 무엇으로 음식을 어떻게 해 먹어야 할지 전혀 개념이 떠오르지 않는 상황, 이 모든 환경이 낯설게만 보였고, 그녀로 하여금 한심스러웠는지 눈에는 눈물만 흘렸다.

정글은 비가 많이 오는 것이 특징인데 10월 달부터 우기가 시작되고 우기가 되면 엄청난 비가 바로 앞에 있는 스파욱 강을 넘치게 만든다. 우리를 위해 세를 얻어 준 주택은 바로 강과 길이 있는 곳에 위치하고 있다. 땅에다 기둥을 박고 1m 높이 위로부터 나무를 깔아 바닥을 만들어 웬만큼 비가 와도 바닥까지는 차지 않는다.

그런데 비가 며칠 간 오기 시작하더니 강이 넘치고, 또 강 옆에 있는 길이 넘쳤다. 물은 계속해서 집을 향해 올라오더니 마루바닥 위로 들어오기 시작했다. 당시 결혼식에서 받은 모든 선물들을 바닥에서 책상 위에 올려 놓고, 물 위에서 생활을 해야 하는, 어디서도 찾아 볼 수 없었던 삶의 경험을 하고 있는 것이다. 강 위에는 통나무들을 띄어 놓고 그 위에 세워진 화장실이 있어 목욕, 빨래뿐만 아니라 쌀과 채소 씻기도 하고, 배가 정박하는 곳인데 홍수가 나면 이 화장실이 물위로 떠 올라오게 되어 밧줄로 매어 고정한다. 강물에 목욕을 하고 그 물을 마시고 음식을 만들어야 하는 생명수와도 같은 것인데 그 강가에는 수많은 집들과 화장실이 있기 때문에 비만 오면 수많은 오물들이 떠내려온다. 그중에는 배설물이 떠 내려와 개울물을 마시는 우리에게는 여간 난처한 일이 아니다. 그러나 죽으란 법이 없어 요령이 생겼다. 배를 타고 강 중간까지 가서 양동이로 물을 길어오면 오물이 없는 비교적 깨끗한 물을 떠 올 수가 있다. 그 물을 퍼와 하룻밤 기다리면 모든 노폐물이 가라 앉고, 그 물을 20분간 끓이면 우리가 먹을 수 있는 음료수가 되는 것이다.

집 뒤편에는 잔디로 된 축구장이 있었는데 모두 물로 그득 차 바다가 되어 있었다. 주일이 되어 교회를 가려는데 길은 사라지고 물로 덮인 운동장은 한 청년이 배를 가지고 와 우리를 교회까지 데려다 주는 진풍경이 벌어졌다. 아주 작은 배에 탄 우리는 잘못 움직여 옆으로 넘어지면 물로 덮힌 운동장에 빠지게 되는 형편이 되었다. 홍수가 나도 우기가 좋은 것은 물이 풍부하기 때문인데 건기는 약 4개월간인데 강물이 다 마르고 물이 흙물이 되어 먹지를 못한다. 그래서 집 옆에다 나무로 큰 통을 만들어 우기에 물을 가득 받아 저장한다. 수 개월이 지난 물에는 많은 애벌레가 있지만 그래도 끓여 먹으면 배탈이 나지 않게 되니 그때부터 치열한 생존전략이 만들어지기 시작한 것이다.

물 위 널판으로 연결된 화장실을 가려면 여간 기술 아니면 쉽지 않다. 나는 그동안 연습이 많이 되어 있지만 아내에게는 너무나 생소하고, 어려운 외나무 다리 널판 위를 디퉁거리며 걷는 모습을 보면서,

"어때, 재미있지?"

"재미요?" 얼굴이 창백해져 있는 것이었다.

"정글 삶은 모든 것을 재미있게 받아 들이는 것이야"라고 위로해 보지만 통하지 않았다.

신혼 생활에서 화를 내는 아내를 보면서 도시에서 자란 아가씨를 아내로 맞은 나는 앞으로 '고생 좀 하겠구나' 생각을 하면서 두려움이 앞섰지만 그래도 하나님의 은혜로 세월이 지나면서 나보다 적응능력이 뛰어나다고 동리 사람들은 평가를 해 주어서 얼마나 다행인지….

귀신 쫓고 주택 짓기

이제 본격적인 사역 개발을 위해서는 현장 정착을 위해 주택 건축이 필요했다. 우선 땅을 사려고 돌아 다녀보니 지금 살고 있는 집에서 멀지 않은 곳에서 아주 허름한 집과 함께 큰 땅을 판다는 소문을 들었다. 허름하다 못해 글자 그대로 귀신이 나올 것 같은, 더럽고 다 쓰러져 가는 어두운 집이 한 채가 있고 주변에 큰 밭이 있었다. 사람들은 절대 사지 말라고 말리는 집이다. 이유는 하나, 귀신이 나온다는 것이다. 만일 그 땅을 구입해서 집을 지으면 귀신이 노하기 때문에 당신은 얼마 못 가서 죽는다고 겁을 주는 것이었다. 나는 우리 하나님이 얼마나 위대한 분인가를 보여줄 때가 되었다고 생각하고 헐값으로 그 집과 땅을 사고 그곳에 번듯하게 집 한 채를 지었다. 그리고 집 옆으로 방을 만들어 정글에서 오는 나그네들이 쉴 수 있는 공간을 마련했다.

그 후, 나의 뒤를 이어 목회를 했던 '키스너' 독일 선교사가 계속해서 그 땅에 정글에서 오는 학생들을 위한 기숙사를 지어 학생들을 교육하는 선교 센터를 만들었다. 이러한 건물이 계속 들어서는 것을 본 주변의 사람들이 귀신이 나오지 않는 것을 의아스럽게 생각하더니 1년이 지나 주변 땅에 집이 들어서기 시작하면서 한 마을이 형성되었다. 우리가 지은 집과 비슷하게, 페인트 색깔도 같게 짓는 것을 보면서 선교사의 역할 중 하나가 저들의 삶에 지혜와 모델을 제공하는 것도 사역 중 하나가 되겠구나 하는 생각을 하게 되었다.

그 후 몇 년이 지나 싱가포르로 이사를 한 이후이다. 한 번은 큰 마음을 먹고 스파욱을 방문하게 되었다.

"주님, 오늘은 주일인데 연락도 하지 못하고 가지만 정들었던 모든 성도들을 만나게 해 주시되, 혹시나 저들이 저에게 돈 이야기를 꺼내지 않게 해 주십시오."

선교센터가 유지되기 위해서는 재정이 늘 필요한 것은 잘 알고 있지만 저들의 자립을 최고의 과제로 생각하는 나는 오랜만에 만난 자리에서 돈 이야기가 나오면 반가웠던 분위기가 깨질 수가 있다고 생각하고 기도를 한 것이다. 주일 아침에 옛 성도들을 만나니 정말 반가웠고 기대하지 않았던 손님을 만난 것은 놀라움과 기쁨이 교회당에 가득 찼다. 모두 감사한 마음으로 예배를 드렸고, 나는 설교 부탁을 받아 말씀을 전하고 교제의 시간을 가졌다. 시간이 한 참 지난 후에 아담 장로님이 입을 연다.

"목사님, 옛날에 지은 집이 다 헐어지고 있네요."

속으로 오면서 기도한 내용이 생각난다. 상황은 정반대로 돌아가고 있었다. 싱가포르 삶이나 사역을 하려면 재정 상황이 이곳까지 신경을 쓸 여유가 없는데 저들은 이해를 못하는구나 생각하며 나는 조용히 대답을 했다.

"같이 기도해야 할 제목이네요."

∙

싱가포르에 돌아와서도 마음이 편치는 않았다. 후원자들에게 보내는 기도 편지에 이 사실을 언급은 했지만 나의 재정 수입 상황을 볼 때 헌금이 들어 오리라는 큰 기대는 할 수가 없었다. 그러나 놀라운 일이 일어났다. 하와이의 빅 아이랜드에서 소아과를 운영하는 박훈 의사 집사님이 연락이 왔다. 장문의 편지와 함께 1만불을 보내 온 것이다. 편지 내용은 아들의 대학 학비자금인데 아들이 장학금을 받게 되어 그것만으로도 대견하고 기쁜데 돈이 남아 감사한 마음도 있고 해서 어떻게 주님께 드릴까를 생각했는데, 마침 이 기도 편지를 받게 되었다는 것이다. 나는 그 헌금을 받은 즉시 신땅에서 살고 있는 김익배 선교사께 조금 더 보태서 집을 다시 지어 달라고 정중하게 부탁하였다. 그는 기꺼운 마음으로 옛날 나무 집을 헐어 버리고, 새로운 집을 나무가 아닌 시멘트로 예쁘게 지어 놓았다. 김익배 선교사는 건축에 각별한 은사를 가지고 있어 적은 돈으로도 훌륭한 건축물을 만들어냈다.

선교지에서의 삶은 기적과 같은 일들이 많이 일어나고, 하나님이 역사하시는 현장을 목격하는 일이 많이 있다. 성령께서는 우리의 생각이나 계획보다 더 크신 하나님이시며, 거대한 헌금이 아니더라도 정성으로 드려진 헌금을 통해서 한 프로젝트를 이룰 수 있는 것이기도 하다. 또한 협력하는 동지들이 있으니 서로가 하나님의 일을 위해 서로의 도움을 통하여 만들어진 프로젝트이다. 이러한 일들은 선교현장에서 흔히 볼 수 있는 성령의 역사이지만 우리가 하나님의 하시는 일에 참여하고 있다는 사실만으로도 하나님이 우리의 일을 기뻐하시면서 도와주시는 것을 경험할 때마다 기쁨이 넘치게 된다.

적응인가, 개발인가?

일꾼이 부족한 칼리만탄에 문제 해결을 위한 인적 자원 개발을 위해서 그동안 서양 선교사들이 많이 애써 왔다. 당시 인도네시아에 서양 선교사들이 가장 많이 투입한 곳은 두 곳인데, 한 곳은 파푸아(Papua)라고 불리는 곳이고, 또 한 곳이 바로 서부 칼리만탄이다. 내가 도착할 당시만 해도 서양 선교사 약 150여 가정이 정글 사역을 맡고 있었고, 수르깜(Serukam)이란 곳에 병원도 설립해서 환자들을 치료하는 중심지가 되었고, 같은 장소에 선교사들을 위한 자녀 학교 동을 운영하고 있었다. 그들이 선교 개척 사역을 하기 위해서 미국 보수침례교회 교단이 선교 기지를 설립하고 그 기지를 중심으로 지역 복음화의 전초기지로서의 역할을 하고 있었다.

나는 그러한 선교 기지 개념이 없는 초년 선교사로서 많은 경험과 역사를 가진 서구 선교사들의 사역 모델을 많이 연구했다. WEC, RBMU, C&MA, Conservative Baptist(병원 사역), MAF(비행 서비스 사역) 등 많은 선교사들이 사역을 하고 있는데 배운다는 입장에서 저들의 사역지를 자주 방문하면서 교제의 시간을 가졌다.

저들의 사역과 삶의 모습은 대체로 두 가지로 나누어진다.

하나는 현지인들 식으로 집을 짓고 가능한 현지인처럼 살려고 노력하는 선교사들이 있어 크게 집을 짓고 페인트 칠도 하지 않은 채 현지인들과 쉽게 만나고 교제하며 사역하는 스타일이다. 원주민들은 부담 없이 선교사가 지어놓은 집을 찾아오고 사역을 위해 쉽게 동행하는 모습을 눈여겨보게 되었다.

또 하나의 모델은 완전히 정글 속에 서양 스타일의 선교 본부를 만들어 놓은 것이다. 예쁜 교회당과 잔디로 깔아놓은 비행장, 전기시설, 무전 시설 등 서양의 삶과 전혀 다르지 않은 모습이다. 이렇게 아름다운 선교 센터를 주민들에게 개방하고 있고, 선교사와 같이 사는 식모들에게도 영어도 가르치고, 저들의 현대적 삶의 감각도 가르쳐 가면서 개인의 발전을 도모하는 모습을 보면서 이러한 삶을 통한 교육도 선교사의 일 중에 하나가 아닌가 생각을 하게 된다.

두 모델을 놓고 보면 어느 하나 틀린 것은 없다. 두 형태가 선교사들의 현지화를 통해서 격의 없이 교제하는 모습도 좋았고, 현지인들의 발전을 위해 노력하므로 저들에게 눈을 띄워주는 모습도 좋았다. 단, 두 모델 다 심적으로 얼마나 현지인들에게 개방하느냐가 더 중요하다고 생각한다.

한 가지 중요한 교훈은 모든 선교사들의 선교정책이나 라이프 스타일은 자신들의 교육 받은 선교 철학에 기인하고 있지만 서로를 인정하면서 협력하는 모습이 우리가 꼭 배워야 할 중요한 교훈으로 남는다.

수많은 선교단체들이 존재하고 있고, 그 한 가운데는 MAF 비행 선교단이 이곳 저곳을 다니며 저들의 사역을 측면 지원하면서 일을 하게 되니 아무런 분란도 없고, 서로가 좋은 교제 속에서 선교단체와 국가를 초월한 협력 사역이 이루어지는 모습은 우리가 본 받아야할 교훈이 아닌가 생각한다.

3. 메신저의 동역 정신

동역 정신은 하나님이 주신 소중한 자산이 되어야 하는데 개 교회도 마찬가지지만 선교 사역에서는 더욱 중요한 사역적 마인드이다. 비록 일꾼이 부족하다고 해도 부족한 일꾼들이 동역적 자세를 취할 수 있다면 힘은 규합되게 되는 것이고 우리 앞에 놓여 있는 일꾼 부족 현상을 쉽게 풀어나갈 수 있다고 본다. 한국인들은 같이 일하기가 쉽지 않다는 것을 여러 곳의 실패의 흔적들이 말해주고 있다. 그렇다면 억지로 한국인 간의 동역구조를 만들기보다는 오히려 한 선교사의 지도력의 위치를 재구성하여 현지인들과 동역을 만들어 내는 것이다.

어떻게 보면 성경의 사도들이나 바울의 동역 모델을 보면 자신이 훈련시켜 만들어 놓은 사람들과의 동역이 원활하게 이루어진 것을 볼 수 있다. 바울은 자신을 사도들에게 소개해 준 바나바도 결국 헤어지는 모습을 보면 소위 큰 지도자들 간의 협력보다는 자신이 만들어 놓은 지도력 구조에 각자가 힘을 합치는 것이 더 쉬울 수 있다.

그렇다면 선교사들은 현지에서 인적 자원을 개발하고, 훈련해서 만들어 선교사 자신이 하고 있던 일을 지속하게 하든지, 선교사의 지도 하에 사역을 같이 하는 선교를 지향하다는 것이 바람직한 것이라는 사실을 깨닫게 된다. 현장 자원을 귀하게 여기는 생각, 그리고 그것을 현장 규모에 맞는 조직화하는 지혜, 그런 것들이 우선시되어야 할 것이다.

동역 구조의 형성과정을 보면 같은 문화보다는 다른 문화가 좋고, 다른 나라에서 온 선교사들과의 교제권에서 볼 수 있는 것은 우리가 가지고 있는 상대방에 대한 선입관이나 이해 관계같은 것이 없다는 것이다. 한국인들이 서로 만나면, 태어난 지방에 관한 선입관, 어느 학교를 졸업했느냐 하는 것, 교파 관계, 연령 관계, 선교사의 선후배 관계 등 따져 가면서 자리매김을 하게 된다. 그러나 타국인들과의 관계는 이러한 모든 것들을 초월할 수 있는 관계이기 때문에 서로가 순수하고, 외적인 것보다는 일에 초점을 맞출 수 있어 오히려 동역 차원에서 쉬운 관계가 될 수 있다는 것이다.

선교적 동역 정신

선교 사역에서 메신저로서 가장 중요한 자원은 역시 인적 자원이다. 바울이 보여준 자원 개발은 인종을 불문하고 이곳 저곳에서 하나님이 준비하신 일꾼들을 찾아내어 저들에게 선교적 비전으로 동역자로서의 위치를 부여하였다. 이러한 부류의 일꾼은 준비된 일꾼이라고 부를 수 있다.

로마서 16장에도 여러 사람들의 이름을 언급하면서 그들과 바울이 어떤 관계인가를 확인해 주고 있다. 바울이 자주 언급하고 가장 측근 거리에서 동역했던 사람들의 이름을 나열해 보면 다음과 같다.

바나바: 레위인으로 예루살렘 교회의 신실한 일꾼이었다.

　　　　회심한 바울이 사도들과 교제하고 안디옥 교회의 일꾼이 되기까지 바울을 이해하고 열심히 도와준 바울의 발견자요 소개자이다.

　　　　바울과 함께 제1차 전도 여행에 동행했다.

디모데: 소아시아 루가오니 지방의 루스드라 출신이었다.

　　　　부친은 헬라인, 모친은 독실한 유대인이다.

　　　　사도 바울로부터 복음을 듣고 복음 전도자의 길을 걸었다.

　　　　제 2차 전도 여행 때 바울과 동행하였다.

디　도: 헬라 사람으로 초기에 사도 바울로부터 복음을 듣고 복음 전도자가 되었다.

실　라: 예루살렘 총의 가결안을 안디옥 교회에 전하기 위해 바울과 바나바와 더불어 보냄 받았다.

　　　　바울과 디모데와 함께 제 2차 전도 여행에 동참하였다.

누　가: 수리아의 안디옥에서 출생한 헬라인으로 누가복음과 사도행전의 저자 의사인 누가는 병약한 사도 바울의 좋은 조력자였다.

마　가: 마가복음의 저자로 본명은 요한이다.

　　　　지중해 구브로 섬 출신으로, 마리아의 아들이자 바나바의 생질 바울로부터 거절당하고 숙부 바나바를 따라 고향 구브로 섬에서 전도 활동을 하였다.

브리스 길라와 아굴라: 남편은 소아시아 본도 출신의 유대인이요, 아내는 로마 태생으로 바울과 같은 직업을 가진 관계로 함께 거하며 복음을 전했다.

에바브라: 골로새 교회의 설립자로 신실한 복음 전도자이다.

로마 옥중의 바울을 방문하여 골로새 교회의 소식을 전했으며 또한 함께 감옥에 투옥되기도 하였다.

에바브라 디도: 빌립보 교회의 존경받는 성도라고 부름.

로마 옥중의 바울에게 빌립보 교회의 헌물을 전달한 자이다.

옥중의 바울을 돌보다가 중병에 걸리기도 했으나 완쾌 후 바울의 서신(빌립보서)을 교회에 전달하였다.[17]

선교사의 역할은 개척하는 것이며 한편으로는 현지 교회에 힘을 실어주거나 현지 교회가 못하는 일, 부족한 일들을 돕는 것이라고 생각한다. 개척은 미전도 종족으로 가서 그들의 자생적 교회를 만들어 주는 것이다. 이 자생적 교회는 현지 지도력을 만들어서 스스로 설 수 있도록 만드는 작업을 해야 한다.

많은 경우, 현지인들이 할 수 있는 것이 많지만 문제는 현지인들도 생계 문제로 인하여 도시를 선호하는 경우가 있거나 미전도종족에 대한 부담이나 선교적 마인드가 결여되어 있다면 선교사가 투입되는 수 밖에 없다. 그러니 선교사는 자연이 개척자로서 오지로 들어가야 할 이유를 찾는 것이다. 그 다음에 교수나 교육 사역을 하려고 할 때 현지인으로 부족한 것을 많이 느끼게 된다면 당연히 교육 수준이 좋은 선교사들이 그 일을 맡아야 할 것이다.

---

17 자료출처: Google Search, 바울의 동역자들 요약(Quizlet 2021)

각국 정부에서 비자를 주는 조건은 현지인들이 하지 못하는 일에 도움을 줄 수 있는 교육 선교사들에게 비자를 제공하기도 한다. 또 한 가지 선교사는 현지인들이 하고 있는 사역들에 보충 사역을 해나갈 수 있을 것이다. 현지인들이 한쪽으로 편중되는 경향이 있으므로 필요한 곳, 필요한 사역에 선교사가 배치될 수 있을 것이다. 이것이 선교사들에게 계속 연구가 요구되는 이유이다.

나의 교육 과목은 늘 선교 관련 과목이었다. 정글 교회 설립 사역에서도 평신도 교육을 시킬 때 간단한 교리적 이슈를 다루지만 이어지는 과목은 늘 저들도 하나님의 증인이 되어 아직

도 믿지 않는 가족부터 시작하여 복음이 들어가지 않은 부족 마을에까지 복음을 전하는 도전을 통해서 영혼 구원 사역에 부담을 갖도록 하는 것이다. 두 번째 팀인 안중안 신학교에서의 교육도 내가 가르치는 교육은 늘 선교 관련 과목이었다. 성경적 선교 신학, 전도학, 초문화권 커뮤니케이션, 사도행전 강의, 선교 역사 등등….

나의 신념은 한 크리스천이 선교를 깨닫는 순간 그는 자신의 구원은 물론 타인의 구원에 대한 부담과 관심을 갖게 되면 자연히 영적인 성숙을 경험하게 될 것이라고 믿는다. 특히 정글처럼 아직도 복음이 들어가지 않은

곳에 복음의 씨를 뿌리기 위해서는 복음의 확신과 함께 전파의 부담을 갖게 만드는 것이다. 이러한 선교적 도전은 정글 사역에서도 교회 설립을 위한 현지 평신도들을 동역자로 만드는 일에 도움이 되었고, 신학 교육 중심에 영혼에 대한 부담을 갖게 하는 데도 도움이 되었다. 이러한 선교 도전은 인도네시아에 선교 운동을 일으키는 데도 역할을 했다고 믿는다.

안중안 신학교를 훌륭하게 이끌어 오던 파무지 목사는 처음 스파욱에서 만나 안중안 신학교 첫 졸업생이 되었고, 안중안 신학교 교장으로서 훌륭한 리더십을 발휘하더니 지금은 자카르타로 옮겨서 WP(World Partners) 인도네시아 선교사들을 훈련하여 동남아시아에 파송하는 일을 하게 된 것도 그가 받은 교육이 신학과 함께 선교학이 역할을 했다고 믿는 것이다. 이제는 이러한 현장 자원들이 동원되게 만드는 토착 선교 세력을 구축하는 것이 한국 선교사들이 지속적으로 만들어 나아가야 할 과제라고 생각한다.

현장에서 메신저 찾기

현장에서 동역자를 찾는 일은 쉬운 일은 아니다. 사역을 하면서 늘 문제시되는 것이다. 그러나 일꾼들을 돈으로 채용해야 한다는 생각을 버려야 한다. 물론, 경제 문제를 떠나서 사역에만 열중할 수 있는 사람은 많지 않다. 그러나 사역자들이 각자의 생활비에 문제가 되지 않는 평신도들의 헌신을 촉구하고, 저들을 선교적 안목으로 훈련 과정을 통해서 심어줄 수 있는 동역자를 만드는 경험은 다음과 같은 이야기로 이어진다.

스파욱 마을에 도착하니 나를 초청한 스파욱 교회에는 경찰서장 출신인 암본 사람 마뚜레시 장로와 수이사 장로님이 계셨고 성도 수는 약 장년 100여 명, 어린이 50명이 있었다. 아주 소박한 교회이다. 저들의 성실하고 순수한 모습은 마음에 들었지만 저들은 개 교회에 대한 열정만 가지고 있었다. 그러나 내가 본 정글 속에는 아직도 복음이 들어가지 않는 곳이 많았고, 그곳에 교회를 세워야 한다는 나의 사명으로 보면 저들은 선교적 비전이 없는 사람들이었다. 저들에게 선교적 도전과 함께 훈련만 하면 되겠다는 확신이 왔다. 하나님이 준비해 주신 분들 임에 틀림이 없다고 생각을 하면서 그 분들과 깊은 교제와 사명 의식 그리고 도전하기 시작했다. 저들은 기본적인 신앙 자세는 전통적이기는 하지만 성숙한 모습이기에 선교적 사명만 불어넣어주면 되겠다는 생각을 한 것이다.

이제부터 내가 해야 할 일은 저들을 훈련하는 일이라고 생각했다. 그러나 전통적인 교회의 모습을 가지고 있는 스파욱 교회의 지도자들을 놓고 교육을 시킬 수 있는 방법은 교회 예배의 설교를 통한 것인가, 아니면 매년 가정을 돌아가면서 모이는 수요 예배를 통해서인가, 아니면 특별한 성경학교 모델로 만들어 저들에게 특별 교육을 시킬 것인가 다양한 생각이 내 머리에서 맴돌고 있었다. 상황을 보니 모든 것이 다 쉽지 않은 것은 모두들 먹고 살기에 바쁜 사람들이다 보니 엄두가 나지를 않는다. 결국 나는 가정에서 모이는 수요 예배를 이용하기로 결정했다. 교재는 네비게이토에서 만든 여섯 과로 된 교재가 다행히도 인도네시아 말로 번역되어 있어 그것을 사용하기로 했다. 교재 내용은 하나님, 예수님, 인간, 죄 등 간단한 조직 신학적 접근과 교리적인 문제를 다루지만 마지막에는 성도의 책임 중 전도와 선교로 결론을 맺고 있기 때문에 아주 좋았다.

약 1년간에 걸친 교육으로 저들이 새로운 것들을 이해하게 되었는데 그것은 개 교회를 지나 하나님 나라 발전에 온 성도가 동원되어야 한다는 사명감이 고취되기 시키는 데 충분했다. 내가 무엇을 하든 그것이 하나님이 주신 사명이고, 그것을 통해서 내가 하나님 나라 발전을 위해서 사용될 수 있는 방법을 찾아야 한다는 것을 강조하게 되었다. 교육을 받은 마투리시 장로의 아들인 토마스 선생님은 초등학교 교사 자격 과정을 이수하고 한 마을의 초등 교사로 파송을 받게 되었다. 이러한 성경공부는 그에게 많은 감동을 주었고 교사로서 무엇을 해야 할 것인가를 깨닫기 시작했다. 물론, 부모의 신앙에 기초를 두고 있었고 말씀을 통해서 사명을 얻었으니 이제야 그 사명을 실천할 기회가 생겼다고 생각을 하고 자신이 교사로 파송된 마을에 교회를 시작한 것이다. 그것이 메라 아이르(Merah Air) 교회의 시작이었다.

성경에서 바울의 동역자 중 가장 신실하고 믿을 만한 동역자는 역시 디모데였다. 그는 외조모 로이스와 모친인 유니게의 영적 양육을 받아 "거짓이 없는 믿음"(딤후 1:5)을 가지고 있지만 바울을 만난 그는 선교교육을 통하여 타인의 신앙 증진에 관심을 갖게 되면서 바울의 훌륭한 동역자가 되었다. 나의 사역의 상당 부분은 이미 준비된 사람들을 사역자로 만드는 일을 하게 한 것은 '선교'라는 사명에 '특별한 부르심'을 받은 이들도 있지만 모든 성도들이 평신도로서 참여해야 하는 '일반적 부름'이 있다는 생각으로 저들을 교육하고 참여하고, 기회를 주어서 사역의 보람을 느끼도록 하는 일이 정글에서도 가능하다는 것을 보여주는 실례라고 할 수 있겠다.

든든한 울타리

선교 현장에 든든한 울타리가 있다면 처음부터 얼마나 마음의 긴장을 풀어줄 수 있을까를 생각한다. 우리를 도울 수 있는 우군이 있다면 사역의 방향성을 확립할 수 있고, 사역을 지원하는 여러 자원들을 확보할 수 있게 될 것이다. 한국 선교는 지금까지 자신들이 모든 것을 만들어 내는 일에 수고를 아끼지 않고 있는데 문제는 이런 것에 한계를 느끼고 있는 것 같다. 그래서 실수를 반복하고, 현지화가 늦어지고, 열매가 부실하다는 비판을 받아 왔다.

내가 경험한 바로는 현지 교회나 단체와 같이 협력을 할 수 있다면 많은 이익을 가져다 준다. 제일 큰 이익은 필요할 때 일꾼이 준비된다는 것이다. 한 선교단체나 교단에 소속되어 같이 일하는 것은 선교사가 한 지역에 가서 교회가 세워주면 그 교회를 관리해 주어야 할 교단이 필요하게 되는데 현지 교단이 그 일을 해주게 된다. 기존 현지 선교단체나 교단에 소속되어 일하게 되면 소속 신학교에서 배출된 학생들을 조력자로 보내온다. 선교사는 저들과 같이 사역을 개발해 나갈 뿐 아니라 그 사역을 교육시키는 책임을 맡게 되면 그에게는 또 다른 제자 내지는 사역을 배출하는 결과를 가져오게 된다. 뿐만 아니라 그 사역을 지속할 수 있는 조직적 근거가 될 수 있다. 선교사가 떠나도 그 교회가 잘 관리될 수 있다는 점에서 현지인에게 이양되는 과정이 수월할 수 있다. 한국 선교사들이나 파송 교회 목회자들은 교리적인 문제에 아주 민감하다. 우리는 '복음주의' 하나로 족하다. 주님을 고백하고 주님을 사랑하는 일에 공통분모가 맞춰진다면 같이 일할 수 있는 근거가 충분하다고 본다. 선교지에는 다양한 교단이, 선교단체들이 협력의 손을 벌리고 있다.

나는 스파욱 지역에서 교회를 여러 개 세워놓고 교회 제직들을 훈련시켜 저들이 사역하게도 했지만 늘 저들의 말씀 교육, 리더십의 한계 때문에 신학생들의 도움을 받지 않을 수 없다. 다행히도 IMF 선교단체에 소속되어 있는 신학교에서 저들의 실습을 위해 보내준 학생들이 큰 도움을 주었다. 물론, 얼마간의 오리엔테이션과 동행 사역 등을 통해서 지역 교회를 알고, 또 저들에게는 생소한 곳이기도 하지만 문화와 언어가 다른 지역이기 때문에 현지 오리엔테이션도 따라야 한다.

선교단체의 지원이 이것으로 끝나지 않고, 계속해서 사역을 유지하게 할뿐만 아니라 선교사는 선교사 대로 필요에 따라(예를 들면 안식년의 대체 인원 구하기) 교체되기도 하고, 지역별로 내국인 외국인 가리지 않고 개인의 은사에 따라 배치하게 된다. 이러한 지원은 지금 시대가 선교사 일방 시대가 아니라 현지인들과 같이 동역하는 시대의 정신에서 나온 결과라고 생각한다. 선교단체가 씨를 뿌리는 일을 하지만 그 씨가 나와서 가꾸는 일은 교단이 알아서 만들어 나가도록 하는데, 만일 씨만 뿌려놓고 관리가 안되면 사라지고 마는 경우가 허다하기 때문에 토착 교단을 세워 교회를 관리하게 만드는 것은 선교의 지속적 열매를 위해서는 대단히 중요한 과제이다.

4. 민족을 초월한 팀워크

인도네시아의 사역 초창기부터 팀이라는 개념 속에서 일하는 법을 배웠다. 팀워크는 이상적인 생각이지만 그렇게 쉬운 일은 아니다. 단일민족의 배경을 가지고 있는 우리가 타민족과 함께하는 공동체 속으로 들어간다는 것은 조금은 부담되는 일이 있다. 그러나 이러한 어려움은 나 자신에게 소중한 경험임이 틀림없다. 처음부터 이러한 초문화적 선교단체에 소속되어 일하게 된 것은 특권이면서도 처음부터 고통스러운 순간을 경험하게 되는데 그러나 이러한 과정을 거치면서 나에게는 팀워크의 중요성과 효과성을 터득하는 좋은 계기가 되었다.

주님의 방법도 제자들과의 사역의 몫을 나누시는 모습, 바울이 보여준 팀워크의 정신은 바로 팀워크가 하나님의 방법이었다는 것을 깨닫게 된다. 타국 선교사(지도자) 간의 팀워크만 잘 배울 수 있다면 현지인들과의 팀워크는 훨씬 수월해진다는 것을 경험하게 되었다.

루이스 부시는 기독교 파트너십의 정의를 "상호 목표를 달성하기 위해 상호 보완적인 강점과 자원을 공유함으로써 신뢰 관계를 형성하고 합의된 기대를 충족하는 공동의 목표를 달성하는 일"[18]이라고 했다.

이미 언급한 대로 KIM과 IMF 선교단체 간의 협력 선교의 모델이 있지만, 현지 선교단체 안에서도 철저하게 선교사 간의 팀워크, 선교사와 현지 형제들간의 팀워크를 강조하면서 사역뿐만 아니라 재정 문제도 공동체를 위해서 나눔을 강조해 왔다(pool system).[19] 이 때문인지 사역에서 필요한 모든 재정들을 기꺼이 나누면서 사역 개발을 추진하는 경우가 많았고, 사역에 있어 '내 것'이라고 부르는 것보다는 사역적 발전을 위해 상호 나눔을 통한 하나님의 도움을 경험하는 것이다. 위에서 언급한 대로 파트너십은 우리가 각자가 가지고 있는 강점과 은사, 그리고 자원들을 공유하게 하면서 신뢰관계가 형성이 되면서 하나님 나라의 섬김의 정신이 증진되는 것을 경험하게 되었다.

이러한 파트너십, 또는 팀 사역에 적절한 단어는 '나눔', '조화'이다. 내 것을 주장하기보다 상대방을 배려하는 마음과 나눔의 정신을 말한다. 이러한 제도는 충분한 훈련과 습관이 되지 않으면 '자기 것이 먼저'라는 생각이 우리의 생각을 지배하게 된다.

18　Luis Bush, "In Pursuit of True Christian Partnership" in *Partners in Gospel*, ed. Jame H. Kraakevik & Dotsey Welliver(Billy Graham Center), p.7.

19　Pool System(재원의 공동관리 시스템)은 믿음선교를 주창해 온 선교단체들이 각자에게 들어온 선교 헌금을 공정하게 관리 분배하는 제도를 말한다.

동역으로 맺는 풍성한 열매

이 책에서 나의 서부 칼리만탄 사역의 두 텀을 보내면서의 하나님이 주신 경험들을 첫 텀은 정글 속에서의 교회 설립 사역, 두 번째 텀은 신학교 사역을 같이 나누고 있다. 두 가지가 관계가 깊은 것은 첫 텀에서 얻어진 나의 교회 설립, 다약 사람들과 삶을 같이 나누는 경험, 어려운 상황을 극복해 나가는 신앙, 열려진 선교지에 부족한 일꾼을 훈련시켜 보내는 사역적 경험을 후학들에게 전하는 데 크게 도움이 되는 강의 자료가 되기 때문이다. 깊은 정글 속에서의 삶과 사역은 나의 인격과 삶의 패턴을 완전히 바꾸어 놓았고 이러한 경험을 바탕으로 해서 신학생들을 교육하게 된 것은 교육이 이론뿐만 아니라 실질적인 많은 경험들을 나눌 수 있어 저들에게 도움이 되겠다는 생각이다.

두 번째 사역은 한적한 안중안(Anjungan)[20]이라는 조그만 마을에서 시작된다. 폰티아낙은 서부 칼리만탄의 수도인데 그곳에서 동북쪽으로 약 60km 아스팔트로 된 길을 따라 가게 되는데 도로 사정이 별로 좋지 않아 통상 자동차로 2시간 이상이 걸린다. 2차 선으로 되어 있지만 가운데 선이 그어져 있지 않아 먼저 가는 차가 먼저라는 생각으로 달리기 때문에 많은 사고가 난다.

나는 안식년을 맞이하여 2년의 학위과정을 마치고 한국의 바울의 집에서

---

20 '안중안' 'Anjungan'은 인도네시아 말로 배의 '놀이터'이란 뜻이다. 이곳은 시골이지만 일제시대도 약 2만여 명의 다약 사람들이 살해된 곳으로 근처에 거대한 공동무덤이 있고 기념비가 세워진 유명한 곳이다.

한국 선교사 훈련 사역을 위해 1년 반의 시간을 보낸 다음에 다시 나의 정든 곳, 끝내지 못한 사역을 위해 정글 마을로 들어 가려고 했지만 중 간인 안중안에 멈추게 되었다. 본래 정글 사역을 하면서 같이 꾸어 왔던 신학교 설립의 꿈은 일본의 앗수미 선교사와 독일의 호르노만 선교사와 함께 이루어 냈다. 처음에 학교를 시작하게 된 동기는 늘 수준 있는 일꾼들을 배출하기 위해서 업그레이드 된 교육기관이 필요하다는 의견을 같이 했었던 계획이 현실로 나타난 것이다.

안중안에 자리를 잡게 된 것은 아주 정글도 아니고 그렇다고 도시도 아닌 한적한 곳이라는 이점과 농촌 지도자들을 만들어 내기 위해서는 넓고 비옥한 땅이 필요했기 때문이었다. 마침 근처에 농촌 지도소 소유 농장이 위치하고 있었다.

독일 선교사 호르노만 선교사가 몇 동의 건물을 지어 학교를 몇 명으로 시작했으나 건강 문제로 귀국하게 되어 나는 그 뒤를 이어 학교를 현지 지도력과 함께 이 사역을 책임지게 되었다. 정글 스파욱의 교회들과는 다시 오겠다는 약속을 지키지 못했지만 청년들을 훈련시켜서 보내는 것도 저들을 돕는 더 좋은 일이라는 결론을 내리고 안중안에 머물기로 결정한 것이다. 사실, 내 마음 같아서는 깊은 정글에 다시 들어가 첫 텀에서 못다 이룬 일, 아직도 복음이 들어가지 않은 마을에 교회를 세우는 일, 또 교회는 세워졌으나 제자 훈련이 안되어 숫자로만 채워진 교회에서 거듭난 경험을 하지 못한 많은 성도들 교육이 필요하다고 생각했지만 그러나 하나님의 계획은 달랐다. 훈련된 현지 사역자들을 배출하여 교회를 개척하고 관리하는 사역이 더 효율적이라는 것을 깨닫게 해준 사역이 안중안 사역이다.

몇 가지 중요한 교육 개념을 만들었는데, 첫 번째는 영성과 신학이 겸비된 커리큘럼을 만들어 전인적인 교육 프로그램이 되어야 한다고 생각을 했다. 정글 사역의 경험은 세워진 교회들을 강하게 만들기 위해서는 이 두 가지 모두 필요하다는 것을 알게 되었다.

두 번째는 실습 위주의 사역자 배출을 위한 신학교를 만들어야 한다는 것, 수많은 마을에 아직도 교회가 필요한데 교회 설립의 열정을 가진 일꾼이 필요하기 때문이다.

세 번째는 전국적으로 학생들과 삶을 같이 하면서 정글에서 온 신학생들에게 정신적 도움을 줄 수 있어야 한다고 생각했다. 정글에서 온 학생들은 정글 환경이 저들의 정신력이 약하게 자라왔기 때문에 리더십의 한계를 느껴왔다. 저들의 창의력 발전을 위해서는 외부인들의 도움이 필요하다고 생각했다.

1985년에 공식적인 신학교 설립의 모든 조건들이 갖추어지면서 17명으로 시작된 학교가 가장 많을 때는150여 명까지 불어나게 되었다. 안중안 커리큘럼을 만들며, 학생들의 질적 향상과 모집을 하는 데 힘을 쓰게 되다가 1989년에 전략적 철수를 하게 된다. 이것은 신학교의 자립을 위한 선교사의 역할론에서 위치 선정이 잘된 것이고, 지금은 조금 위축된 감은 있지만 현지 선교단체와의 협력 선교를 통해서 만들어진 좋은 모델이라고 생각하게 된다.

안중안 신학교의 동역 사역의 특징은 현지인, 독일, 한국, 일본 선교사들이 맡겨진 자리에서 마치 퍼즐을 맞추듯 자신들의 일을 일정기간 동안 섬겼던 일, 그리고 한국 선교사들끼리도 하나님 나라를 같이 섬긴다는 개념으로 만들어 낸 사역이라는 점에서 큰 의미를 가진 프로젝트로 생각한다. 재정 문제도 각 선교단체들이 힘을 합쳐서 만들어 낸 프로젝트이다. 학교 건물을 마련할 때에도 땅은 일본 안디옥 선교회에서 구입했고, 주요 건물은 독일의 경건주의자 후예들이 살고 있는 '스투갓'에 있는 교인들이 WEC선교회를 통해서 보내온 헌금과 그리고 한국 교회가 후원한 헌금으로 세워진 것이다.

처음 개교 당시, 학생들은 신학교 과정의 대학 과정으로 본다면 기준 미달의 학생들이 많았지만 학교를 시작하면서 첫 술에 배부를 수 없다는 말과 같이 처음에 학생 모집은 누구나 주의 일을 하고자 하는 젊은이들은 입학을 할 수 있도록 하였다. 건물도 제대로 준비되지 않았고, 교수진도 부족하고, 모든 것이 부족한 상황이라 시간이 지나면 제대로 조건이 갖추어진 학생들을 모집할 수 있으리라는 생각으로 처음에는 학생들의 학구적인 질이 좀 부족해도 현 상황에서 만족해야 했다. 교과과정에 오전에는 강의, 오후에는 작업시간으로 된 커리큘럼을 만든 것은 건물을 세우고, 길을 만들고, 담을 쌓아야 할 일들이 많았기 때문이다. 학생, 교수 할 것 없이 손에 흙을 묻혀 가면서 학교 짓는 일을 했던 것은 재정을 절약하기 위함도 있었는데 이러한 어려운 개척 과정에서 학생들은 개척정신을 배우고, 한 프로젝트를 시작하며 진행하는 과정 속에서 하나님을 의지하는 귀한 교훈들을 배우게 되었다. 비록 학구적인 면에서는 부족했지만 영성과 애교 정신을 가지게 되니 이러한 처음 어려운 과정을 거친 학생들이 대부분 정글로 들어가 훌륭한 사역을 해내고 있는 것을 보면 편한 교육보다는 어려움 속에서 이루어지는 교육이 더 의미가 있는 실천 교육이었다는 것을 알 수 있다.

시작의 어려움 속에서도 수많은 도전 앞에 굴하지 않고 지속해 나갔던 학교는 하나님께서 공급해 주시는 많은 경험을 하게 되었다. 교회나 개인의 장학금, 그리고 자신들이 마련한 학자금을 가지고 운영해 왔지만 늘 부족한 것 뿐이었다. 하나님은 학교 운영을 위해 여러 분야의 사람들을 붙여 주시고, 정확한 때에 필요를 공급하여 주셨다.

안중안 신학교 사역을 마치고 떠나기 전 LA의 은혜한인 교회의 사업가인 홍석구 장로님이 학교를 방문하게 되었다. 인도네시아에 사업체를 가지고 있는 분이어서 인도네시아에 대한 애정과 사역적 관심을 많이 가지고 있는 분이었다. 그는 교육 선교에 특별한 관심을 가진 분으로 안중안 신학교에 지속적으로 장학금 지원을 하겠다고 약속을 했고, 그후 안성원 선교사가 사역을 돕고 있을 때에 약 40여 명의 신학생들의 장학금을 지원했는데 그는 10여 년간 성실한 후원자가 되었다. 이렇듯 우리의 팀워크는 하나님의 인도하심 속에서 이루어졌고, 그 정신은 지금도 계속되고 있다.

일본 선교사와 동역

역사적으로 볼 때 우리로서는 일본 사람들에 대한 배타적 감정을 누구나 가지고 있다. 그러나 그리스도인으로서 이러한 배타성을 극복한다는 것은 지상의 나라보다는 하나님 나라를 먼저 생각하려는 우리의 킹덤 마인드에서 나온 것이다. 하나님의 용서의 마음을 가지고 그들과 같이 일을 하다 보니 정서적인 면에서 공통점이 많이 있음을 발견하게 된다.

IMF 선교단체는 일본 선교사가 먼저 발을 디뎌 놓았기 때문에 저들의 역할은 벌써 지도력의 위치에 있는 것을 보게 되었다. 오꾸야마, 아쑤미, 이리브네, 히라노, 모리모또, 안도 등 내가 있을 당시 같이 일한 일본 선교사들이다. 그중에 '아쑤미' 선교사는 누구보다 가까이 지내게 되었는데 처음에 정글 깊숙이 위치하고 있는 '신땅'과 '스파욱'에서 사역을 하면서 서로 동역자 관계를 이어갔다. 이분과의 인연은 현지의 같은 선교회 소속이라는 이유도 있지만 군청 소제지인 '신땅' 지역에서 5년 먼저 사역하는 선배로, 그

리고 소탈하고 추진력 있는 개척자의 정신을 가진 분으로 현지인들에게 많은 존경을 받아 왔기 때문이다.

10년 이상을 정글 개척 사역을 끝낸 후 자카르타에 일본인 교회의 담임 목사로 떠나게 되었다. 한번은 신학교에서 초청 강의를 하기 위해 안중안 신학교에 방문하여 일주일 동안 우리 집에 머물면서 강의를 했다. 그는 유난히 한국 문화와 김치를 좋아하지만 정글에는 배추가 나지 않는다는 것을 알고 그가 살고 있던 자카르타에서 배추를 구해서 우리 집을 방문할 때면 늘 신문지에 싸서 한 가방 가지고 와서는 선물이라며 아내에게 김치를 만들어 달라고 요청하곤 했다. 우리에게도 귀한 선물이 되기도 하지만 그가 김치를 먹고 싶어하는 욕구를 채울 수 있는 기회라고 생각을 하기에 좋아했다. 소탈하고도 친근감이 있는 그의 행동이 서로의 민족 감정이 사라지게 만든다. 그러한 '하나님 나라' 의식이 우리로 하여금 동역자로 만들었고, 오랫 동안 같이, 그리고 같은 프로젝트를 섬길 수 있는 기회가 만들어진 것이다.

또 다른 일본 선교사와의 관계에 있어서 안중안 신학교에서 사역을 할 때의 일이다. 안도(Ando, 148쪽 사진 속 여성)라는 일본 여성 싱글 선교사는 얌전하고 착하기 그지 없는 분이었다. 선교사가 우리 가정에 의존을 많이 했고, 아내도 신경을 많이 써주었다. 우리는 두 번째 안식년을 떠나기 전 이분에게 신학교 내의 우리가 살던 주택과 자동차를 맡기고 마음껏 사용하도록 배려하고 떠났다. 그도 기뻐하면서 1년간을 그 집에서 살면서 학교의 일을 돌보고 있었다. 불행하게도 안도 선교사는 큰 교통 사고를 당하고 그 사고 현장에서 세상을 떠났다는 소식을 들었다. 나는 아내와 함께 이 소식을 듣고 얼마나 슬퍼했는지 모른다.

이야기는 이렇다.

1989년 12월, 안중안 신학교 졸업식을 거행하게 되었는데 졸업식 준비로 인하여 모두 바빴었고, 졸업식을 끝난 다음에 2시간 거리의 선교 지부가 있는 폰티아낙으로 떠나는 길에서 현지인 운전사가 바쁜 졸업식을 끝내고 피곤으로 졸다가 길가에 있었던 전봇대를 받게 될 위기를 피하기 위해 차를 너무 급회전하는 바람에 그만 차가 길바닥에서 굴러 뒤집히고 만 것이다. 안도 선교사는 뒷 자석에서 졸고 있다가 사고시 창밖으로 튕겨 나와 차 밑으로 깔려 그만 두개골이 깨지는 참사를 당했다는 것이다. 그 길에는 화란[21] 정부가 만들어 놓은 적도탑이 바로 지나가는 위치에 있는 곳이다. 지금도 안도 선교사의 비석이 있는 그 길을 지날 때마다 그의 순진하고 밝은 미소를 잊지 못하고 있다. 그 후 나는 그가 살던 빈 집에 들어와 정리를 하면서 일본의 성도들이 안도 선교사가 죽은 줄도 모르고 보내온 성탄 카드와 그들의 간단한 메모를 보면서 인생의 무상함을 다시 한번 느꼈던 순간이 있었다.

이렇듯 싱글 선교사들은 온 몸과 마음을 쏟아 부으며 사역하는 사람들이 많다. 심는 대로 거두듯이 우리의 노력과 눈물, 열정 그리고 희생의 씨앗이 되면 분명한 것은 열매가 맺는다는 하나님의 원리대로 많은 선교사들의 희생의 결과를 본다. 싱글 여성 선교사의 특징은 선교지에서 오직 주님만을

---

21 인도네시아는 화란으로부터 343년(1602년-1945년까지- 해방 전 일본에 3년 반의 지배를 동시에 받기도 했음)까지 지배를 받았고 화란과는 적대관계는 아니지만 좋은 관계도 아니다. 싱가포르나 말레이시아처럼 지배국인 영국의 문화적 영향을 받은 것에 비하면 비교적 적게 받은 국가이다.

섬김의 대상으로 삼기 때문에 사역에 많은 열매를 맺고 있다는 것이다.

한인 교회들은 축복의 통로

메신저로서의 선교사는 복음이 필요한 현장에서의 역할도 중요하지만 또 다른 역할이 있는데 그것은 현지에서의 자원 개발이다. 전 세계 흩어진 한인들은 약 750만 동포라고 말한다. 한인들이 가는 곳에는 늘 한인 교회들이 세워졌고, 한인 사회에 큰 역할을 하고 있다.뿐만 아니라 한인들 중에서 사업을 하는 분들이 외국에 살면서 자연스럽게 초문화권 사역인 선교적 마음을 갖고 선교사들을 지원하고자 하는 분들이 있다는 것은 교회로 보나 개인으로 보나 축복이 아닐 수 없다.

1976년 내가 도착했을 때 자카르타연합교회는 서만수 목사의 인도로 주일 예배를 드리는 사람의 숫자는 28명 정도였다. 당시 코린도(Kor-Indo)회사를 비롯하여 기업을 하는 분들이 중심이 되어 개척한 교회는 선교활동에 많은 관심과 지원을 아끼지 않았다. 특별히 기업을 하는 분들이 지역마다 필요한 자금을 교회적으로 또는 개인적으로 지원해 왔는데 그것은 선교적 마인드가 아니면 불가능했을 것이다. 자카르타에 가면 잠자리를 제공해 주시는 분, 선교 헌금을 보내시는 분, 단기 선교를 맞아 협력해 주시는 분, 자신이 식당에 초청하여 대접하는 분 등 다양했다.

내가 안중안 신학교를 담당하고 있을 때 여러분들이 지원에 관심을 가지고 실질적인 도움을 준 분들이 있다. 이승민 장로가 학생들이 각 정글에서 복음을 전할 때 필요하다면서 3,000권의 인도네시아 성경을 보내와 정글 사역을 도왔고, 신학생들이 졸업 논문을 쓰기 위해 당시 타자기가 절대 필요한 시대에 20대를 살 수 있는 금액을 보내와 학생들이 환호성을 질렀던 것을 지금도 생생히 기억한다.

이와 같이 한인 교회가 선교지역 이곳저곳에 세워져 선교사들과 가까이에서 지원하는 것은 실질적이고 효과적인 동역자의 역할을 할 수 있다고 생각한다. 지금도 수없이 흩어진 한인 교회들의 선교적 역할을 위한 자원이 될 수 있다고 본다.

이제는 경제적 후원 정도로 끝나지 말고, 저들의 직접 단기 선교요원으로서 봉사하고, 자녀들의 선교지 방문을 통한 선교 교육을 받게 할 수 있을 것이고, 한인 교회 성도들 중 헌신한 사람들이 중, 단기로 선교지에 가서 일정 기간 동안을 섬길 수 있다면 지리적으로나 문화적으로, 언어적으로 많은 도움을 볼 수 있을 것으로 생각한다.

하나님의 계획은 흩어진 자들을 통해서 구원의 대장정을 이루셨다. 이스라엘 백성뿐만 아니라 '제2의 이스라엘'이라고 불리는 흩어진 한국인들을 통해서 문화 훈련을 이미 시키셨으니 있는 그 자리에서 하나님의 증인으로서 현지 교회를 섬길 수 있는 기회를 현장의 선교사들이 제공해야 한다.

이제 메신저는 어디든지 존재하고 있고, 누구든지 메신저로 만들어 파송해야 하는 시대이다. '복음을 가진 사람은 모두 선교사'이며, '복음이 없는 사람들의 심령은 모두 우리의 선교지'이기 때문이다.

제3장

복음의
메시지

믿지 아니하는 이를 어찌 부르리요

(롬 10:14)

복음의 주체는 하나님 자신이시고, 복음 전달자는 하나님의 보내심을 받는 선교사이다. 그 선교사가 하나님의 주시는 지혜와 영성으로 말씀을 준비하면 그 준비된 말씀을 '메시지'라고 불린다.

메시지가 분명한 언어로 전파되기 위해서는 선교지 언어를 확실하게 습득해야 하지만 말씀은 언어만으로 전달되지 아니하고, 선교사의 인격과 삶을 통해서도 전달될 뿐 아니라 선교사가 베푸는 사랑과 관심, 봉사 등 다양한 방법으로 전달된다. 이러한 과정을 커뮤니케이션에서는 기호화(encoding)라고 부르게 되는데, 거기에는 소리로서의 언어, 글로서의 문서, 메신저의 삶, 행위 등이 포함된다. 메시지를 저들에게 효과적으로 전달하기 위한 매체가 준비되어야 하는데, 그것을 해석화(decoding)라 부른다.

메시지를 어떻게 준비하는가를 떠나서 이제 메시지가 메시지로의 의미를 전달하여 수신자의 변화를 추구하는 능력이 되게 하기 위한 선교사의 노력은 계속되어야 한다. 메시지에 대한 청중의 반응은 하나님이 주시지만 전달자는 철저하게 준비할 책임이 있다.

1. 아름다운 소식

메시지는 수신자에게 전달되기 위해 만들어진 내용 그 자체이다. 뉴스는 그 자체가 대중들의 관심에 호소되어야 한다. 그러므로 뉴스는 대중성이 전제되어야 하고, 뉴스는 청중들에게 관심거리가 되게 하기 위해서는 뉴스가 청중의 호기심을 자극해야 한다. 청중들이 관심을 갖게 되는 것은 자신과 이해 관계가 있거나, 평소 토픽과 관련성이 있거나, 흥미 등을 유발할 때 청중은 그 뉴스에 관심을 갖게 된다. 그러므로 뉴스와 청중은 관계성에서 만나게 되는 메시지의 내용이 되는 것이다.

복음은 죄로 멸망될 운명의 사람들에게 구원이 소식이기 때문에 '복음', 즉 복된 소식(Good News)이라 부른다. 복음도 사람들이 관심거리가 될 수 있게 만들어야 하는 이유는 복음이 인간들(청중들)을 위한 죄와 구원의 문제들을 해결해 주기 때문이다. 복음이 자신의 문제도 해결해 줄 수 있다고 믿게 될 때 이 복음에 관심을 가지고 다가 오게 될 것이다. 그 복음을 메시지화시키는 일은 메신저의 몫이기 때문에 많은 이들에게 '관심 있는 소식'으로 모습을 갖추기 위해서는 메신저 자신이 복음에 대한 이해, 확신 그리고 복음의 능력을 통해서 자신의 인격의 변화를 체험하게 될 때, 그 복음은 자신의 메시지로 바뀌어 타인에게 전달될 수 있다. 바울이 "나의 복음" 또는 "내 복음"[1] 이란 말을 쓰게 되는데 그 복음은 자신이 지어낸 복음이란 말이 아니라 자신이 경험한 그 복음을 말한다. 복음은 객관적이지만 복음이 자신의 복음이 될 때는 복음이 주관적 모습으로 개인에게 다가오면 그 복음은 한 영혼을 변화시키고 그 영혼은 역동적인 모습으로 나타나 타인에게 전하고 싶은 마음을 가지게 될 것이다.

복음의 인식 과정은 성령의 도움을 받게 되는데 성령의 가장 큰 역할은 '진리의 영'으로서 복음을 이해시키고, 감동을 주며, 확신을 갖게 하여 주님이 중심된 신앙생활을 하게 하는 것이다. 이러한 중생의 모습은 말로서의 복음전파, 인격으로서의 삶의 모습을 통한 전파, 그리고 그의 삶의 행동, 서비스를 통한 복음 전파가 될 때 청중들에게 구원을 이루는 아름다운 소식이 될 것이다. 메시지가 메시지의 역할을 이루기 위해서는 역동성(dynamic)에 관심을 갖게 되는데 이는 메시지 전달에 메신저가 얼마나 준비했는가, 얼마나 청중에 대한 관심을 가지고 있는가, 그리고 전달 방법에 신경을 썼는가에 달려 있다. 그리고 성령 앞에 내어놓고 그분의 도우심을 구할 때 능력이 나타난다.

---

1 "나의 복음"(롬 2.16, 16:25), "내 복음"(몬 1:13) 등의 예가 있다.

하나님의 계시 방법

하나님은 그의 피조물이 창조주를 알고 그의 뜻을 순종하기를 원하는 분이셨다. 천지를 창조하신 것도 '말씀'으로 창조하셨다는 의미는 하나님이 커뮤니케이션의 주체가 되시며 그의 말씀(메시지)의 능력으로 세상을 창조하셨다는 것이다. 때문에 성경은 하나님은 말씀하시는 하나님, 인간에게 하나님과의 소통을 위해 언어를 주신 하나님, 인간의 언어로 인간과 소통하시기를 원하시는 하나님, 스스로의 영광을 드러내시는 하나님임을 알게 된다. 그리고 특별히 사람에게 이성을 주신 목적은 하나님의 영광을 알게 하시기 위함이었다. 하나님이 커뮤니케이션의 주역이시다는 것은 그분이 전달자이시며, 그분이 메시지 자체라는 것이다.[2] 인간이 하나님을 알아 간다는 것은 영의 언어이든 육신의 언어이든 커뮤니케이션을 통해서 가능한 것이다.

마태는 이사야서 40장 3절을 인용하여 요한을 가리켜 "광야에 외치는 자의 소리"라고 말했다. 그의 목소리는 우렁차고 권위가 있었다.

"회개하고 천국이 가까이 왔느니라!"

율법으로 통치되던 유대인들의 귀에는 들어 보지도 못한 소리요, 이해도 잘 되지 않는 소리지만 이 외침에 많은 사람들이 그의 권위 있는 목소리에 감동되어 사람들은 요단강에서 그에게 세례를 받는 것으로 응답하기 시작하였다. 400년 동안 하나님의 계시도, 선지자도 없었던 당시에 돌출된 복장과 삶을 살아온 세례 요한의 회개의 외침은 선지자의 목소리로 들렸던 것이

---

2   정병관, 『복음혁명을 주도하는 크리스천 커뮤니케이션』(총신대학교 2009), p.33.

다. "당신이 선지자인가?" "나는 광야에서 외치는 소리"에 불과하다고 대답한다. "내 뒤에 오시는 이는 나보다 능력이 많으시니 나는 그의 신을 들기도 감당치 못하겠노라"고 하면서 예수님의 오심을 준비하는 자에 불과하다는 것을 선포했다.

메아리는 메아리로 끝나야 한다. 우리는 메시지가 아니라 메시지를 전달하는 소리에 불과하기 때문이다. 요한복음 1장 1절에서 "태초에 말씀이 계시니라"로 시작되는 말씀은 예수님을 지칭하며 이 말씀은 태초에 하나님과 함께 계셨다고 선포한다. 사역자의 자세는 어떻게 메시지를 이해하고, 그 메시지를 자신의 삶으로 옮겨와서 그것을 사람들에게 제시하는 메아리 역할을 하느냐가 이번 장의 주제가 될 것이다.

하나님은 역사의 현장에서 말씀하신다. 구약은 이스라엘의 역사로 구성되어 있다. 어떻게 이스라엘의 역사 속에서 하나님의 원하시는 백성을 만드시려는 하나님의 의지와 계시를 보여주셨다. 역사를 'history'라고 말하는 것처럼 인간의 역사는 '그분의 이야기'(His Story)임에 틀림없다. 때문에 구약을 비롯하여 인간의 역사를 통해서 인간에게 주시는 메시지를 들어야 하고 과거를 통해서 미래를 예측하는 일이 기독교인들의 자세이다. 성경은 과거를 중요시 여겨 "기억하라"는 말씀을 하실 뿐 아니라 미래에 대한 관심을 갖게 되므로 미래를 준비하는 삶을 사는 것이 기독교인들의 소망의 삶이다.

교육에 중점 두는 선교

메시지는 교육이라는 방법으로 전달될 때 가장 깊게 정확하게 전달될 수 있다. 선교에 있어 교육에 중점을 두어야 할 이유는 간단하다. 교육은 메시지 전달에 있어 실제적이고 구체적으로 청중들을 대화로 만나게 하는 매력이 있다. 교육 환경을 지나치게 형식화하게 되면 제도에 얽매이기 때문에 제도 관리에 너무 신경을 쓰다 보면 제대로 된 교육이 이루어지지 않게 된다. 현대 교육의 문제점은 지나치게 제도화되어 있고, 직업이 목적인 교육, 자신의 스펙을 쌓기 위한 교육, 학위 위주의 교육제도로 인하여 꼭 전달해야 할 핵심 가치가 그러한 형식에 가려서 제대로 전달하지 못한다는 것이다. 때문에 교육계는 비형식적 교육 프로그램 개발에 더 많은 관심을 갖기 시작하고 있다. 그것은 전통적으로 부모나 형제로부터 보고 들은 것들, 삶의 현장에서 얻은 것들, 실습을 통해서 만들어진 지식과 경험들이 핵심 가치의 전달에 있어 더 효과적이어서 한 인간 교육에 더 많은 역할을 하고 있기 때문이다. 이러한 전통적, 문화적으로 이루어지는 교육에 대해서 쉽게 무시하는 경우가 많다.

인류학자들이 교육의 정의를 "문화의 전수"(transmitting culture)[3]라고 부르는 이유는 사람들은 자신이 살고 있는 사회 속에서 더 많은 것을 배우게 되기 때문이라는 것이다. 그렇다면 삶에서 교육 환경을 만들어 주는 것이 교육에서는 대단히 필요하다는 것이다. 예를 들면, 부모가 아이들에게 신앙교육을 위해서 아이들과 대화의 시간, 부모가 보여주는 신앙적 모범, 가정에서의 신앙적 분위기를 조성하는 것이 주일학교에서 언어로 가르치는 것

---

3 George D. Spinder, *Education and Cultural Process,* Anthropological approaches.(Waveland 1987), p.33. 이 책에서 저자는 인류학적 교육의 개념은 한 문화속에 숨겨져 있는 가치관(지식 및 경험 등)을 한 사회 속에서 인식없이 전달한다고 말한다.

보다 더 많은 것을 전달할 수 있다는 것이다. 물론, 말씀의 지식을 위해서는 교회 교육과 말씀 교육이 이루어져야 하는 것은 사실이다. 예수님의 경우처럼 유대인들의 회당이나 성전 개념보다 상황에 따라 교육 프로그램이 창의력 있게 만들어질 수 있다면 더욱 그들의 삶 속에서 신앙 교육이 확실하게 이루어질 수 있다는 것을 보여준다.

예수님의 사역 특징 중에는 통전적 선교를 빼 놓을 수 없다. 마태복음 9장에서 예수님 사역의 세 가지 방법을 가르침(teaching), 전하심(preaching), 그리고 고치심(healing)으로 규정하셨다. 주님의 중점적 선교 방법을 눈여겨보면, 바로 '가르치심'이었다. 시간과 장소를 가리지 않고 가르치셨는데 그중에 가장 중요한 대상은 바로 예수님의 제자들이었다. 우리가 이러한 작은 숫자 교육에 목숨을 걸만하다고 믿는 이유는 저들에게 강력한 훈련이라는 무기를 사용한다면 변화할 수 있고, 저들도 세계 복음화의 책임을 능히 감당할 수 있다고 믿기 때문이다. 그래서 복음서에 보면 주님의 각별한 관심과 시간 투자는 바로 12명의 제자들에게 한정하셨다는 것이다.

주님이 보여주신 가르침의 모델의 특징을 보면 때와 장소를 가리지 않으셨고, 외모나 형식에 구애 받지 않으시고 본질과 핵심에 충실하셨다는 것이다. 또 삶 속에서 말씀하셨고, 삶과 관련 있는 이슈를 가지고 '하나님 나라'를 설명하셨고, 모든 사람들이 깨닫게 될 수 있었던 것은 저들의 자신의 삶에 충분히 적용시킬 수 있는 수준으로 말씀하셨다는 것이다.

저들에게 복음이 복음으로 다가올 수 있었던 것은 그들이 이해할 수 있는 언어, 수준, 그리고 저들에게 관심사가 되는 이슈를 가지고 말씀하셨기 때문이다.

예수님의 선교도, 바울의 선교도 교육이 중심이 되었다. 주님의 핵심 교육을 위해서 현장에서 쉽게 찾을 수 있는 자료를 이용하여서 말씀을 전개하셨고, 삶의 현장으로 찾아가시는 교육이었다. 주님의 말씀을 듣는 무리들은 이러한 주님의 교훈에 감탄하여 이르기를 "그가 가르치는 것이 권위 있는 자와 같고 서기관과 같지 아니함일러라"(막 1:22). 당시 유대인의 교육 특징은 전통적인 율법 중심의 교육으로 늘 안식일에 회당이라는 공간에서 이루어지는 교육이나 방법과는 판이하게 다르셨기 때문이다.

한편, 사도행전 19장에 나와 있는 바울의 교육 모델을 보면, 그는 우선 학생들을 사역자로 교육하기 위해 기본적으로 이수되어야 할 과목이 영성의 성숙함이었다. 영적으로 준비되어 있는가를 확인하기 위해 다음과 같은 질문을 던진다.

"너희가 믿을 때에 성령을 받았는가?"

저들은 대답한다.

"우리는 성령이 계심도 들어보지 못하였습니다."

바울이 볼 때, 사역자의 기본 조건은 영성이었다. 회개를 촉구하는 물세례를 받은 저들에게 안수로 성령의 임재의 경험, 즉 방언도 하고, 예언도 하게 되었다. 그 다음 단계는 유대교와 기독교의 차이점, 그것은 율법인가 아니면 복음인가이다. 이 주제는 당시 가장 중요한 신학적 이슈였다.

회당에 들어가 3개월 동안 말씀을 전했고, 바울의 전할 복음은 다른 곳에서도 마찬가지이지만 단호했다. 곧 예수는 그리스도, 즉 구약에서 예언되신 우리가 기다리는 메시아, 바로 그분이라고 증거한 것이다. 이러한 회당에서의 바울의 가르침은 12명의 학생에게는 신학적 문제를 확실하게 해결해 준 결과를 가져왔다.

당시 가장 중요한 질문은 "예수가 누구인가?"와 "예수교는 유대교의 분파인가?" 하는 질문이 해결되어야 한다. 그 일로 인하여 바울과 제자들은 회당에서 쫓겨났지만 그 자체가 제자들에게는 주님을 바로 알게 하는 중요한 교육이었다. 그 후 두란노서원에서 본격적인 그리고 형태를 갖춘 교육이 진행되었는데 "날마다" 강연이 이루어졌고, 2년이라는 기간에 이수해야 하는 교육과정이 이루어졌다. 저들이 가는 곳에서 복음이 전파되어 아시아(터키)에 사는 유대인이나 헬라인(이방인)이 다 복음을 들었다는 것을 보면 저들의 교육 프로그램에는 실습이 병행되었다는 것을 확인해 주고 있다.

정리해 보면 바울의 선교 교육은 영성 교육과 함께 신학 교육이 이루어졌고, 실습을 동반한 교육을 통해서 이론뿐만이 아니라 삶의 변화와 선교적 사명감을 실천하는 교육이었다는 것을 알 수 있다. 이러한 초대교회 교육 모델은 현대 교회가 꼭 따라야 할 모델이다.

알렌(Roland Allen)은 사도행전에 기록된 바울의 메시지 핵심은 다음과 같다고 정리하고 있다.[4]

---

4   Ronal Allan, *Missionary Methods*, St. Paul's or Ours?(Eedmands,1996) p.68.

(1) 하나님 – 그의 본성, 계획, 진로, 그리고 그의 약속

(2) 사람 – 인간의 문제(죄, 불신, 우상), 하나님 앞에서의 위치

(3) 그리스도 – 그의 인격에 대한 사실, 그의 초림과 사역

(4) 심판 – 그 뜻, 꼭 이루어질 일, 심판에 대한 경고

(5) 구원 – 하나님의 자비와 하나님 왕국

(6) 인간의 반응 – 회개의 필요성과 믿음

존 스토트(John R. W. Stott)[5]는 바울의 로마서를 통해서 복음의 구체적인 기초를 놓게 되는데, 다음과 같이 다섯 가지로 요약할 수 있다고 말한다.

(1) 복음의 사건: 예수님의 죽음과 부활을 증거로 복음의 핵심을 이야기하고 있다. 바울은 예수님의 죽음은 죄에 대한 죽음이고 부활의 소망을 가지고 이 세상 삶을 사는 것, 부활의 소망으로 내세를 바라보며 사는 것이 그리스도인의 삶의 패턴임을 증거하고 있다.

(2) 복음의 증거: 구약의 모든 예언들과 그 성취는 바로 그리스도가 이루셨다고 말하고 있다.

(3) 복음의 확신: 예수는 그리스도요, 주시라는 것을 확신할 때 구원받은 것이고, 그것이 증인이 되는 힘이 된다는 것이다.

(4) 복음의 약속: 죄의 용서와 성령의 은사를 주신다는 것이다.

(5) 복음이 요구: 회개 후 믿음을 가지는 것이라고 말한다.

---

5 John R. W. Stott, *Christian Mission in the Modern World*(InterVarsity 1975)

변화가 선교의 목표이다

선교의 기본적인 목적은 복음의 씨를 뿌려서 결실을 맺게 하는 것이다. 결실을 맺는다 함은 씨(말씀)가 씨로서의 역할을 감당하게 만드는 것인데 씨의 특성이란 배가가 되는 것이고, 그 배가된 모습은 변화(썩어짐) 후에 이루어진다. 한 영혼의 변화는 한 사회가 변화하도록 하는 영향력(빛과 소금)을 말하는 것이고, 그것이 복음화의 목표이기도 하다. 한 영혼의 변화를 기대하려고 하면 그의 세계관이 바뀌어야 하고, 세계관이 바뀐다는 것은 곧 말씀이 떨어져 죽어 싹이 나오게 되는 과정인데, 이 과정이 이루어지기 위해서는 메신저 자신이 바울이 고백한 것처럼 하나님 앞에서 "내가 그리스도와 함께 십자가에 못 박혔으니 그런즉 이제는 내가 사는 것이 아니요 오직 내 안에 그리스도께서 사시는 것이라…"(갈 2:20)는 신앙 고백이 이루어져야 한다. 이러한 개종의 노력과 성령의 도움은 한 영혼의 변화를 경험하게 될 것이고, 그러한 사람들이 모이게 되면 한 사회는 변화될 것이다.

선교지에서 다양한 선교 프로젝트를 만들 수 있지만 말씀이 중심이 된 교육 사역이 한 마을을 변화시킨 것이다. 처음부터 시작된 교육 프로그램, 그것은 쉬운 것만은 아니다. 수준 낮은 사람들에게, 먹고 살기 어려운 사람들을 앉혀놓고 교육을 시킨다는 것은 어떻게 보면 맨땅에 헤딩하는 것과 같다. 마치 길가에 뿌린 씨처럼 딱딱한 땅에서 곡식이 나오리라는 기대는 쉽지 않다. 그러나 하나님은 결코 포기하지 않으신다. 하나님의 능력으로 기경하면 시간이 좀 걸리더라도 결실을 볼 수 있다는 믿음을 가지고 교육을 시켜본 것이다. 그 후 사람들은 변화하기 시작한다. 그것은 단순히 성령이 아니고는 불가능할 것이다. 그 다음 단계는 그들로 사역자를 만드는 일이다. 복음은 저들을 변화시키고, 저들을 하나님의 일에 동참하도록 만드는 일, 그 자체가 신앙의 증진을 촉발한다.

정글에 있는 교회 평신도 지도자들을 모아 놓고 교육 프로그램을 개발하여 저들에게 자신들의 교회에 대한 책임론과 말씀의 핵심을 간단한 언어로 가르쳐 세워진 교회들을 주일마다 예배를 인도하도록 만드는 훈련을 시킨 것이 개 교회 중심의 평신도 교육도 대단히 중요한 것임을 알게 되었다. 이들이 없었더라면 10여 개 교회가 세워질 일이 만무하다고 보면 말씀의 교육은 결국, 사람들을 변화시키고 마을을 변화시킬 수 있다는 선교 전략을 터득하게 만들었다. 말씀으로 일꾼을 세우는 선교는 아무리 강조해도 부족함이 없고, 교회당 건물보다, 그 어떤 프로젝트보다 더 중요한 사역이며 변화를 추구하는 선교가 되게 하기 위해 교육이 필요하다.

변화된 마을을 이야기할 때 이러한 일화가 있다.

하루는 다약족들과 중국 상인과 싸움이 벌어졌다. 전통적으로 정글의 다약족들은 식인종이라고 불려지고 있었는데 저들은 자신들의 족속이 불이익을 당하게 되면 단체로 움직이는 경향이 있다. 다약족들은 종종 타 부족과 싸움이 벌어지게 되면 사람을 죽이는 일은 물론 저들의 심장을 뽑아내어 먹는 전통이 오늘 날에도 자행되고 있다는 것이다. 그것이 원수를 갚는 확실한 방법이라는 것이다. 이들은 열등의식이 강하기 때문에 자신들을 보호하기 위해 하나되는 경향이 있고 싸움이 벌어지면 물불을 가리지 않는 종족이다. 싸움의 장본인 중국인을 죽이기 위해 자신들이 만든 사냥용 총, 창, 칼

등을 가지고 무리로 스파욱에 몰려 오기 시작한 숫자는 수천 명에 달했다.

　당시 나와 아내는 아직도 초년 선교사들이라 무슨 일이 어떻게 벌어지고 있는지 모르는 상황이라 어리둥절하고 있을 때에 경찰들이 우리가 거처하는 집을 철저히 지켜주고 있었다. 그 이유는 우리의 얼굴이 중국인과 비슷하여 잘못하면 피해를 볼 수 있다는 것이다. 우리는 기도 외에는 다른 방법이 없었지만 그 후 싸움은 화해를 통해서 종결되었다. 며칠 동안 긴장감이 돌던 부족 전쟁은 끝이 났고, 우리들은 안도의 숨을 돌릴 수가 있었다. 그후 1년이 지난 후 우리는 싸움을 걸었던 다약족들의 마을을 찾아가 교회를 세우게 되었다. 그 다약족 사람들과 함께 이러한 긴장된 일들에 대해서 이야기를 했을 때 저들의 잘못을 꾸짖을 만큼의 관계가 형성되었다.

　이 사건은 하나님께 회개하고 잘못을 고하는 것이 옳다고 가르치며 우리의 거듭난 삶은 갈등이 아니라 평화요 용서인 것을 가르치게 되었다. 결국, 복음은 저들의 삶을 변화시키는 능력을 가지고 있었고, 그 마을 전체가 주님께 돌아와 기독교 마을이 되었다.

2. 메시지 전달 과정

　메시지 전달 과정은 준비된 말씀을 청중들이 이해할 수 있는 방법이 무엇인가를 찾는 일이다. 커뮤니케이션의 본질은 발신자와 수신자가 메시지에서 만나게 되도록 하는 과제를 안고 있다. 이해를 돕기 위한 수단과 방법을 다 동원하여야 하는데 그곳에는 발신자의 메시지 내용도 중요하지만 메시지의 관리, 즉 청중이 흥미 있어 하도록 하는 과정 연구, 청중의 수준에 관한 관찰, 청중의 이해를 돕기 위한 예화 수집 등의 준비가 필요하다. 특별히 문화가 다른 곳에서는 이러한 문제가 절대적으로 필요한 이유는 우리가 이해하는 메시지와 저들의 이해하는 메시지가 다른 개념으로 해석될 수 있기 때문이다. 공통된 경험의 영역이 문화의 차이 때문에 다르다는 것을 선교사들은 염두에 두고 메시지 준비를 해야 한다.

　선교사가 메지시 준비를 잘하기 위해서는 그 땅에 살고 있는 사람들과의 교제권이 넓혀져야 하고, 늘 배우는 자세로 보이지 않는 연구 또는 조사의 시간, 그리고 끊임없는 질문들을 통해서 저들의 생각을 깊이 들려다 볼 필요가 있다.

보이지 않으시는 하나님이 인간이 되셨다는 성육신의 교리는 우리의 지혜로는 이해가 잘 안 될 때가 많다. 그러나 분명한 것은 하나님은 이해되지 않는 인간의 두뇌 속에 이해될 수 있는 형태의 모습으로 나타나신 분이 하나님이신 예수 그리스도이시다. 육신의 예수님은 승천하셨고, 대신 보내신 분이 성령(예수의 영)이시다. 많은 사람들이 성령도 안 보인다고 말할 지 모르지만 예수님을 본 사람은 하나님을 본 것이고(요 14:9), 성령의 임재를 경험한 사람은 예수님을 만난 사람이다. 이것이 하나님이 자신을 나타내신 방법이고, 예수님이 가르치신 교육의 핵심이다(요 14:16; 롬 8:9).

커뮤니케이션 논리에 "자아노출"란 말이 있는데 이 말은 "상대방에게 자신을 얼마나 공개하느냐에 관한 문제로 화자 상호간에 자신을 많이 공개할수록 메시지의 흐름은 쌍방 통행이 되고 커뮤니케이션의 양도 많아진다"[6]고 말한다. 성육신을 자아노출로 생각을 한다면 쌍방 커뮤니케이션이 이루어지게 하기 위해서는 하나님이 자신을 솔직하게 보여주신 것처럼, 우리도 섬기는 청중들에게 같은 과정을 거치는 것을 말한다. 그러면 우리의 메시지는 상호간의 "신뢰" 혹은 "믿음"이라는 공동 분모 속에서 대화가 원활하게 이루어질 수 있을 것이다. 주님을 만난다는 것은 주님에 대한 신뢰와 믿음이 전제됨을 말하고, 일상에서 순간마다 기도를 통해서 만남이 이루어지는 것이다.

메신저와 말씀의 대상자의 관계를 말씀의 상호적 이해력이 동원되었을

---

6   이종우, 『선교, 문화 커뮤니케이션』(CLC 2011), p. 52.

때 하나님과의 신뢰관계 및 화자와 수신자의 관계가 신뢰관계로 전환하면서 커뮤니케이션은 쉽게 이루어지게 된다는 원리는 말씀의 교육을 통한 하나님과의 만남이 전제되는 것을 말한다.

주님의 메시지 전달 과정

주님의 메시지의 내용은 확실하고 단호하셨다. 많은 사람들을 감동시키셨고 많은 사람들이 매료되게 하셨다. 예수님께서는 이렇게 바리새인과 서기관들과는 전혀 다른 전달 방법을 사용하셨다. 딱딱한 율법적 설교가 아닌 1) 이야기 형태를 사용하셨고 2) 복잡하지 않고 간단 명료하였으며 3) 실생활에 즉시 적용시킬 수 있는 친밀한 언어, 내용을 가지고 말씀하셨는데 그것은 늘 듣던 이야기 또는 경험에 호소하셨다. 4) 예수님의 말씀은 추상적이지 않고 구체적인 내용을 설명하시고 설득하셨다. 주님은 개념적인 말은 모든 사람들에게 동떨어진 이야기가 아니라 각자가 충분히 상상할 수 있는 이미지로 바꾸어서 말씀하셨다.[7]

선교의 포커스를 지도자 훈련에 두는 것은 아무리 강조해도 부족하지 않다. 나는 첫 텀에서 경험했던 교회 설립과 정글 전도 사역이 두 번째 텀에서 신학교육 사역으로 변했다. 예수님의 교육 사역의 특징이 모델링을 통하여 사람들을 훈련하셨는데 어떤 경우는 '의도적 모델링'을 통해서 교육하셨다. 예를 든다면 마가복음 11장에 무화과 나무에 열매가 없음을 보시고 저주하

---

7   제드 메디파인드, 에릭 로케스모, 『화술의 달인 예수』(리더북스 2005), pp.63-64.

섰다고 했다. 그러면서 본문에서 저자는 열매의 때가 아니라(13절)고 했는데 왜 예수님은 열매 계절이 아닌 때에 열매가 없다고 저주를 하셨는가? 그것은 다분히 예수님의 기도의 능력이 무엇인가 제자들에게 가르쳐 주시려는 교훈적 모델링이 있었다. 또 하나는 '비의도적 모델링인데 그것은 예수님의 사역 자체가 교훈하기 위한 모델링은 아니지만 제자들은 옆에서 지켜보면서 예수님의 인격과 예수님의 군중을 사랑의 동기로 병을 고쳐 주시고, 문제를 해결해 주시는 모습을 보고 배웠던 것이다. 이와 같이 주님의 메시지 전달은 시공을 초월했고, 전통적 모델을 피하셨던 것을 복음서에서 분명하게 나타난다.

안중안 신학교의 특징은 실습위주의 교육이다. 실습은 산 교육이다. 교수들은 저들과 함께 사역을 참여하면서 삶을 공유하고, 정글 사람들과의 교제, 설교의 모델, 그리고 적응 능력 등 외부에서 온 학생들의 산 교육이 되도록 하는 데 역점을 둘뿐만 아니라 저들의 사역에 대한 평가를 통해서 스스로가 배울 수 있도록 하는 의도가 있었다.

실습은 통상 세 가지 기회에서 만들어진다.

학기 중에는 주말을 이용한 교회 봉사를 통해서 이루어지는데 저들을 그리 멀지 않은 시골의 작은 교회들을 방문하면서 주일학교이든 청년이든 장년이든 저들이 할 수 있는 능력껏 인도하도록 했다. 이러한 주말 사역 실습은 저들에게 책임감, 설교의 경험, 청중 관리 – 관찰과 케어, 사역의 질적 향상 등을 배우게 된다.

또 한 가지 방법은 방학을 이용하는 것이다. 통상 5월 말에서 7월 말까지 이루어지는 방학은 실습 기간 동안 학생, 교수와 함께 조금 거리가 있는 교회들의 요청에 따라 팀을 만들어 방문해서 집회를 개최하는 경우이다.

한번은 '캄퐁시안'이란 곳을 방문하게 되었다. 늘 그랬듯이 우리를 초청한 교회는 3-4일 동안 온 동리 사람들을 모아 놓고 영적 잔치를 치른다. 집회를 인도하는 교수, 학생들을 위해서 큰 잔치를 배설하느라 분주하게 움직인다. 당시 교수 2명, 학생들 8명이 팀을 이루어가게 되면 그곳 마을까지 가려면 자동차를 타고 가서, 길이 없는 곳에서는 정글 속까지 한 명씩 여러 대의 오토바이가 실어 날라야 하는 곳이다. 이 동네에서는 사람들이 각자 집 앞에 울타리를 만들어 돼지가 울타리 안에 사는 것이 아니라 자신들은 울타리 안에 갇혀 살고 돼지들은 울타리 밖에서 마음껏 뛰어다니는 희귀한 모습을 보게 된다. 정글 여행으로 온통 몸에는 땀으로 찌들어 있어서 목욕이 최우선이다. 목욕은 흐르는 개울에서 하게 되는데 깨끗하지 않은 물이지만 그래도 안 하는 것보다 낫겠다 생각하고 더워진 몸을 물에 담그니 너무나 시원했다. 한참을 하다가 보니 이 작은 개울 위 쪽에서 돼지들이 무엇인가 잡아 먹고 있지 않은가! 결국 돼지들이 목욕한 물로 목욕을 한 샘이다.

정성 들여 만들어 준 저녁식사를 하고 집회를 시작하는데 여전히 그 뜨거운 '스트롱킹'이라는 램프[8] 불로 인하여 온 교회는 몹시 더웠다. 나는 더위를 몹시 타는 체질이라 다른 사람들보다 훨씬 견디기 어려운 순간이지만

---

8 '스트롱킹' 램프는 석유를 넣고 펌프로 바람을 불어넣어 강한 압력으로 심지에 불을 붙여 어두움을 밝히는 램프로 바람 소리과 함께 밝게 빛나는 등의 구조이다. 밝기는 하지만 등에서 나오는 바람소리와 열기가 온 교회당을 매우 덥게 만든다.

어차피 설교할 때는 땀을 많이 흘릴 각오를 하고 열심히 복음을 전하고 도전하면서 많은 사람들이 주님을 영접하도록 초청하면 대부분의 사람들이 일어서는 모습을 보면서 두 가지, 저들이 못 알아 듣는가, 아니면 다른 사람이 일어서니 건성으로 일어서는가 하는 의구심을 갖게 된다. 다시 도전한다. "주님을 진정으로 영접하는 사람은 앞으로 나오십시오." 그때 많은 사람들이 나오게 되는데 그때 학생들은 찬양을 하면서 일일이 기도해 주고, 축복해 주는 시간을 갖게 된다. 쭉정이도 많이 있겠지만 그래도 복음에 갈급한 사람들이 눈물을 흘리는 모습을 더러 보게 된다. 이러한 모든 과정들이 동행한 신학생들에게는 배움의 현장이고, 영혼들을 직접 대면하면서 얻어지는 영적 도전은 학생들에게 매우 유익한 실습 경험이라고 생각하게 된다.

또 한 가지 실습의 기회는 3년간 교실에서 이론 공부를 끝낸 다음 1년간은 필수 과목의 하나로 진행이 되는데 그것은 인도네시아 신학교의 좋은 전통이라고 생각을 한다. 이 기간 동안 각 지역의 요청에 따라 비행기를 타고 타지역으로 가는 경우, 배를 타고 정글로 들어가는 경우 등, 다양한 곳으로 파송된다. 이 일년간의 실습을 위해 파송되는 학생들을 위해 학교는 파송식을 거행하고, 저들에게 섬기는 교회에서 어떻게 봉사하고 무엇을 배워야 할지를 설명하는 오리엔테이션 시간을 갖는다. 안내하는 질문서들과 현장의 교역자들이 평가하는 평가서를 보내서 실습을 하게 되는데 주어진 가이드 라인을 가지고 함으로써 봉사나 사역에만 시간을 보내는 것이아니라 실습을 통한 배움의 현장이 되도록 하는 것이다.

이렇듯 실습 위주의 교육은 신학생들로 하여금 하나님의 사역에 대한 열정과 하나님의 도우심의 경험, 그리고 학구적, 실천적 학문에 대한 좋은 조화를 통한 하이브리드 교육이라고 말할 수 있을 것이다. 이러한 이유 때문인지 안중안 신학생들에게 졸업 후 여러 교회로부터 러브콜이 이루어지는 것을 보면 우리는 교육자로서 큰 보람을 느끼게 되었다.

전달의 하향성과 평행성

현장의 지도력은 위에서 밑으로 권위주의적으로 행사된다. 권위는 주어진 권위와 운명적 권위로 나뉘어진다. 이러한 모든 전통과 문화의 특성은 위에서 밑으로 내려오는 경향이 있어, 늘 나이가 든 분들의 이야기를 경청해야 하고, 순종해야 하는 사회이다. 이러한 사회는 영향력이 있는 분에 대한 예의를 갖추는 일과 그에게 다가가 접촉을 통한 사귐을 가져야 한다. 다약족들의 사회는 이러한 권위주의적 사회로 한 지도자가 교회에 대한 관심을 갖기 시작하면 쉽게 다른 가족들이 따라오게 되어 있다. 이러한 권위주의 커뮤니케이션은 '하향적 커뮤니이션'(또는 '수직적 커뮤니케이션')이라고 불리는 데 선교사의 위치는 늘 그 사회가 가지고 있는 리더십의 패턴을 따라 복음이 전달되어야 한다.

나이다(Eugene Nida)는 이러한 사회를 '대면적 사회'라고 부르고 링겐펠터 (Sherwood Lingenfelter)는 "집단주의 사회"라고 부르는데, 이러한 사회에서의 커뮤니케이션 전략으로 집단적 개종을 기대하려면 먼저, 영향력이 있는 한 개인과의 관계성을 중요시해야 한다는 것이다. 그들의 가족관계, 친족관계, 친구관계 등 관계의 라인을 관심있게 관찰하고 그 라인에 영향력을 행사하는 사람이 누구인가를 확인하는 일과 그와 좋은 관계성을 가지도록 하는 것이다.[9] 두 번째로 초기 접근 방법을 사용하라는 것이다. 즉, 쉽게 접촉하고 이질적 요소를 최대한 제거하라는 것이다. 세 번째로 충분한 시간을 드리라는 것이다. 도시 문화처럼 빠르게, 급하게 서두르면 저들은 당황하고 대적하게 된다는 것이다. 네 번째로 충분히 관계가 설정되면 저들을 좋은 언어로 도전하여 전도자의 의견을 수렴하도록 해서 교회를 설립하는 데 도움을 주도록 결단하게 하는 것이다.[10]

한편, 커뮤니케이션의 논리 중에는 소위 '수평적 커뮤니케이션'도 있다. 특별히 선교지에서의 선교사의 위치는 외국인이라는 이미지보다는 '그들 중에 한 사람'이라는 이미지를 만들 필요가 있다. 그렇게 되려면 저들과 충분한 시간을 들여 같이 놀아 주어야 하는 것이다. 친구가 되기 위해서는 그들과의 경제 수준, 지식 수준, 관심의 수준 등, 되도록 낮추어 저들과 같은

---

9 Sherwood Lingenfelter, *Transforming Culture, A Challenge for Christian Mission*(Baker 1992), p. 143.
10 Eugene A. Nida, *Message and Mission, The Communication of the Christian Faith*(William Care Library, 1990), pp.174–181.

수준으로 만들어 가는 것이다.

도날드 맥가브란(Donald McGavran)의 이론 중에 '동질 단위' 이론이 있는데 이 이론의 기초는 '사람들은 자기와 비슷한 사람들을 좋아한다'는 이유이다. 사람들은 언어나 계급의 간격이 없어야 자의로 그리스도를 영접한다는 것이다.[11] 이러한 이론은 되도록 문화와 수준의 간격을 줄어야 하고, 선교사는 되도록 이질성을 제거하도록 하는 노력을 통해서 저들과 수평적 소통을 추구하는 것이다. 사실상 그리스도를 영접한 사람들은 자기 가족이나 친구를 통해서 교회에 나오게 된 사람이 많다는 것을 보면 그만큼 부담이 없는 관계 속에서 변화를 추구하게 된다는 것이다.

언제나 수직적, 수평적 커뮤니케이션은 사회에 따라 다르게 의미를 부여하고 있는데 예수님 사역의 상반부는 다분히 하향적이었지만 후반부에서는 수평적으로 바꾸신 흔적을 볼 수 있다.

"이제부터는 너희를 종이라 하지 아니하리니 종은 주인이 하는 것을 알지 못함이라(수직적) 너희를 친구라 하였노니(수평적) 내가 내 아버지께 들은 것을 다 너희에게 알게 하였음이라"(요 15:15).

주종관계에서 친구 관계로 바꾸신 이유는 예수님이 이제 저들에게 모든 일들을 맡기시고 떠나실 때가 가까워지니 제자들이 시키는 대로 따르는 수준이 아니라 스스로 자기들의 일을 찾아서 하는 지도자의 위치에 있다는 것을 강조하셨음을 의미한다.

---

11 Donal A. McGavran, *Understanding Church Growth*(Eerdmans 1990) pp.165-166.

영향력 있는 사람들에게 먼저

커뮤니케이션에 있어 그 흐름이 저급 사회에서 상급 사회로 흐르는 경우가 있고, 상급 사회에서 하급 사회로 영향력이 미치는 경우가 있다. 예수님은 수준(경제, 교육, 사회 평가 수준)에 있어 인정받지 못하는 갈릴리 사람들, 또는 나사렛 사람들이라는 변방의 사람들을 통해서 당시 산헤드린 지도자들이나 기득권을 가지고 있는 바리새인들, 예루살렘이라는 유대인에게 특별한 의미를 지닌 시민들에게 도전적 복음을 전하셨다. 결국은 예루살렘에서 그의 대적자들에게 죽임을 당하셨으나 그 죽음의 복음이 정치 권력을 잡고 있는 로마 제국을 정복한 데 이어 그 복음은 전 세계로 전파됨으로써 주님은 온 세상의 구세주로 군림하신 것이다.

그러나 정글과 같은 집단주의 사회에서는 소위 영향력 있는 설득자의 역할이 중요하다. 그는 나아가 많은 연장자나 조상 때부터 물려받은 추장이나 외부에서 교육을 받은 젊은 지도자, 또는 외부에서 그 마을에 들어와서 어린이들을 가르치는 교사 등 나이, 지위, 교육 수준을 고려하여 영향력을 행사할 수 있는 지도력을 가진 사람을 말한다. 그들은 그 사회에서 충분히 사람들을 설득할 수 있고, 그의 말을 권위 있게 생각을 하기 때문에 이러한 지도자를 찾는 일은 복음 전파의 채널을 만드는 데 도움이 된다.

정글 마을에 들어가면 제일 먼저 접촉해야 할 사람은 그 마을의 영향력이 있는 지도자이다. 지도자는 통상 마을의 안녕을 책임지는 사람으로 마을 사람들에게 충고와 조언을 해 주는 사람이기 때문에 그의 결정은 대단히 중요하다. 지금은 소위 '추장'이라고 불리는 사람은 없지만 '촌장'이라고 불리는 사람은 어느 마을이든 존재한다. 어떤 마을에는 '두꾼'(박수)이라고 불리는 애니미즘의 무당이 존재하지만 마을마다 있는 것은 아니다. 이러한 집단 마을의 영향력있는 사람을 만나 충분한 존경을 표하면서 사귐을 갖는 것이다. 존경이란 먼저 찾아 뵙는 일이고, 간단한 선물이라도 준비하며, 방문 목적을 조심스럽게 이야기한다.

나는 이러한 사람들을 만나려면 같은 사역 동역자 중에서 잘 아는 분이 동행하게 된다. 현지의 호감이 있는 사람의 동행은 적어도 외국인이 아닌 자기들과 친분이 있는 그 지방 사람이면 더욱 좋다. 이러한 관계성을 먼저 세운 다음에 신앙 이야기를 꺼내게 되고, 교회를 세워서 이 마을 발전, 특별히 교육적 발전을 이야기하면 그가 이해가 되고, 마을 발전에 도움이 되겠다 생각되면 교회를 설립하도록 쉽게 수락한다. 이러한 과정을 통해서 이 마을 지도자가 결단을 하게 된다면 그 마을에는 교회가 세워지게 되는 것이다. 물론, 신앙과는 별도이지만 적어도 교회 설립이 수락되었다는 것은 이 지방만의 지도력의 문제가 해결된 것이고 마을의 상황에 맞춘 계획이 만들어지리라고 생각하게 된다.

단순한 말씀으로

예수님이 전하신 말씀의 특성은 단순하고 사람들이 쉽게 알아 들을 수 있는 말씀을 하셨다는 것이다. 주님은 주로 현장에서 찾을 수 있는 예화를 사용하셨다.

마가는 "비유가 아니면 말씀하지 아니하시고"란 말을 썼는데 예수님은

'하나님의 나라' 또는 '천국'을 설명하실 때 비유로 대부분 말씀하셨다. 하늘 나라에서 오신 분으로서 다분히 요한계시록의 마지막 장에 나오는 하나님 나라의 아름다움과 그 영광의 모습을 설명하실 수도 있었을 텐데 예수님은 저들의 생각 속에서 그릴 수 있는 예화들을 찾으셨고, 그 예화 속에 하나님 나라의 교훈을 넣어 설명하셨다. 대중에게 직접 말씀하시기도 하고, 때로는 제자들에게만 그 뜻을 설명하시기도 하였다. 이 예화는 사람들의 귀에 쏙쏙 들어왔고, 그 가르침이 바리새인들과 다르다는 이야기를 하면서 그 말씀에 "놀라니라"고 감탄하는 것을 보면 저들에게 말씀의 권위와 함께 의미로 다가왔다는 것을 알 수 있다.

오늘날 쉽게 말씀하신 말씀을 신학적으로 해석해서, 어려운 용어를 섞어 하는 교육이 그런대로 이유는 있겠지만 예수님의 청중 중심의 메시지와는 차이가 있다고 하겠다. 늘 청중의 높이와 그들의 관심과 그들의 필요를 채 워주는 간단한 메시지 준비는 선교 커뮤니케이션에 필수적인 자세라고 생 각한다.

나는 정글에서 사역을 하면서 내 자신이 많이 낮아지는 경험 속에서 노 력해 왔다. 사람은 누구나 공부와 노력과 경험을 통해서 자신의 발전을 추 구하게 마련이다. 내용의 질에 대해서는 연구를 통해서 높아지려고 노력하 겠지만 전하는 방법과 기술 면에서도 차원 높은 수준이 있어야 한다고 본 다. 그러한 기회란 청중의 사회가 만들어 주겠지만 한편으로는 낮은 수준의 사회에서의 효과적인 커뮤니케이션은 자신이 노력한 만큼 나타날 수 있다. 선교사가 현지인들에게 맞는 수준으로 내려갈 때 편한 커뮤니케이션이 이루어지는 것이고, 현지의 사람들은 그러한 사역자들을 존경하고 따르게 되어 있다.

나는 늘 정글 교회를 방문할 때마다 말씀 준비를 거리에서 하게 된다. 어떤 때는 오늘 전할 설교의 내용(text)은 준비되어 있으나 어떻게 저들에게 알아듣게 할 것인가를 고민하면서 정글로 출발할 때가 많이 있다. 정글 교회는 통상 작은 보트로 떠나게 되는데 불어오는 바람을 맞으며 보트 위에서 기도하며 전할 말씀을 묵상하며 시간을 보낸다.

한번은 보트에서 내려서 걸어가고 있을 때 마침 추수 계절에서(보통 3-4월에 추수 계절임) 밭에 심어놓은 벼들이 익어가는 모습을 볼 수 있었다. 산야를 불을 태워 심어놓은 곡식이라 쭉정이도 적지 않게 많은 들쑥날쑥한 벼들이 나올 때, 잘 여문 벼와 쭉정이 벼를 뽑아 예화를 만들 생각으로 교회로 들고 들어간다. 오늘은 믿음에 대해서, 진정한 성도의 생활에 관해서 이야기할 참이다. 누렇게 익어 고개 숙인 벼와 알이 들지 않은, 하얗게 죽은 쭉정이 벼, 두 가지 벼를 청중들에게 보여주면서 이렇게 물었다.

"여러분들은 어느 벼를 선택하시겠습니까?"

"알곡입니까? 쭉정이입니까?"

"알곡이요!"라고 외친다.

"맞습니다. 모든 사람이 잘 익은 벼의 알곡을 원할 것입니다. 쭉정이 벼는 어떻게 합니까?"

"불에 태웁니다."

성경에도 예수님께서 예를 드신 이야기이고 알기 쉬운 저들의 삶의 이야기이다.

"그렇습니다. 우리의 신앙생활은 반드시 이와 같이 알곡이 되어야 합니다. 이 알곡은 믿음을 말하는 것이고, 머리를 숙인다는 것은 순종을 말합니다. 말씀에 순종하는 사람, 하나님 앞에 겸손한 사람입니다. 쭉정이는 교만해서 머리를 들지만 믿음이 있는 사람은 하나님 앞에 늘 머리를 숙입니다."

이것은 분명히 주일학생들의 수준의 설교이지만 정글 사람들의 수준과 아주 잘 맞는 설교이고, 그들의 삶의 현장을 고려한 이러한 이야기 전개는 말씀을 이해시키는 데 도움이 되고, 저들은 이야기들 속에 숨어 있는 교훈을 오랫동안 기억하게 될 것이다. 또한 저들의 생각은 단순하기 때문에 예화로 전한 말씀을 오랫동안 기억하는 것을 보고 놀랄 때가 많다.

환경에 구애 받지 않는 교육

정글 사역 개발은 모든 것이 규정과 계획대로 될 수는 없다. 특별히 교육훈련 프로그램을 많이 개발해야 하는데 그것은 성경말씀과 함께 삶의 방법, 그리고 농촌을 어떻게 개발할 것인가 하는 교육 프로그램들이 필요하다. '숭아이 사왁'이라는 곳에 이러한 다양한 교육을 위한 프로그램을 개발하였다. 그곳에 모인 사람들은 세워진 교회들에 지도자들인 '마질리스'라고 불리는 제직들이 한 주간 교육을 받기 위해서 모이게 된다. 저들을 위한 프로그램을 개발하는 것은 교역자가 없는 교회들이 많아 저들을 우선적으로 교육시켜서 자신들의 교회를 인도하고 지키기 위해 꼭 필요한 교육 프로그램이다. 그냥 놓아두면 교회는 폐허가 되고 만다.

간단한 성경 지식을 가르치고, 세워진 교회들을 어떻게 인도해야 하며, 농촌을 어떻게 개발 발전시켜 경제문제를 해결할 것이냐 하는 주제를 가지고 저들을 교육하는 프로그램이다. 이러한 프로그램은 작게는 1년에 두 번, 아니면 세 번 정도를 개최하게 되는데 이 프로그램에 참여한 사람들은 반드시 다음에도 참여하도록 커리큘럼의 정례화가 필요하고, 지속적인 교육이 만들어져 모든 과정을 이수한 사람들은 훌륭한 평신도 사역자가 되게 만드는 것이 목표이다. 지속적인 프로그램 개발, 기획 그리고 실천 모두가 교육의 중요성을 인식하는 데에서 오는 결과물이다.

이 프로그램은 많은 기도로 준비해 온 연중 행사들로 참가자들도 일손들을 놓고 이때를 기다린다. 참가자들은 자기 고장에서 나오는 채소와 쌀들을 들고 오기 때문에 많은 경비를 들이지 않아도 쉽게 개최할 수 있다. 우리는 저들이 잠 잘 수 있는 간단한 장소와 침구, 식사를 준비하는 몇 분만 있으면 준비는 끝이다. 마지막 날에는 돼지 한 마리 잡아 잔치를 베풀어 주면 참가자들에게는 잊지 못할 좋은 대접이 된다.

이렇듯 우리 삶의 기준으로 무엇을 하려고 하면 많은 경비가 필요하지만 저들의 기준에 맞추고, 우리가 그 상황에 적응하면 저들은 흡족하고 배운 말씀에 감사하는 마음을 가지고 자신들의 마을로 돌아가는 모습을 보게 된다. 이러한 현지 지도자들의 훈련을 통해 자신의 교회들을 자신들이 돌보겠다는 사명의식과 함께 주인의식을 심어주는 것이 선교의 목표가 되어야 할 것 같다.

정글 속 슬라이드 쇼

이제 코로나19로 인해서 재택근무가 일상화되어 가고 있고, 비대면 수업의 일상화, 비대면 예배까지 이제는 줌(zoom)이 없으면 생활할 수 없는 시대가 되었고, 앞으로는 더 발달된 미디어가 등장하게 될 것 같다. 도시의 교육 기관이나 교회들에게는 PPT, 동영상, 유튜브(Youtube), SNS, 인터넷 등을 통해서 회사원, 학생들이나 성도들에게 편리하고 이해를 돕는 많은 도구들을 사용해서 커뮤니케이션이 이루어지지만 정글의 상황은 단순 미디어라도 감지덕지하는 경험을 한다.

현대적 장비가 없었던 시대의 이야기로 돌아가 보는 것도 흥미로울 것 같다. 정글용 선교 여행 장비로 배를 여러 대를 소유하고 있다. 5명 정도가 탈 수 있는 작은 배의 동력을 위해 휘발유용 엔진도 있지만, 20여 명을 태울 수 있는 배는 디젤엔진을 사용하게 되는데 배는 샛강을 따라 정글 속에 있는 교회들을 돌보는 데 유용하게 사용할 수 있다. 나는 이 디젤엔진을 어떻게 더 활용할 수 있는 방법이 없을까 생각하다가 기발한 아이디어가 생겨났다. 늘 창의력은 선교지에서 필수적이니까, 그것은 배가 강가에 정박하고

있을 때 발전기를 달면 강가에 세워져 있는 교회당에 전기를 켤 수 있지 않겠나 하는 생각이었다. 배로 사용

하지 않을 때는 디젤엔진을 돌려 전기를 켜서 정글 마을에서 집회도 하고, 환등기를 이용해서 슬라이드 쇼를 할 수 있겠다는 아이디어가 떠 올랐다.

당시 슬라이드로 만들어진 '예수님의 일생'이 있어 그것을 이용하여 전기도 없는 정글에서 돌릴 수가 있었다. 저들에게는 전기를 본다는 것, 슬라이드를 본다는 것 그 자체가 큰 흥미로운 일이고, 예수님의 일생과 말씀을 배울 수 있는 좋은 기회가 주어진 것이다. 그뿐인가? 전기 불 밑에서 저녁 집회를 만들어 낼 수 있었다는 것은 저들에게 관심을 끌기에 족하다. 수많은 정글 벌레들이 불빛으로 몰려들었지만 아랑곳하지 않고 모두 기뻐하던 모습이 지금도 눈에 선하다.

그러나 배가 다른 곳으로 이동하면 이 마을은 다시 캄캄한 마을이 되어 버린다. 주님의 빛이 저들의 마음에 계속 비쳐 주시기만을 기도할 뿐이다. 이러한 방법을 통해서라도 정글 사람들에게 새로운 관심과 함께 교육 프로그램을 만들어 줄 수 있어 너무나 다행스럽다.

말씀이 언어로 쓰여질 때

메신저로 말씀을 준비해서 메시지로 띄우는 방법은 다양하다고 언급해 왔다. 글로, 성숙된 인격으로, 또는 행동으로 전할 수 있는 메시지가 있지만 가장 분명하게 전할 수 있는 매체는 언어이다. 전하고자 하는 내용을 기호화하는데 성공하지 못하면 청중에게 들려 주는 메시지는 그들에게 이해할 수 있는 의미로 다가가지 못할 것이다. 때문에 메시지를 어떻게 분명한 언어로 들려 줄 수 있을 것인가를 고민해야 하는데 특별히 문화가 다른 민족에게는 더욱 그렇다. 때문에 선교사들에게 가장 중요하고 필수적인 선교 장비는 언어일 것이다.

"언어는 영혼의 열쇠"라고 말한 것처럼 이 언어를 통해서 저들에게 복음이 전파되어야 하고, 도전을 통해서 결단을 촉구해야 한다. 바울은 선교사로서 소아시아와 마게도니아 그리고 로마와 서바나를 다니면서 복음을 전했는데 그 다양한 언어를 구사했던 흔적이 있다. 당시 사용하던 헬라어, 히브리어 등과 라틴어를 구사하지 않았나 생각한다. 사도행전 22장 2절에 보면 바울이 예루살렘에 도착하여 히브리어를 사용하니 떠들던 사람들이 별안간 "더욱 조용한지라"라고 말한 것을 보면 청중들은 자신들의 언어로 말씀을 들었을 때 큰 관심을 보였던 것을 알 수 있다. 오순절날 베드로는 자신의 아람어가 성령에 의해 번역되어 15개국에서 온 유대인들과 유대교로의 개종자들에게 들려졌을 때 사람들은 놀라 "우리 각 사람이 난 곳 방언으로 듣게 되는 것이 어찌 됨이냐"(행 2:8)라고 말했다. 이토록 언어 구사 능력은 청중들을 휘어잡을 수 있는 힘을 가지고 있다. 복음은 언어를 통해서 전달되고, 선교사의 언어는 저들의 마음을 움직일 만한 수준을 요구한다는 것을 말한다.

성경은 하나님의 영감으로 기록되어 있지만 1,600년에 걸쳐 다양한 배경을 가진 36명의 저자들을 사용하셨다. 왕으로부터 목동, 어부에 이르기까지 다양한 계층의 사람들이 각기 다른 청중들에게 기록하였다. 성경의 기록자들은 하나님의 계시를 받아 다양한 청중을 의식하면서 기록하고 있다.

복음서를 살펴보자.

마태의 청중은 유대인이어서 유대인의 관심거리를 많이 편집했고, 유대인의 대표적인 관심인 족보도 처음부터 잘 정리해 놓았다. 마태복음에는 그동안 기다리던 메시아가 바로 예수 그리스도임을 증거하므로 예언의 성취자임을 말해 주고 있다. 일명 '베드로 복음'이라고 불리는 마가복음이 사건의 디테일보다는 간단하게 서술하면서 족보는 넣지 않는 이유는 이 문서를 이방인들 특별히 로마인들을 향한 메시지로 해석하고 있고, 예수님의 행동과 능력을 강조한 실천적 복음으로 보고 있다. 누가복음에서는 예수님의 인성을 부각시키는 데 역점을 두었고, 그 대상은 헬라인으로 예수는 누구인가를 설명해 주고 있다. 마지막으로 요한복음은 다른 세 복음과는 차별화하고 있는데 '제 사복음서'라고 불린다. 그 이유는 처음부터 헬라 철학 사상인 로고스(말씀)를 의식하면서 바로 예수 그리스도가 로고스임을 확인해 주고 있다. "믿음"(98번 쓰여짐)을 강조하면서 요한이 "말씀", "생명", "사랑" 등을 자주 강조함으로써 예수님이 보편적인 복음, 온 세상 사람들의 구세주이심을 증거하고 있다.[12]

이와 같이 복음서의 특징은 복음서의 개성을 가지고 청중들을 의식하면서 쓰여졌다는 것이다. 뿐만 아니라 당시 각 나라에서 헬라어를 상용화하기 시작했고 되도록 많은 이방인들이 읽게 하기 위한 방법으로서의 헬라어로 된 메시지를 전파할 의도가 있었던 것이다.

---

12 네이버 블로그, *사복음서의 특징과 차이*, 2019

언어 공부의 비결을 배워야 한다. 문화를 알기 위해서 언어를 배워야 하고, 언어를 습득하기 위해서는 문화를 습득해야 한다는 것이다. 왜냐하면 언어는 그 지역사회가 만들어 낸 문화의 산물이기 때문이다. 언어와 문화는 불가분의 관계이고, 언제나 사회의 상황 속에서 사용된다. 상황 속에서 단어가 생겨진 것이고 상황에 따라 언어는 변천하게 되어 있다. 젊은 층의 언어와 노년 층의 언어가 달라지는 것은 그들 문화의 변천도 있지만 세대에 따라 관심분야나 문화의 변화가 오기 때문에 그 다른 상황에 따라 언어가 개발되는 것이다. 사극을 보면 우리와 많이 다른 언어를 사용하고 있다. 그러므로 언어는 문화의 구조를 형성해 간다. 언어는 문화의 한 부분으로 되어 있어 언어 습득을 위해서는 그 나라 문화에 익숙해야 한다.

말씀을 청중들에게 효과적으로 전달할 수 있는 가장 좋은 방법을 찾는 것은 전달자의 몫이다. 말씀 전달 방법은 다양한 방법이 있다고 계속 말해 왔다. 중요한 것은 청중의 필요를 채워주는 일이 선교사들의 사역이기에 선교사들은 말씀을 준비하는 일 외에도 교육기관을 설립해서 체계적인 말씀과 전인적인 교육을 시키는 일, 문서 사역을 통해서 말씀을 문서화시키는 일, 병원 설립해서 청중의 아픔을 치료해 주는 사랑의 언어를 구사하는 일, 성경을 번역해서 저들의 말로 듣고 배우도록 하는 일, 고아들을 돌보는 긍휼 사역 등 이 모든 일들이 하나님의 말씀을 표현할 수 있는 방법으로 모두가 하나님을 알게 하려는 사랑의 언어라고 말할 수 있다.

말은 적당히 배우면 잘못하면 수준 낮은 언어로 익숙해져 버리는 경우가 있기 때문에 되도록 학교에서 공식적으로 시간을 내서 배우는 것이 중요하다. 나름대로 언어에 자신감을 가지고 정글 사역을 시작했지만 정글 사람들은 그의 부족어가 따로 있다는 것을 알고 많이 힘들어 했다. 학교가 없는 곳은 부족 말로만 통하고, 초등학교에서나 공식 언어인 '바하사 인도네시아'(Bahasa Indonesia)[13] 말로 가르치니 자연히 아이들과 청년들은 인도네시아 말이 잘 통하지만 나이가 든 어른들이나 미취학 아이들은 대부분 부족 말만 사용한다. 선교사들이 두 가지 말을 배운다는 것은 여간 힘든 일이 아니다. 할 일 많은 이 땅에서 말만 배우다 세월을 다 보낼 수는 없다. 그래서 청년들을 훈련시켜서 저들이 그들의 부족 말로 설교하도록 하는 것이 가장 바람직한 방법이라는 깨닫게 되었다. 물론, 장년들을 위한 설교 통역도 하고, 시청각 교육 자료를 가지고 가르치기도 하고, 사물을 보여주며, 예화를 통해서, 비유를 통해서 가르치는 일을 하지만 늘 아쉬운 것은 모든 것이 불확실하다는 것이다. 결국은 신학교 사역을 통해서 현지인들을 교육하고 그들이 복음을 전하게 하는 것이 가장 효과적인 방법이라는 것을 깨닫게 된다.

---

13 '바하사 인도네시아'는 그 어원이 말레이어에 근원을 두고 있는 언어로 인도네시아 공용어로 사용하고 있다. 인도네시아 약 300여 개의 부족 중 583개의 언어가 사용되고 있으나 '바하사 인도네시아'를 통해서 불편없이 소통하고 있으며 가정에서는 각 부족마다 저들의 모어를 사용하는 경우도 있으나 도시인들은 모두 바하사 인도네시아로 소통하고 있다.

3. 눈물로 뿌리는 씨

나의 선교적 삶을 정글에서 시작했다는 것은 선교의 초년생으로서 축복이 아닐 수 없고, 어려운 길에서 순종의 길은 큰 감사의 조건이 아닐 수 없다. 칼리만탄 정글은 그 어느 섬보다도 복음이 활짝 열린 곳이어서 적게 심어도 많이 거둘 수 있는 곳이기에 이러한 좋은 땅으로 보내 주신 하나님께 늘 감사하는 마음으로 사역을 이어갔다.

인도네시아는 정책적으로는 이슬람 국가[14]는 아니지만 이슬람의 신도 수가 세계에서 가장 많은 국가이다. 한편으로는 거대한 이슬람 교도들이 살고 있는 이 땅에 복음의 불길도 타오르고 있는 곳이라는 점은 이들을 잘만 훈련시킨다면 저들을 통해서 이슬람 교도들에게 복음을 전할 수 있다고 생각한다. 그들을 선교사로 만들어 복음을 전하도록 하는 것이 우리 선교의

---

14 이슬람 국가란 국가 경영 구조를 코란을 기조로 헌법을 신권과 민주적 요소의 "하이브리드"라고 불리는 이중법을 만들어 국가의 주권을 행사하도록 하고, 이슬람을 믿는 사람들로 정치 지도력을 행사하는 국가를 말한다. 인도네시아는 모슬림 인구 86.7%(위키백과)이지만 이슬람 국가라고 말하지 않고 공화국, 즉 'Republik Indonesia'란 말을 사용한다.

또 다른 영역이라고 생각한다.

공화국을 추구하는 인도네시아 국가는 타종교에 대한 배타성이 비교적 적을 뿐만 아니라 일반적으로 인도네시아인들은 친화력이 높아서 타국인과 교제하기 좋은 사람들이고, 약 10% 정도의 기독교인들은 열정적이며 적극적이어서 종교생활에 불이익을 적게 받는 유일한 국가라고 말할 수 있다. 때문에 저들을 통해 자국 선교는 물론 많은 이슬람 국가나 문화가 유사한 동남아시아에 파송되어 사역하고 있는 인도네시아 선교사들이 늘어나고 있다. 외부의 선교사들은 기독교 대다수의 칼라만탄, 이리안, 암본, 모나도, 티몰, 바탁 등을 선택하여 교회 설립 및 재교육 사역을 하든지, 아니면 이슬람 지역에서 개인 전도나 미 전도 지역 사역의 특별한 사역을 하든지 사명에 따라 선택할 수 있는 나라가 인도네시아이다. 그러나 분명한 것은 어디에서 사역을 하든 눈물의 씨 뿌림 없이는 열매도 없다는 것은 자명하다(시 126:6).

눈물로 세워지는 교회들

내가 살고 있는 스파욱에서 조그마한 배로 까푸아스 큰 강을 따라 약 2시간 정도 가면 나오는 숭아이 아약(Sungai Ayak)이란 곳에는 중국인들이 많이 살고 있다. 중국 사람들은 까푸아스 강을 따라 도시를 이루고 살면서 주로 상업으로 생계를 유지하며 비교적 부유하다. 숭아이 아약도 예외는 아니다. 그곳에서 "뻬콩"이라고 불리는 중국 종교[15] 사당이 두 개나 있어 교회가 없

---

15 "중국종교"(Chinese Religion)라고 선교계에서 불리는 이유는 불교, 유교, 도교 등을 합쳐서 중

는 그곳에 교회를 세워야 하겠다는 계획을 세우고 있던 중 그곳에 파견되어 근무하고 있던 티몰 사람인 경찰관 한 사람이 스파욱 우리 집에 놀러 오게 되었다. 그는 단호한 어조로 그곳에 교회를 세워달라는 것이다. 그 자신이 예배 드릴 곳이 없다는 것이다. 이러한 요청을 마음에 품고 기도를 시작하며 세월이 흐르면서 늘 부담으로 남아 있기만 했었다.

 큰 사건이 발생하게 되었는데 이야기는 이렇다.

 동부 자바의 바투 신학교에서 1년간의 실습을 위해서 정글 교회들로 파견 나온 신학생들이 9명이 있었다. 저들이 고된 정글 교회 실습 사역을 마치고 그립던 신학교로 귀교하게 되어 신학생들을 태운 우리 선교회 소속 선교선이 위에서 언급한 숭아이 아약에 정박하던 중 그만 그 배에 불이 나고 말았다. "사랑의 배"(Kapal Agape)로 불리는 이 배는 앗수미 일본 선교사가 제작한 배로 약 40여 명이 탈 수 있는 디젤 엔진 배이다. 1년간의 실습을 마친 신학생들은 폰티아낙 주청 소재지로 가서 그곳에서 자카르타까지 비행기로, 자카르타를 거처 바투의 자신들의 신학교로 돌아가는 길이었다. 통상 20여 시간이라는 오랜 시간이 걸리기 때문에 밤새도록 배가 진행을 하게 되는데 마침 숭아이 아약 지역에 도착했을 때 비가 억수같이 쏟아져 더 이상 가지 못하고 정박할 수 밖에 없었다. 배들이 많이 정박하고 있었고, 배와 배를 밧줄로 연결해서 강 섶에 정박한 배 안에서 하룻밤을 자고 다음 날 아

국 사람들의 정체성을 드러내는 종교로 만들어진 것이다. 인도네시아는 '반차실라' 정책에 5개 종교를 공식적으로 인정했었는데 최근 중국인 우호정책을 펴면서 이 'Pekong'이라는 중국 종교를 포함해서 6대 종교를 공식적으로 인정하고 있다.

침에 계속 진행할 계획을 세우고 여러 척의 배가 밧줄로 서로 연결되어 정박하고 있었다.

밤 11시, 모두 배 안에서 잠들어 있을 때, 배를 몰던 현지 형제가 밤을 밝힐 등불을 켜기 위해 석유 등에 기름을 채운다는 것이 실수로 휘발유를 붓는 바람에 "퍽" 소리와 함께 나무로 만든 배가 불이 나게 되었다. 그 배뿐만 아니라 다른 배까지 불길이 옮겨 붙어 온통 불바다가 되어 버렸다.

이 배에는 신학생들 인솔자로 앗수미 선교사의 부인이 5살의 아들 '가즈'와 함께 동행하고 있었다. 별안간 일어난 일에 깜짝 놀란 이 부인 선교사님은 아들을 안고 물로 무조건 뛰어 내렸다. 그 순간 캄캄한 밤에 그만 그 아들을 잡은 손을 놓치고 만 것이다. 그는 목이 터져라 가즈 이름을 불러보았지만 대답이 없었다. 그 순간 그 어머니는 10m나 되는 깊은 강바닥에 가라앉은 자신을 깨닫게 되면서 "이제는 죽었다"고 하는 순간, 죽어가는 마음이 그렇게도 편하더라는 이야기를 했다. 그 다음 "그래도 고국에서 기도하는 사람들이 있으니 저들을 실망시키지 않게 하기 위해서라도 죽으면 안된다"는 생각이 번뜩 들어 다시 힘을 얻어 헤엄쳐 물 위로 떠 오르는 순간, 캄캄한 밤에 비가 억수같이 쏟아지고 배가 화마에 휩싸인 그 불빛 가운데 가즈의 울음소리가 들리지 않던가! 그때 가즈는 선박과 선박 사이의 로프를 쥐어 잡고 울고 있었다. 기적이 일어난 것이다. 아즈미 목사 부인은 가즈를 안고 불을 피해 물가로 나왔고 그 두 사람은 모두 살아 남았다. 이 사건으로 인하여 배를 몰던 불을 낸 그 형제는 현장에서, 그리고 신학생 중 한 사람은 신학교로 돌아와서 정신 착란증으로 고생하다 그만 세상을 떠나고 말았다.

나는 이 소식을 듣고 주님께 저들의 희생이 헛되지 않게 해 주시길 기도

했다. 그리고
영적인 싸움에
서 승리하기
위해서라도 경
찰관이 요청했
던 그곳에 반
드시 교회가

세워져야 한다는 생각을 가지고 계속 준비에 들어갔다. 그 해 결국은 교회
가 세워졌고, 그 이듬해에 바투 신학교(동부 자바)와 단중에님 신학교(수마트
라)에서 실습을 위해 온 여자 신학생 두 명을 파송해서 세워진 교회를 돌보
도록 했다.

밀알은 썩으면 싹이 나게 마련이다. 이 두 명의 희생은 헛되지 않아 교회
가 세워졌다. 복음은 이와 같이 썩어진 밀알들 위에 우뚝 서서 지금도 하나
님의 영광을 선포하고 있다.

비행기 대절해 부흥회 가기

우리의 사역 중에서 교회에게 주님의 복음의 진리를 전하고 가르치는 사
역을 등한시할 수는 없다. 한국 교회의 전통처럼 인도네시아도 부흥 집회
는 교회의 영적인 힘을 불어 넣는 흔한 행사이다. 기회가 있을 때마다 부흥
집회 초청을 받으면 아무리 개척 사역에 바쁜 일정이라 해도 포기하지는
않는다.

어느 날, 스파욱 기지에서 거대한 까푸아스 강을 따라 배를 타고 가서 선교사들이 운영하는 비행기 헤드 쿼터인 신땅의 MAF 비행장에서 비행기를 타고 숭아이 핀유라는 곳에 초청을 받아 가게 되었다. 가는 길은 물살이 센 곳이어서 배로 타고 가기에는 조금 무리여서 경비가 좀 들더라도 비행기가 적절하다고 생각했다. 부흥회를 인도하기 위해 만들어진 젊은 찬양팀 3명과 함께 비행기에 올랐다. 사역하기 위해 준비된 비행기이기 때문에 비행을 전세 내는 데는 그리 부담되지 않는 300불 정도의 금액으로 기억한다. 우리 일행은 약 한 시간을 북쪽으로 타고 가서 한 활주로에 내려야 하는데 비행 중 구름이 많이 끼어 있어 조심하지 않으면 안되는 상황이었다.

유능한 파일럿 선교사이기에 믿고 떠나고 있었는데 별안간 구름 속으로 큰 산이 바로 코 앞에서 보이지 않던가! 비행기는 급상승하면서 산에 부딪치는 위기를 모면했다. 칼리만탄에는 산이 많지 않기 때문에 평소에 파일럿은 방심했던 모양이다. 통상, 파일럿은 평온한 비행을 하면서 책을 보기도 하는데 이번은 큰일 날뻔한 것이 분명하다. 정글의 비행운영에는 공식비행장이 아니기 때문에 컨트롤 타워는 물론, 무전 연락도 없는 곳이다. 모든 것은 눈으로 확인하면서 활주로를 찾아야 한다.

우리를 안전하게 해 주신 하나님께 감사하고 무사히 도착하게 되어 안도의 숨을 내려 쉬게 되었다. 기다리는 정글 교회 목회자들과 함께 배를 타고 물길을 따라 배를 타기도 하고 내려서 밀기도 하는, 경험 못해 본 곳을 무사히 해가 지기 전에 도착하게 되었다.

300여 명이 사는 작은 마을 '숭아이 핀유'는 온통 큰 잔치를 치루는 것처럼 흥분하고 있었다. 초등학교 교실이 세 개가 있어 각 학년이 오전 오후 반을 나누어 공부하는데 이번 주간에는 부흥회가 있어 세 칸을 모두 털어 어린이, 어른 모두 참석할 수 있도록 했다. 전기가 없으니 펌프로 공기를 불어넣는 석유등을 5개나 준비 해 놓았으니 교실이 '씨이익' 석유등 바람 소리와 함께 뜨거운 열기가 온 방을 더웁게 달구기 시작한다. 어린이 어른 할 것 없이 일찌감치 저녁을 먹고 의자에 앉아 부흥회가 시작되기만을 기다리는 모습이 무대가 열려 공연의 시작을 기다리는 사람들같이 보였다. 우리 음악팀은 기타와 찬양을 통해서 저들에게 부흥회의 분위기를 북돋우었다.

이제 복음을 전해야 할 시간이 되었다. 마이크가 준비되어 있지만 밧데리를 사용하는 마이크라 음질이 좋지 않다. 그러나 열성을 다해서 땀을 흘려가며 복음을 전했다. 나는 유난히 땀을 많이 흘리는 편이고, 내가 할 수 있는 일은 땀으로 주님을 섬기는 것이라고 늘 생각해 왔지만 그날만은 유독이 땀을 많이 흘렸다. 보통 칼리만탄의 교회들은 양철로 지붕을 덮었고 천정은 없기 때문에 낮에는 더웁고 밤에는 비가 오면 그 빗소리가 보통 시끄러운 것이 아니어서 설교 소리가 빗소리에 묻혀 버리곤 한다.

나는 이렇게 힘든 집회를 3일간이나 인도하면서 주님께 전적으로 맡겼다. "내가 어떻게 전하든 저들에게 깨닫게 하는 분은 주님이시니 주님이 직접 저들의 마음을 사로 잡으소서"라고 기도했고, 저녁마다 저들에게 주님을 영접하도록 도전했을 때 놀라운 일들이 일어나는 것을 보게 되었다. 찬양과 함께 팀들이 앞에 나와서 하나님께 드리기로 결심한 심령들을 위해서 열성적으로 기도할 때, 저들의 눈에는 회개의 눈물이 나왔다. 장거리의 피곤함과 수많은 벌레와 모기의 공격, 치열한 더위, 어느 하나 우리에게 즐거움을 주는 요건들은 아니었지만 저들의 복음에 대한 열정만은 대단했고, 그것이 바로 우리의 기쁨이었다.

말씀 사역과 영적 전쟁

이곳으로 올 때는 비행기를 이용해서 편했지만 집으로 돌아가는 길은 평탄치가 않았다. 할 일을 다했다는 만족감 때문에 몹시 기다리는 마음으로 배를 타게 되었다. 그런데 이게 왠 일인가? 배를 타고 가면서 그 배를 모는 청년이 겁을 주는 것이다. 앞으로 물이 잔잔한 곳인 신땅 도시까지 가려면 5시간 정도 가는데 가는 도중에 95개의 물살이 급한 곳을 지나게 되는데 배가 파손되면 위험하다는 것이다. 바위와 바위 사이를 지나면서 배가 파손되면 돌에 부딪쳐 죽을 수도 있다는 것이다. 그의 얼굴은 자못 진지해 보였다. 95개나 되는 물살의 고비들을 지날 때마다 "또롱라 뚜한"(주님 도와 주십시오!)을 외쳤고, 또 무사히 지나면 "뿌지 뚜한"(주님 감사합니다.) 외치면서 무사히 95개 되는 물살을 빠져 나왔을 때 안도의 한숨을 쉬게 되었다. 바울의 "세 번 파선하고 일 주야를 깊은 바다에서 지냈으며…"(고후 11:25)란 말씀을 어느정도 이해할 수 있을 것 같았다.

추수의 마음은 기쁠 수 밖에 없다. 그 마음을 가지고 무사히 스파욱 집까지 도착하였다. 그런데 조금 이상한 느낌이 들었다. 밤이 되어 도착하게 되었는데 이상하리만큼 집은 적막했고, 불이 켜져 있지 않아 수상하게 생각을 했다. "여보!" 하고 부르니 기적이 없었다. 조금 불길한 마음으로 문에 들어서니 아내가 끙끙 앓고 있었고, 한 살 반이 된 큰 딸 연주는 엄마 옆에서 자고 있었다.

"무슨 일이요?"

어제부터 몸에 불덩이처럼 열이 있었다. 분명 말라리아였다. 해열제를 먹인 다음에 그리 멀지 않은 '마뚜리시' 장로님 댁에 알려서 날이 밝으면 폰티아낙시로 떠나기로 결정을 하고 그곳으로 떠나는 상선을 찾기 시작했다. 다행히도 쉽게 찾을 수가 있었고, 하루 밤을 지나서 폰티아낙에 도착한 다음 응급 조치를 취한 뒤 폰티아낙에서 떠나는 경비행기를 타고 선교단체가 운영하는 '수루깜' 병원으로 가서 며칠간 머물면서 말라리아를 치료받게 되었다.

이러한 경험들은 영적 싸움인 것이 분명하다. 그렇게도 숭아이 쁜유에서 흥분된 시간, 많은 사람들이 주님 앞에 회개하는 축복의 시간을 경험했거늘, 또 집으로 돌아오는 길에서 위기를 넘기면서 하나님의 손길을 보는 동안 마귀는 아내를 공격한 것이다. 그래도 다행인 것은 제 시간에 도착을 했다는 것이고, 어렵지 않게 치료할 수 있는 길을 찾은 것이다. 이러한 영적 싸움의 경험은 종종 있는 것이기에 우리의 사역은 늘 기도가 병행되어야 하고, 기도하는 후원자들의 역할이 얼마나 큰가 하는 것을 깨닫는 순간이었다.

정글 우체국

정글의 삶은 단순하기 그지 없다. 집 앞에 나서면 우뚝 솟은 나무들 사이로 다니는 원숭이들, 그리고 종종 우는 새들이 전부이다. 한 마디로 표현한다면 나무들과 하늘만 보이는 곳이 정글 풍경이다. 그렇다 보니 마음이 단순해지는 것을 느끼면서도 흥미 있는 그 무엇이 없을까를 많이 생각해 보지만 전기가 없는 상황 속에서는 들리는 것도, 보이는 것도 없는 세상이다. 정보가 정말 그립다.

서양 선교사들이 일찍 정글에서도 즐길 수 있는 시스템을 잘 만들어 사용하고 있는데 햄 라디오(Ham Radio)를 통해서 선교사들끼리 서로 교제하며 정보를 주고 받는다.

우리 집에는 밧데리를 사용하는 카세트와 라디오가 하나 있으니 그것이 유일한 즐거움이다. 한국 뉴스를 들을 수 있는 유일한 수단은 월요일부터 금요일까지 밤 9시 30분부터 10까지 보내오는 VOA 단파 라디오 소리가 전부이다. 단파이기에 소리도 나쁘지만 먼 미국에서 들여 오는 소리는 글자 그대로 모기 소리 같아 주파수를 잘 맞추지 않으면 그나마 알아들을 수가 없다. 또 하나의 고국에 대한 그리움을 달랠 수 있는 선물이 있는데 그것은 한국에 계시는 형님께서 보내온 한 달이 지난 신문이다. 형님은 선교사인 동생에게 도울 수 있는 유일한 길이 신문을 보내 주는 것이라고 생각했다. 일주일치를 모아서 보내는 신문이고, 자카르타까지, 폰티아낙까지, 그리고 배로 신땅까 배로 전달된 신문을 보게 되니 한 달이 지난 구문이 되어 버렸다.

우리 마을에는 우체국이 없으니, 신땅도시까지 가야하는데 가는 길은 험하고 위험한 노정이다. 그래도 주일을 지내고 월요일이 되면 신땅에 가서 신문, 우편물을 수거하고, 은행 업무도 보고 필요한 물건들을 사오는 날이니 신이 날 수 밖에 없다. 그곳까지 가려면 배를 준비해야 하고, 오토바이를

준비해야 한다. 스파욱 강을 따라 오토바이를 탈 수 있는 길까지 가려면 오토바이를 작은 배에다 싣는 작업부터가 힘든 과정이다. 강가에서 배와 육지를 연결하는 널판을 연결하면 두 사람이 앞뒤로 오토바이를 이동시켜 어렵게 배에 싣게 되는데 잘못하면 오토바이를 강에 빠뜨릴 염려가 있어 극도로 조심해야 한다. 약 2시간 거리의 배를 타고 가서 또 널판을 대고 오토바이를 배에서 내리면 강섶의 언덕으로 올려 오토바이가 갈 수 있는 길에 올라서게 된다.

다행히 날씨가 좋으면 제대로 오토바이를 타고 신땅으로 향하게 되는데 통상 2시간 정도가 걸리지만 만일 비가 오기 시작하면 이야기는 달라진다. 미끄러운 진흙 길을 가려면 글자 그대로 오토바이와 씨름하면서 가든지, 아니면 지그재그 트위스트 춤을 추면서 타고가게 된다. 맑은 날씨로 생각을 하고 떠났지만 별안간 스콜 비가 내리기 시작하면 속수무책이다. 2시간 걸리는 거리가 3시간, 4시간 걸리게 된다. 산악용 특수 타이어이고, 배기통이 앉는 자리 옆에 위치하고 있는 정글용 오토바이이지만 미끄러운 진흙 길에서는 체인이 배겨내지를 못한다. 신땅 도시에 도착해서도 또 큰 까푸아스 강을 돈을 내고 배에 싣고 건너면 비로소 도시 가운데 우체국이 위치하고 있다. 그곳 선교회 게스트 하우스에서 하루를 지내고 일을 본 후에 그 다음

날 다시 돌아오게 되는 과정이다. 날씨가 좋으면 몇 시간 안 걸리는 길을 잘 못하면 가는 데만 하루를 소비해야 한다.

이렇게 어렵게 가져온 신문은 고국이 그리운 나에게는 큰 기쁨을 가져다 준다. 가장 즐거운 순간은 현지 청년에게 배를 몰게 하고 숲 밑으로 불어오는 바람을 맞으며 고국 소식을 읽는 그 순간은 그 어디에다 비교할 수 없는 행복의 순간이다. 정글 속 강으로 달리는 보트 여행은 이렇게 즐거움을 가져다 주는 피서이지만 고장이라도 나면 상황은 달라진다. 보통 보트의 고장은 강에 많은 통나무들이 쓰러져 물에 깔려 있는 경우인데 배를 모는 현지인들은 보통은 잘 피해서 가지만 실수로 보지 못하고 지나다 보면 배에 장착된 모터의 프로펠러를 고정시키는 핀이 부러지고 만다. 그러면 핀이 부러지는 것을 다른 것으로 갈아 끼울 수 있는데 어떤 경우는 프로펠러가 떨어져 나가 강바닥에서 찾아야 하는 경우가 있다. 다행히도 강바닥이 깊지 않으면 바닥에서 찾게 되지만 수많은 나무가지도 쌓여 있는 강바닥에서 바늘을 찾는 수준이 되어 버리면 여러 사람이 많은 시간을 그곳에서 버리게 되고, 저녁이 가까울 때가 있다. 이때에는 기도 외에는 무기가 없다고 생각하고 기도하면서 기적을 기다리는데 그때 엘리사가 건진 도끼 이야기가 생각이 난다. 늘 기적이 선교 현장에서 일어나는 경험을 하게 된다.

캄캄한 밤, 오두막 집
한번은 배에서 내린 오토바이를 타고 '신땅'으로 가게 되었다. 떠날 때는 맑던 하늘이 별안간 비가 억수같이 쏟아져 길이 온통 물과 진흙으로 범벅이 되는 바람에 오토바이와 씨름을 하다가 해가 지게 되니 더 이상 진행할 수도 돌아올 수도 없는 진퇴양난의 순간을 맞이했다. 정글 길에는 그 누구 하나 지나가는 사람이 없고 나 홀로 오토바이와 진흙탕에서 씨름하다 보면 연료가 고갈될 때가 종종 있다. 오토바이는 더 이상 움직이지를 않는 상황이었다. 이러한 상황에서는 기도 외에는 생각나는 것이 없다. 언제든지 달리던 오토바이가 서게 되면 내 몸에는 땀으로 흠뻑 젖곤 한다. 가져간 물도 다 떨어졌으니 우선 목부터 축여야 하겠다고 생각하고 길섶으로 다가가서 개울 물을 들어다 보니 물이 썩은 것인지, 아니면 고인 물인지 빨간 색깔로 변해 있었다. 이제 나는 정글 사람이 되어서인지 이러한 물을 마시는 것이 두렵지 않아졌다.

마가복음 16장 18절에 예수님의 지상명령을 주시면서 하시는 말씀이 생각난다. "무슨 독을 마실지라도 해를 받지 아니하며…"란 말씀이 생각난다. 나의 지론은 아무 물을 마시더라도 땀만 많이 흘리면 상관없다는 생각이다.

그늘에서 쉬면서 기도하고 있을 때 아주 적막한 그곳에서 오토바이가 오는 소리가 들린다. 이제 두 번째 기도로 들어가는데 그것은 그가 기꺼운 마음으로 기름을 나누어 줄 수 있는 마음과 여유가 있도록 하는 기도이다. 급한 상황에서는 구체적인 기도가 필요하고, 기도는 짧지만 강렬했다. 그 사람도 상황은 비슷하지만 기름을 나누어 줄 생각을 한다. 할렐루야! 이 막막한 상황에서 사람이 오다니, 그리고 기름을 나눠줄 수 생각을 하다니….

질퍽한 길을 빠지면서 계속 길을 가자니 시간이 많이 흘러 어두워지기 시작한다. 이제 더 이상 계속 갈 수 있는 상황은 아니었다. 길이 좋다면 그냥 헤드라이트에 의존해서 달리겠지만 길이 이렇게 질퍽한 상황에서 계속 간다는 것은 무리였다. 또 기도의 힘을 믿는다. 저 어두 컴컴한 먼 곳에 오두막 집이 하나 보였다. 내 입에서는 할렐루야, 하나님은 준비해 주시는 여호와 이레의 하나님….

"여보세요, 길이 늦어 찾아 왔습니다. 하룻밤 잘 수 있습니까?"

"볼래라!"(그렇게 하시지요).

반갑게 맞이해 주시는 것이었다.

나는 먼저 젖은 옷을 갈아입고 흘렸던 땀을 씻어 내기 위해 목욕을 먼저 하기로 했다. 집에서 컴컴한 길을 따라 내려가 보니 웅덩이 하나가 나온다. 아무도 보이지 않는 그곳에 가릴 필요 없는 맨 몸으로 웅덩이 앞에 서니 정글의 모기들이 내 몸을 놓고 각축을 벌이는 것 같았다. 이럴 때는 물 웅덩이로 빨리 뛰어 들어가는 것이 상책이다. 목욕을 하고 웅덩이에서 나오니 그처럼 시원할 수가 없고, 식은 몸에는 모기도 달라붙지 않는다. 흙으로 뒤범벅이 된 옷을 새 옷으로 갈아 입으려고 가방을 뒤지니 눅눅하지 않는 옷이 없었다. 그래도 열대 지방에서 배운 요령은 젖은 옷도 입고 있으면 마른다는 것이다.

배는 고프지만 저녁식사가 제공되지 않았다. 이미 식사시간이 지나갔기 때문이다. 그들은 그날 벼를 손 방아를 찧어서 밥을 짓는 풍습이 있는데 쌀이 다 떨어진 모양이다. 그래도 가방에는 과자 부스러기도 있으니 그것으로 요기를 하고 애들에게 조금 나누어 주면서 그날 밤을 지내게 되었다. 그들이 깔아준 '띠까르'(멍석) 위에 몸을 눕혔다. 다행히도 요를 제공하지 않아 너무 감사했다. 요를 주면 정말 힘든 것이 때로 찌들려 있어 냄새가 나 잠을 잘 수 없는 경험을 많이 했기 때문에 차라리 요를 제공하지 않아 거절할 필요도 없고, 몸은 피곤하고, 젖은 옷을 입어서 눅눅하지만 잠을 잘 수 있어서 얼마나 감사한지 모른다.

다음 날 아침 맑게 개인 하루가 시작되었다. 주인은 아주 간단하지만 방금 방아로 찧은 쌀로 밥을 짓고, 덜 익은 나무 열매 소금으로 만든 수프를 만들어 주었지만 배고픈 나에게는 그지 없는 성찬이었다.

이렇게 사랑을 받고 쉴 수 있는 곳이 있어 좋은 하루를 보내고 떠나면서 문득 이러한 생각이 들었다.

"왜 나만 이렇게 고생을 해야 하지, 내가 이렇게 고생하는 것을 후원자들이 알기나 알까?"

누구를 위한 선교인가를 생각하며 마음을 가다듬은 다음에 저들을 위해 축복 기도해 주고 신땅을 향해서 떠났다. 열대지방 날씨는 늘 그랬듯이 언제 그랬느냐는듯 맑게 개어 있어 하나님께 감사하는 마음이 배가 되었다.

모기, 벌레와의 전쟁

정글에 서식하는 동물들은 주로 여러 종류의 뱀을 비롯해서 악어들이 있어 사람들에게 위협을 가하기도 하지만 가장 괴로운 것은 역시 모기들이다. 모기는 계절에 따라 밤은 물론이요 낮에도 달려 들기도 하고 '아가스'라고 불리는 모기 종류는 보이지도 않을 정도로 작은데 낮에도 출몰하여 열대지방의 습하고 더운 기온 때문에 되도록 벗어야하는 다리, 팔, 손등 등 마구잡이로 공격해 가려움은 보통 괴로움이 아니다. 창에는 모기장을 치고, 침대 위에서도 모기장을 치고 자지만 숲에서 나오는 모기는 낮에도 물어댄다.

　모기와의 싸움은 모기장 안에서 일어나게 되는데, 모기장 속에 들어와 잠복하고 있는 경우는 그 모기와 동침(?)하게 되는 경우다. 밤새도록 피를 빼앗아가 아침에 보면 모기의 배가 볼록 나올 정도로 피로 배를 채우고는 모기장에 앉아 있는 것을 보게 된다. 한 마리 한 마리 손 바닥으로 잡다 보면 손이 피로 물든다. 모기가 배란을 하기 위해서 사람의 피가 필요한 것이다. 사실, 모기가 무서운 것이 아니라 모기가 감염시키는 말라리아가 무섭다. 그중에 뇌성 말라리아는 뇌구조를 파괴하는 균이 있어 환자를 죽이거나 뇌 불구자를 만들어 놓기도 한다.

　나는 한 번 말라리아에 걸려 선교사의 비행기를 타고 정글 속에 선교사가 운영하는 수르깜 병원으로 실려 간 일이 있었고 아내는 두 번이나 걸려 고생을 했으나 다행히도 생존할 수 있었다. 말라리아는 고열이 있는 무서운 병이고, 통상 낫기보다는 몸에 남아있는 말라리아 균이 우리의 몸에 잠복하고 있으면서 우리 몸의 면역력이 강하면 숨 죽이고 있고, 약해지면 다시 나타나는 고질병으로 알려져 있다. 우리는 처음부터 '클로라크린' 예방약을 복용해 왔지만 그것도 타성이 생기면 말라리아를 이겨내지 못하게 된다. 가장 강한 예방약은 '환시다'인데 우리의 사역 말기에는 이 약을 복용하면서 말라리아를 이겨낼 수 있었다. 만일, 이 약을 먹고도 이겨내지 못하면 현장을 떠나야 하는 결단을 내려야 하는 것이다.

　이러한 열악한 환경은 언제든지 우리의 삶을 위협하고 두려움을 가져다 주지만 우리 마음속 사역의 열정을 더욱 높여 주는 것은 다름아닌 복음에 대한 사람들의 사모함, 그리고 심는 대로 거두게 되는 열매 때문이다. 저들이 말씀을 사모하기 때문에 메신저는 자신의 문제보다 더 큰 사역적 기회를 놓치지 않으려고 모든 노력을 기울인다.

성탄절의 말씀 잔치

성탄절은 온 세계가 함께 즐기는 절기이지만 정글 교회도 예외는 아니다. 쇼핑센터나 선물도 없고, 눈도 없고, 성탄 캐롤도 없는 성탄절이지만 저들에게는 한 없이 기다려지는 즐거운 날이다.

10월만 되면 이미 성탄절 준비가 시작되고 성탄절을 위한 성극도 준비하며 노래도 연습하기 시작한다. 무엇보다 잔치를 베풀 돼지고기를 준비하고 음식을 준비하기 위해 미리 계획을 세우는 과정 자체에서 벌써 신이 난다. 이렇게 신나는 날을 결코 놓칠 수가 없다. 사역자들도 기도하며 준비하다가 12월 초가 되면 성탄절 메시지를 가지고 교회들을 방문하기 시작한다.

이처럼 즐거운 분위기를 주변에 많은 이슬람 신자들도 덩달아 즐거워한다. 정글의 다약 사람들 가운데는 이슬람 신도는 찾아보기 힘들지만 강가에 집단 부락을 이루고 사는 '말레이' 사람들, 그

리고 직장이나 보직 관계로 외부에서 들어온 사람들 중에는 이슬람 교도들이 많이 있다. 성탄 잔치에는 저들도 초청되어 즐기는 시간을 마련한다. 저들도 정중히 초대를 받으면 "슬라맛 하리 나딸" 하면서 성탄 인사를 나눈다. 이러한 인도네시아의 전통을 따라 초대를 통해서 대화의 길을 열고, 준비된 음식을 나누게 되는데, 적어도 이때만은 기독교인들에 대한 반감은 없어진다. 돼지고기로 만든 음식을 피하고, 닭고기나 쇠고기로 준비하게 되는데, 이슬람 사람을 초대할 경우에 이맘이 대리로 기도를 드리도록 하여 "할랄" 제도를 지켜야 예의라고 생각하고 있다.

이슬람 교도들도 늘 계절이 다르기는 하지만 저들의 한 달간의 금식이 끝나면 라마단에 초대를 받으면 참석해서 그 빚을 갚아 주기도 한다. 이러한 교제가 복음의 문을 여는데 좋은 기회이기도 하지만 교제와 복음 전파는 별개로 생각이 들기도 한다. 저들과의 교제를 통해서 복음을 위한 마음 문을 열도록 하는 기회를 찾아 보아도 잔치 분위기 속에서는 직접 전도는 불가능하지만 대화의 길을 연다고 하는 의미에서 소통이 막히지 않은 사람이라는 이미지를 만들어 내는 것은 중요하다고 생각한다.

복음의 우기와 건기

'까푸아스' 강은 서부 칼리만탄의 중심을 흐르는 거대한 강이다. 우기가 되면 이 강에 엄청난 물이 흐르게 되는데 그곳에 엄청난 크기의 고기들이 살고 있고 정글 사람들의 많은 사람들의 수입원이 되기도 한다. 주로 농사를 짓거나 나무를 잘라서 파는 일, 고무나무에서 고무 진액을 채취하여 팔아 생계 유지를 하지만 물고기를 팔아 생계를 유지하기도 한다. 보통 낚시로 잡게 되는데 미끼로 병아리를 끼어 던지기도 한다. 거대한 고기는 사람 키 만한 크기로 약 20kg은 족히 나갈 것 같다. 덕분에 민물고기는 마음껏 먹을 수 있는 환경, 값싼 단백질 공급원이다. 가난한 이들이 즐기는 '이깐아신' 저린 생선요리가 그립다. 물고기를 잡을 수 있는 큰 강, 작은 강들이 있지만 계획만 했던 낚시질은 한 번도 해보지 못하고 정글을 떠나고 말았다.

정글에는 사람을 낚는 일에도 우기와 건기가 존재한다. 사람을 낚는 어부로서의 즐거움은 영혼 구원에 있어서도 황금어장이라고 생각하기 때문이다. 어떤 마을에서는 "왜 우리 마을에는 교회를 안 세워 줍니까?" 라며 찾아오는 사람들이 종종 있다. 그러나 쉽게 대답할 문제가 아닌 것은 대답해 놓고 지킬 수가 없는 경우가 많기 때문이다. 대답 뒤에는 일꾼을 생각지 않을 수 없고, 일꾼을 세우면 재정적 걱정을 하지 않으면 안 되기 때문이다. 복음의 문(기회 및 마음의 문)이 활짝 열려 있는 것은 사실이지만 세워진 교회들을 성숙하게 만드는 것도 큰 과제 중 하나이기 때문에 선뜻 대답을 못하는 것이다.

정글 속에서의 삶의 괴로움을 이야기하지만 살다 보면 삶의 풍성함을 느낄 때가 있는데 그것은 생각하기에 달린 것이다. 아무렇게 흩어진 나무들, 파란 하늘 그리고 유유히 흐르는 강물 밖에 안 보이는 외롭게 느껴지는 곳이지만 사역이 시작되면 외로울 틈이 없는 곳, 사람이 사는 곳에는 자연히 화제거리가 생기고, 사람들과의 사귐이 있고, 웃음이 있고, 낭만이 있고…. 많은 사람들이 제일 어렵게 생각하는 적도 바로 밑에 사는 것이 얼마나 덥겠냐고 생각되지만 하나님은 사람이 살수 있도록 만들어 주셨다는 것을 많이 느끼게 되는 것은 더울 때마다 강가로 나가 바가지로 물을 퍼부으면서 목욕을 하고 나면 그렇게 시원할 수가 없어, 마치 천국의 한 부분을 경험하는 것과 같다. 아무리 덥다고 하지만 우기에는 아침의 시원함, 오후에는 치열한 열기가 있지만 하루에 한 번씩 뿌려 주는 소낙비, 시원해지는 밤, 즐기는 방법을 터득하게 된다. 결론은, 삶의 기쁨과 행복은 생각하기에 달려 있다는 것이다. 자신이 하나님의 부르심에 얼마나 참여하고 있는가를 깨닫고 받아들이는 일이 곧 행복이다.

복음 전파에도 계절이 있게 마련이다. 복음의 우기, 그리고 복음의 건기가 있기 때문이다. 복음의 건기가 닥쳐 오기 전에 물을 준비해야 하는 것처럼 사람들을 훈련시켜 미래를 준비하고, 닥쳐올 세속의 건기를 이겨낼 수 있는 강력한 영적 성숙이 준비되어야 한다. 마치 7년의 가뭄을 위해 7년의 풍년을 준비했던 요셉과 같이…, 건기 때를 잘 넘기면 우기는 반드시 오게 되어 있다.

풍성한 7년의 즐거움도 있지만 가뭄 가운데에서도 풍성함을 느낄 수 있는 비결은 마음의 준비에 달려 있다.

4. 메시지 전달의 장애물들

지금까지 일할 곳이 많고, 열매도 많이 맺히는 곳이지만 일꾼이 많이 부족하다고 이야기해 왔다. 이제 메시지와 관련해서 장애물을 몇 가지 이야기하려고 한다.

가장 큰 장애물은 역시 저들의 복음에 대한 이해력 부족이다. 저들의 교육 수준은 극히 제한되어 있다. 듣고 배우는 일은 전혀 익숙하지 않고 저들은 전통적으로 내려오는 정령 숭배(Animism)[16]라는 종교를 신봉하고 있는데 이 종교는 유전으로 내려오는 의식으로만 종교 예식을 행하는 종교이기 때문에 경전이 없으니 교육이 있을 리 없다. 그렇다 보니 제물을 드리고 복을 비는 것이 신앙생활의 전부라고 생각하고 있는 다약 사람들을 말씀으로 교육시키기란 여간 힘든 것이 아니다.

---

16 정령숭배(animism)는 해, 달, 별, 강과 같은 자연계의 모든 사물과 불, 바람, 벼락, 폭풍우, 계절 등과 같은 무생물적 자연 현상과 생물(동·식물) 모두에 생명이 있다고 보고, 그것의 영혼을 인정하여 인간처럼 의식, 욕구, 느낌 등이 존재한다고 믿는 세계관 또는 원시 신앙이다. (위키백과: "애니미즘")

전통적으로 정령숭배자들은 만물에 신이 존재하고 있다고 믿고 있기 때문에 나무나 동물 등이 이상한 현상을 보이면 그것들이 인간들에게 무엇인가 메시지를 전달하고 있다고 믿는 것이다. 이러한 토속 종교를 신봉하는 대다수는 박수가 그들의 삶의 방향을 늘 제시해 주고 영적 리더로서 삶의 영향을 주고 있지만 저들은 술과 담배, 그리고 도박으로 삶이 찌들어 가고 있다. 저들의 무지가 삶의 질을 떨어뜨리고 있지만 선교사의 역할은 복음과 함께 삶의 교육에 힘을 쓰지 못하는 현실이 안타깝기만 하다.

쥐가 뜯어 먹은 성경

선교지에서는 다양한 사역들이 기다리고 있어, 24시간이 모자랄 정도로 바쁜 하루 하루를 보낸다. 특히나 정글 사역은 길에서 시간을 많이 보내야 할 경우가 시간 부족의 원인이 되기도 한다. 움직이지 않으면 아무 일도 벌어지지 않는 곳, 그러나 일하는 대로 결과를 얻는 곳이기에 일에 열정과 욕심이 작동한다. 이것을 '거룩한 욕심'이라 할까, 아니면 사명이라 할까. 어쨌든 일하려고 들면 끝이 없는 곳이다. 정글 교회 설립을 위해 쓰여지는 시간, 건축을 위해 쓰여지는 시간, 교육, 봉사 등 여러 가지 일에 너무나 많은 시간을 들이고 있다.

그러다 보니 말씀을 보는 일, 그리고 말씀을 연구하는 일을 등한시하게 된다. 일에 파묻혀 살다 보면 피곤함 때문이기도 하지만 더 큰 문제는 복음을 연구하는 시간이 적어졌다는 데 문제가 있다. 그것은 복음을 듣는 청중들이 낮은 수준이고 보면 말씀 준비에 게을러지는 것은 어쩔수 없는 일이다. 통상적으로 청중의 수준이 높을 때는 설교 한 편을 가지고 씨름을 해야 하는 경우가 있겠지만 정글 성도들의 수준이 너무 낮다 보니 설교 준비에 게을러지고 많은 경우 설교의 깊이를 따질 수가 없는 것이 설교자들의 고민이다. 설교에 대한 부담이나 도전이 없다 보니 전파자로서의 설교자는 실력이 늘어날 수 없으니 늘 제자리에 머물러 있게 된다. 중요한 것은 내용이 단순하다고 하더라도 그 단순한 메시지를 저들이 알아 들을 수 있는 언어와 방법을 찾아내는 것은 많은 연구와 기술이 필요한 곳이 정글 사역이라고 생각한다면 선교사들은 내용도 내용이지만 그 내용을 어떻게 커뮤니케이션 할 것인가에 대한 전문적인 지식과 기술이 필요하다.

성경말씀을 등한시한 것에 대해 나를 크게 회개하게 한 사건이 있었다. 언급한대로 사역은 점점 불어나기 시작했고, 11개 교회를 관리하다 보니 어떤 방법으로든 저들에게 복음을 전해야 하고, 가르쳐야 하는 일도 있지만 건축을 해야 하는 일, 길에서 많은 시간을 보내는 일도 적지않게 시간을 투자해야 한다. 교회당은 되도록 저들의 수준에서 짓도록 하지만 그러한 일도 먹고 살기 힘든 사람들에게는 부담이 될 수 밖에 없다. 아무리 심플하게 교

회당을 마련한다 해도 건축자재를 준비해야 하고, 시간을 내서 건축을 감독해야 하고, 이 모든 것이 돈과 시간이 연계되어 있기에, 저들에게는 여간 부담이 되

지 않는 일이기에 도움을 주어야 한다.

　이러한 일을 위해 선교사는 자주 마을을 방문하고 격려하고, 재정을 마련해야 하는 상황에서 말씀은 뒷전, 일에 매몰되기 쉽다. 정부에서 지원하는 마을을 위해서 쓰도록 하는 자금이 마련되기도 한다. 사람들은 그 자금으로 교회당을 지을 자재를 모으고 시간이 나는 대로, 농한기를 기해서 교회당을 건축하려고 하지만 이 경우도 선교사의 시간을 많이 빼앗는 이유는 일일이 간섭하고, 지도해야 하기 때문이다.

　하루는 말씀을 준비하기 위해 성경을 펴는데 성경이 너덜너덜해진 것을 발견했다. "오 마이 갓" 성경 모서리를 온통 쥐가 뜯어 먹은 것이다. 정글은 쥐가 많기로 유명하다. 나의 성경은 한국의 한 성도의 도움으로 인도네시아 성경을 가져다가 한국에서 가죽으로 표지를 바꾸고 지퍼가 있는 성경으로 특별 제작한 것이기에 내가 늘 아끼는 성경인데 쥐가 가장자리를 뜯어 먹고 지퍼가 벌렁거리고 있는 것이다. 정글에는 쥐가 극성스러워 집안에 둔 물건들을 물어가서 없어지기 일쑤이고, 갉아먹어 못쓰게 되는 경우가 흔히 있다. 성경뿐만 아니라 나의 가죽신발까지 갉아먹어 버려 구멍이 뚫리는 경우도 있었다. 심지어는 아내와 연애시절 보내온 러브 레터들이 모두 없어져서 확인해 보니 쥐가 물고 가서 자기들의 둥지를 만들고 있었다. 나는 이러한 일련의 일들을 당하면서 내가 많이 회개할 일이 있다고 생각했다. 말씀 보는 일에 너무 게을렀었다는 것과 정글 사역을 위해 다녀야 될 나의 발이 건물을 짓는 데만 사용되었다는 것을 깨달았다.

우리 선교사들이 빠지기 쉬운 함정은 바로 프로젝트 개발에 너무 많은 시간과 경비를 사용한다는 것이다. 선교는 보이는 것으로 하는 것이 아니라 '하나님 말씀과 능력으로 하는 것이다'는 것을 더욱 실감하게 한다. 예수님이나 바울이 보여준 선교의 성패는 기도의 능력이었다는 것을 깨닫게 된다. 이러한 기도의 무장, 말씀의 무장, 사랑의 무장 - 이것들은 돈으로 살 수 없는 것들로 이것들을 선교의 핵심무기로 삼을 때가 되었다고 생각한다.

무뎌가는 열정

열대지방에서의 사역자들은 영성의 문제 해결을 위해 부단히 힘들어 하고 계속해서 자신과 싸움을 하게 된다. 바쁜 일정을 소화해내는 과정 속에서 영성 증진을 위해 고민하지 않을 수 없다. 기도 시간을 갖는 일, 언어가 다른 말씀을 이해하고 은혜를 받는 일, 특별히 사역자들은 전하면서 받아야 할 은혜를 많이 놓치는 경우가 있다.

정글의 삶이 오래 지속하다 보면 게으름, 초심 정신력의 퇴보를 경험하게 된다. 정신적 퇴보란 정글 사람들과 같이 오래 살면 살수록 그들의 수준으로 내려가면서 그들이 사용하는 언어, 그들 수준의 삶의 모습 등을 따라가다 보면 자신도 모르는 사이에 처음에 가지고 있었던 자신의 모습을 잃어버리고 현장의 모습으로 변하게 되는 것을 발견한다.

내가 본 수많은 서양 선교사들은 현지 사람들의 모습을 많이 닮게 되므로 어떤 면에서는 대단한 희생이요 훌륭하게 보이면서도 어떤 면에서는 활기를 잃어버리는 모습 때문에 현지인들에게 새로운 아이디어나 배움을 제공하지 못하는 경우가 많다는 것이다. 그래서 오지의 선교사일수록 전략적 안목과 발전적 패기와 지역 복음화의 열정을 재개발해야 할 필요가 있다고 느꼈다. 사역 중간에 안식년을 갖는 일, 연구활동을 하는 일 등이 저들을 깨우고, 자신을 돌아볼 수 있는 좋은 기회이며 자신의 발전을 도모할 수 있을 길이 될 수 있다.

현지에 일꾼이 부족한 이유 중 또 다른 이유는 현지 사역자들 중에 열성, 희생을 각오하는 사람들이 있지만 경제 조건만은 해결할 수 없는 상황이라 중도 포기를 하고 만다. 현장의 목회자들 또는 전도자들의 길을 스스로 가려는 사람들의 가장 큰 장애물은 역시 경제적 후원자가 없다는 것이다. 현장에서 사역만을 하면서 살 수 있는 방법을 찾을 수가 없이 가난한 환경이 발목을 잡는다. 그래서 많은 사역자들이 농사짓고 나무를 잘라 팔고, 고무액을 채취하여 시장에 팔기도 하지만 그렇게 되면 주의 일을 할 수 있는 시간적, 정신적 여유가 없어진다는 것이다.

돼지 전도사

"돼지 전도사"란 말이 있다. 바로 내가 정글 사역을 하면서 만든 말이다. 정글 속에는 많은 짐승들이 살고 있지만 이중 가장 많이 분포되어 있는 동물은 역시 야생 멧돼지이다. 소도 키우는 사람들이 있지만 소는 정글 풀들이 억세고 나무가 많기 때문에 쉽지 않을 뿐만 아니라 열대지방 쇠고기의 맛은 별로 인기를 끌지 못하고 있다. 때문에 멧돼지(정글 돼지)나 집에서 집돼지를 기르는 집이 많다. 돼지는 단백질을 얻을 수 있는 가장 인기 있는 동물이다. 정글 속에 덫을 쳐 놓게 되면 지나가다가 위험한 경우를 만나기도 한다. 정글 속 길을 가다 보면 돼지를 잡기 위해 덫을 만들어 놓은 곳이 있다. 그 덫이 돼지를 잡아야 하는데 사람을 잡는 경우가 종종 있기 때문에 조심해서 길을 걸어야 하는 경우가 있다. 그 덫에는 화살을 만들어 돼지가 지나가면 돼지를 향한 화살이 돼지를 맞추게 되는데 그 화살 끝에 독이 칠해져 있어 돼지가 맞는 즉시 도망가다가 중간에 죽게 된다. 사람들은 화살을 맞은 돼지가 하루 이틀이 지나면 이미 열대지방의 더위로 많이 부패되어 있지만 그것이 단백질이 분해되고 숙성이 되어 오히려 맛이 더 좋다고 한다.

다약 사람들은 개인적으로 총을 만들어 밤에 수렵을 하는 경우가 있다. 돼지들이 자주 나타나 물가에서 개구리를 잡아 먹기 위해 밤에 출몰한다는 것이다. 그러한 돼지들이 잘 모이는 곳에 숨어 있다가 총으로 돼지를 잡게 되는데 이 돼지로 온 동네사람들이 잔치를 벌이는 경우가 많다.

그런데 왜 이 돼지들이 전도사라고 불러야 할까? 복음전파에 가장 많은 도움을 주는 동물이기 때문이다. 우리가 잘 아는 대로 이슬람 사람들이 먹어서는 안되는 대표적인 고기가 돼지고기이다. 가장 중요한 금기 사항은 돼지고기를 먹거나 만지지 않는 것이다. 구약에서 유대인들에게도 대표적인 부정한 동물이 돼지이다. 수많은 다약 마을들이 이슬람으로 개종하지 않는 중요한 이유는 바로 돼지고기를 먹지 말아야 하는 커다란 부담 때문이다. 최근에는 외부의 영향력으로 또는 경제적인 이유로 이슬람으로 개종하는 사람들이 늘어나고 있지만 조상 때부터 먹어온 전통적인 음식인 돼지고기는 포기할 수 없다는 것이 개종 불가의 이유이다.

'다약족' 하면 돼지고기가 생각날 정도로 돼지와 친근한 삶을 살고 있고,

전통 때문에 다른 어떤 고기와도 비길 수 없는 것이 돼지고기이다. 잔치하면 무조건 돼지를 잡아야 하는 상황 속에서 저들에게 다른 대체 고기를 찾기 힘들다. 저들의 강한 풍습에서 돼지고기를 먹지 못하게 한다는 것은 저들에게 있어서는 삶의 즐거움을 빼앗는 것이나 마찬가지이다. 그래서 다약 사람들을 위한 우리의 선교 사역에 없어서는 안 되는 '돼지 전도사'가 된 것이다.

제4장

복음의
수신자

듣지도 못한 이를 어찌 믿으리요
(롬 10:14)

복음을 들어야 할 사람들이 복음을 "듣지도 못한 이를 어찌 믿으리요"라고 한 바울의 질문식 한탄은 복음을 듣지 못한 사람들의 책임이 아니라 그 복음을 전해주는 사람의 책임이라고 말하고 있다. 저들의 수준에 맞는 복음을 준비하고, 가장 적절한 방법을 사용하여 저들이 듣도록 하는 일은 커뮤니케이션의 핵심 가치이다.

수신자들에 관한 연구가 말씀 연구에 못지않게 중요한 것은 말씀이 그들에게 이해될 수 있도록 하기 위한 연구이기 때문이다. 한편, 수신자에 대한 관심, 수준, 세계관, 문화를 연구하여 저들의 삶 속으로 들어가 저들과 만나게 될 때 비로소 저들은 주님의 사랑을 체감하게 될 것이다.

복음을 들어야 할 사람들은 어디나 있지만 뱀 모양으로 구불구불 흐르는 거대한 까쁘아스 강가에 집들을 지어놓고 강물에 배를 띄어 강을 따라 행선지를 가며, 물위에 작은 집을 지어 놓고 목욕하며, 빨래하며, 그곳에 화장실로 사용하는 자연과 더불어 살아가는 사람들은 세상에서 가장 행복한 사람들처럼 보였다. 그들에게 복음을 전하는 선교사가 덩달아 행복을 느끼는 것은 그들의 복음에 대한 열망과 반응 때문일 것이다.

1. 누구든지 주의 이름을 부르면

하나님의 사랑은 제한적이지 않다. 요한복음 3장 16절에 "하나님이 세상을 이처럼 사랑하사" 하신 세상에는 모든 인류가 포함된다. 로마서 3장 9-10절에 "유대인이나 헬라인이나 다 죄 아래 있다고" 선언했고, "의인은 없나니 하나도 없으며 깨닫는 자도 없고 하나님을 찾는 자도 없고" 하신 말씀을 보면 모든 사람들이 하나님의 사랑의 대상이지만 모든 사람들은 또한 죄 때문에 형벌의 대상이 되기도 한다는 말씀이다. 로마서 3장 29절에 "하나님은 다만 유대인의 하나님이시냐 또한 이방인의 하나님은 아니시냐 진실로 이방인의 하나님도 되시느니라." 하나님은 모든 민족에게 공평하신 분이시다는 말씀이다. 이 사실을 안다면 우리는 어떤 자세로 선교지 현장으로 가야 할 것인가와 선교의 대상은 그 어느 사람도 제외될 수 없다는 사실을 깨닫게 된다. 로마서 10장 13절에도 "누구든지 주의 이름을 부르는 자는 구원을 받으리라"고 분명한 언어로 말하고 있다. 문제는 저들이 듣지 못하면 믿음을 가질 수 없다는 것이다. 복음을 전해 주지 않는 사람에 대한 책임도 있지만 복음을 메시지로 요리해서 저들의 입맛에 맞게, 그리고 영양을 고려하는 음식을 마련하는 것도 요리사의 책임이라는 말씀이다. 그렇다면 들어야 할 사람들에 대한 충분한 연구가 동반되어야 듣는 자들이 깨닫고 반응할 수 있는 기반을 마련해 줄 수 있는 것이다.

현대 신학교육의 문제점은 복음을 신학적 학문으로 정리하는 과정에서 영의 양식으로서의 말씀을 연구하는 데는 충분한 시간을 투자하고 있지만 우리가 전해야 할 복음의 대상자, 수신자에 대한 연구는 너무 빈약하기 때문에 말씀이 저들의 메시지가 되어 저들의 귀에 이해가 되게 하고, 결단을 하게 하는 일에 등한시하고 있는 것이 현실이다. 많은 신학도들이 목회 현장으로 가면 성경을 다시 연구해야 한다는 이야기를 한다. 신학교에서 배운 말씀이 목회 현장에 적용되기까지는 거리가 있다는 말씀으로 들린다. 선교 현장에서는 더욱 그러한 괴리를 느끼는 것은 복음의 대상자를 잘 모르고 있기 때문이다. 그들의 문화의 배경, 그들의 언어 구사력, 그들과 삶을 같이 하는 자세 등, 밭이라고 불리는 선교지 토양에 맞는 곡식을 선택하고, 심고, 가꾸는 방법을 연구하는 일은 선교 사역에서 절대적으로 필요한 선교 커뮤니케이션 전략을 세우기 위해서도 정말 중요한 과제이다.

추수 신학

피터 와그너(C. Peter Wagner)는 '추수 신학'(Theology of Harvest) 원리라는 것을 이야기한다.[1] 추수의 원리는 늘 예수님이 비유로 말씀하셨듯이 선교

---

1   C. P. 와그너, 명성훈 역, 『교회 성장 전략』(나단 1992), pp.59-69.

란 씨를 뿌리는 농부의 역할과 같다는 것이다. 여기서 와그너의 추수 신학을 참고해서 나의 생각을 몇 가지로 적어본다.

먼저, 농부는 파종의 원리를 생각해야 한다. 토양에 맞는 씨(말씀)를 선택하는 것이다. 물론 말씀은 늘 변함없지만 어떤 말씀이 그 토양에 맞는가, 그리고 어떠한 방법으로 뿌려야 하는가를 연구하는 것은 농부의 책임이다. 마태복음 13장 1-23절에서 밭의 종류를 예수님께서는 네 가지로 분류해 놓으신 것처럼 밭의 상황에 따라 씨를 선택해야 한다면 토질에 맞는 씨를 뿌려야 열매를 거둘 수 있게 된다. 이러한 과정을 선교 전략이라고 부를 수 있을 것이다. 전략이 없는 선교는 시간 낭비, 자원 낭비 등 하나님께 대한 책임을 다 하지 못한 결과를 초래할 수 있다. 토양에 맞는 씨의 선택, 토양에 맞는 방법을 찾는 것은 농부가 가져야 할 첫 번째 전략이다.

두 번째 농부의 일은 가꾸는 일이다. 심어만 놓고 가꾸는 일을 등한시한다면 그는 무책임한 농부이다. 풀을 뽑아 주고, 비료를 적절한 시기에 적절한 양을 주어야 하고, 수분이 필요할 시에는 수분을 공급해야 하는 것이다. 선교도 마찬가지로 이러한 과정을 통해서 심어놓은 곡식에 대한 관리가 필요하다. 자신이 못한다면 다른 사람을 세워 관리하도록 해야 한다. 은사에 따라 어떤 이는 선교사로서의 씨 뿌리는 역할, 현지의 목회자로서 물을 주며 가꾸는 역할을 하도록 만드는 일이 필요한데, 결국은 하나님께 햇빛과 공기와 영양분과 수분을 공급하셔야만 곡식이 자라날 수 있다고 한다면 우리가 하나님의 능력을 늘 간구해야 하는 것은 당연한 것이고, 하나님의 영광을 위한 사역이 바로 영혼 구원의 사업이라는 생각으로 가득 차야 한다. 선교는 사람들과 동역과 함께 하나님과의 동역으로서 비로소 완성이 된다 (고전 3:5-9).

세 번째 원리는 추수이다. 추수 때를 놓치지 말아야 한다. 때를 놓치면 알곡들이 땅에 떨어지고 만다. 때문에 추수 때를 놓치지 않기 위해서는 농부들에게는 긴장해야 할 것이고, 적기에 추수하면 사람들은 큰 기쁨의 순간을 맞게 될 것이다. 칼리만탄의 정글 사역은 추수의 사역이라고 말할 수 있을 만큼 이곳 저곳에 교회들이 설립되고 사람들이 교회로 향하는 모습을 보게 되면서 일꾼이 부족하여 추수의 시기를 놓치지 않을까 하는 염려를 많이 해야 하는 곳이다.

추수의 대상자

복음의 수신자는 복음을 들어야 할 사람들을 말한다. 복음을 씨로 비유하셨다면 복음을 들어야 할 사람들은 밭이란 말로 표현하셨다. 씨를 뿌리는 사람을 농부라고 불렀고 추수할 것은 많은데 일꾼이 부족하다고 제자들에게 한탄하셨다. 그러므로 "추수하는 주인에게 청하여 추수할 일꾼들을 보내 주소서"라고 기도를 부탁하셨다(마 9:38). 하나님은 추수하는 주인으로 비유하셨다.

커뮤니케이션에서 발신자는 곧 말씀(메시지)의 원천이 바로 발신자의 위치에 있기 때문에 말씀을 제공하시는 분은 바로 하나님이시고, 우리는 그분의 일꾼에 불과하기에 늘 하나님 앞에서 말씀을 연구하고 배우는 자세가 중요하다. 우리는 종에 불과하다.

예수님께서 종의 자세에 대해서 누가복음 17장 7-10절에서 이렇게 말씀하셨다. 하루 종일 밭에서 일을 하고, 집에 돌아와 주인의 저녁을 준비해 놓고 "이와 같이 너희도 명령 받은 것을 다 행한 후에 이르기를 우리는 무익한 종이라 우리가 하여야 할 일을 한 것뿐이라 할지니라."

이 말씀에서 보면 종의 자세는 오직 주인을 위한 충성된 마음만 있어야 한다는 것이다. 종으로서 말씀이 준비된 사람들이 메시지를 들고 청중에게로 다가가는 것인데 그것을 씨 뿌리는 자로 비유하셨다면 그 농부는 토양에 맞는 씨를 준비하는 데 충성됨을 보여야 한다.

씨 뿌리는 비유를 선교적인 입장에서 연구해 볼 필요가 있다. 마태복음 13장에 네 종류의 밭에 대하여 말씀하고 계시다. 이 밭은 복음을 받아들이는 개개인의 심령을 말하는 것으로 이해가 되지만, 한 편으로는 선교지 사람들의 심령, 또는 선교적 상황에 비견될 수 있다.

그 첫째가 길과 같은 토양을 생각해 본다. 길이 아닌 길을 사람들이 지나다니면 길이 만들어지게 된다. 사람들이 다니기 때문에 당연히 그 길은 단단해질 수 밖에 없는데 그 길 위에 씨를 뿌리면 씨가 땅에 묻힐 리가 만무하다. 때문에 씨는 겉으로 돌고 그 씨는 새가 먹어 버릴 것이다. 그러한 땅은 전통적인 기독교인들의 심령을 말할 수 있을 것이다. 그들은 수 없이 많은 말씀을 듣지만 복음에 대한 감동이 없고 전통만을 고집하는 경우이다.

'악한 자', 즉 마귀가 저들의 귀에 늘 속삭이는 말이 있는데 그것은 적당히 믿으라는 것이다. 이름만 걸면 된다고 말한다. 바리새인들은 늘 말씀(율법)의 순종자들로 스스로를 평가하지만 예수님이 보시기에는 말씀을 겉도는 자들로 생각하셨다. 남미의 가톨릭 신자들을 보면 오랜 세월이 지나갔지만 기독교를 자신들의 전통과 함께 혼합종교로 만들어 버렸다. 이러한 부류의 사람들은 재복음화가 필요하며 그곳은 분명 거대한 우리의 선교지임에 틀림이 없다. 저들을 위한 재교육 프로그램이 필요하다. 복음의 선진국, 선교의 종주국들, 서방국가들이 이 카테고리에 속하게 된다면 저들도 우리의 또 다른 선교지가 아닐 수 없다.

두 번째 종류의 밭은 돌짝밭이라고 말씀하셨다. 밭에 돌들이 많다 보니 흙이 얕아 씨가 제대로 뿌리내릴 수 없다는 것이다. 주님의 설명은 환란이나 박해가 일어나면 쉽게 넘어진다는 것이다. 이러한 모습은 세계 여러 곳에서 일어나고 있는 상황에서 목격된다. 마귀는 핍박을 통해서 현장의 기독교인들은 물론이요, 사역자들까지도 핍박을 가하는 선교지가 많아졌다. 핍박의 당사자는 누구인가? 종교 체계와 정치 체계가 기독교의 성장을 막거나 뿌리째 뽑아 내려고 애를 쓰고 있다. 중국을 예를 들면, 정치가 기독교를 심하게 핍박하는데 뿌리가 깊지 못한 신앙인들은 쉽게 뽑힐 것이고, 그 가운데서 뿌리가 깊은 신앙인들을 1949년 공산주의 치하에서도 견뎌냈고, 공산주의 치하에서 수많은 지하 교회들이 탄생시켰고 삼자교회들이 공식적으로 세워져 엄청난 숫자의 기독교 인구의 증가를 보아왔기에 최근 신 공산주의자들에 의해 고난을 받고 있다면 다시 한번의 영적 부흥을 기대해 볼 수 있지 않을까 생각한다. 이미 많은 훈련을 받아 온 저들은 계속 잘 이겨 내거나 초대교회처럼 핍박을 피해 복음을 들고 전 세계로 흩어질 가능성이 있다고 보는 것이다. 하나님은 핍박을 통해서 성도들을 강하게 해 오셨기 때문이다.

셋째가 가시떨기라고 말씀하신다. 가시떨기나무가 많은 곳이란 "세상의 염려"와 "재물의 유혹"이 저들의 신앙을 방해하는 곳이다. 그곳은 바로 물질만능주의, 세속주의 등 세상을 즐기고 세상과 타협하는 교회를 말한다. 냉전 시대에서는 공산, 자유로 분명하게 갈라 놓았고 철의 장막 속에서 수많은 기독교인들이 박해를 당해 왔지만 이 모든 국가들이 복음의 자유를 얻었으나 더 큰 문제는 이들의 핍박 가운데 얻은 신앙을 세속주의에 쉽게 팔아 버렸다는 것이다. 시대적으로 교회가 물질 만능과 세속에 함몰되어 버린 경향이 많이 있다. 이러한 세속적 문화 속에서 살아 남을 수 있는 방법은 오직 복음의 본질로 돌아가는 일과 하나님과의 교제 속에서 삶을 꾸려 나갈 수 있는 강력한 영성, 그리고 세속에 물들어 있는 다음 세대를 위한 부모들의 책임 있는 기도와 교육이 필요한 시대이다. 현 시대의 세속화된 땅, 이곳은 가장 어려운 우리의 선교지라 말할 수 있을 것이다.

넷째가 좋은 땅이라고 설명하셨다. 그래도 희망을 거는 것은 세상에는 아직도 좋은 땅이 있다는 것이다. 뿌리는 대로 나오고 복음의 감수성이 강한 곳이다. 그러한 땅에서는 기회를 포착하여 현지인들이 훈련되어 자국의 책임을 질 수 있도록 하는 것이 선교 전략이다. 이 기회를 놓치면 결국 외부 사람들이 와서 많은 가라지를 뿌려 놓고 간다고 말씀하셨다. 저들의 심성은 너무나 착하기 때문에 쉽게 가라지를 수용할 수 있다는 것이다. 아니면 사탄은 좋은 것(물질, 개방, 세속적 유혹)으로 교회들을 망가뜨리고, 성도들을 포로로 잡아가는 경우가 있다는 것이다.

위에서 언급한 처음 세 가지 종류의 문제의 땅들을 어떻게 해야 할 것인가. 포기할 것인가, 피해야 할 것인가 아니면 고도의 전략을 가지고 들어갈 것인가, 아니면 하나님께 문이 열리도록 기다려야 할 것인가? 그러나 분명한 것은 포기는 안된다. 하나님께서는 이들을 위해 기경(起耕)해서라도 열매를 맺기를 원하고 계시다. 돌과 가시 떨기나무를 제거해야 하고 그 위에 지혜롭게 씨를 뿌리는 작업을 해야 할 것이다. 공개적으로 선교사의 신분으로 일할 수 없는 곳을 '창의적 접근 지역'이라고 한다면 그곳에서는 전략적 접근이 필요하다.

오늘날 우리의 신분을 숨기면서 들어가야 하는 곳이 너무나 많아졌다. 작은 씨를 돌 짝 사이에 뿌려 놓지만 그 겨자씨 만한 작은 씨가 결국은 하나님의 기적으로 큰 나무가 되어 새들이 깃들리라는 말씀처럼 하나님의 기적

을 기대하면서 그곳에 맞는 전략을 만들고 전문적 훈련을 받은 농부들을 배치하고 계속 기경하고 심다 보면 추수의 날은 오리라고 믿는다. 문제는 많은 선교사들이 핍박을 감수하지 못하기에 험지는 피해서 기독교가 강한 곳으로 가기를 좋

아한다는 것이다. 네 종류의 밭, 모두가 우리의 선교지이며 우리를 필요로 하고 있다.

정글의 추수기

정글에서의 추수란 우리가 생각하는 개념과는 전혀 다르다. 쌀을 주식으로 하는 다약 사람들은 자연 속에서 조상들이 해 오던 식으로 특별한 기술 없이 농사를 짓기 때문에 소출이 많이 나오지 않는다. 이러한 전통적인 밭에서 사역해야 하는 주의 종들은 복음뿐만 아니라 삶의 질을 높이기 위해서도 저들에게 아이디어를 제공하는 일도 해야 한다. 아이디어가 아주 간단한데도 저들의 머리 속에는 방법이 떠 오르지 않는 이유는 저들의 삶이 외부와 단절되어 있고, 저들의 조상으로부터 받은 전통에만 의존하기 때문이다. 시간만 있다면 저들 속에 들어가 같이 농사를 지으면서 삶의 질을 높일 수 있겠다는 생각이 많이 들지만 저들을 위한 복음 전파도 시급한 상황이다 보니 삶의 질을 생각할 겨를이 없다. 마치 최근 한국에서 보면 귀농한 사람들은 많은 돈을 들이지 않고도 자신들의 아이디어를 가지고 농촌을 개발하면서 환경을 아름답게, 편리하게 만들어 놓는 것을 보면 교육, 아이디어 개발이 얼마나 중요한 가를 말해 주고 있다.

매년 9월만 되면 농부들은 야산을 불 태워 잿더미를 만들고 그 재를 거름 삼아 그 위에 씨를 뿌린다. 불에 타다 남은 떨기 나무들, 타다 남은 등골 등 어지럽게 흩어진 나무 그루터기와 흙더미 위에 밭벼의 씨를 뿌리게 된다. 저들은 대부분 화전민의 삶을 사는 것이다. 그 씨는 그냥 뿌리는 것이 아니라 대나무로 한 사람은 땅에 구멍을 뚫고 한 사람은 씨를 그 구멍에 넣게 되는데 흙으로 덮지 않고 그냥 두는 이유는 비가 오는 시기인 10월에 거센 빗방울이 자연스럽게 그 구멍을 메우면 그곳에서 벼의 싹이 나오게 하는 방법이다. 이렇게 심어놓은 밭벼는 3, 4월이 되면 거두게 되는데 우리처럼 기계를 이용하는 것이 아니라 벼 이삭 하나 하나를 잘라 등에 지고 있는 바구니에 담게 된다. 보통 씨를 뿌리면 성경 말씀대로 30배, 60배, 100배로 수확을 얻을 수 있어야 하는 것이 정상적인 수확인데 벼 한 가마니를 뿌리면 거두는 것은 다섯 가마 정도로 보면 맞는 것 같다. 그것은 소출이 5배에 불과하다는 것이고, 많은 경우 씨로 사용되는 벼가 너무 많이 소요된다는 것이다.

4월, 추수가 끝나는 때는 집집마다 맛있는 밥을 지어 놓고 초대를 하곤 한다. 추수 때는 그동안 배고픈 수 개월의 배를 채우는 풍성한 계절이다. 밥 자체만으로 충분한 끼니를 때우는 저들은 손님이 왔다고 설익은 나무 열매를 따서 소금을 넣어 국을 만든 간단한 음식으로 대접을 하곤 한다. 저들이 차려놓은 밥을 먹으려니 신경이 쓰이는 부분이 한두 가지 아니다. 그것은 집이 나무 기둥을 세워 만든 집 위에 대나무로 엮어 만든 바닥 밑으로는 보이는 돼지 떼들이다. 밑으로 떨어지는 찌꺼기를 얻어 먹기 위해 기다리는 돼지들이 소리를 내면서 냄새를 풍기게 되는데 그 위에는 대나무로 만든 깔판을 깔아 놓으니 밥을 먹으면서 돼지 떼가 꿀꿀대는 소리와 냄새를 같이 맡으며 먹어야 하는 상황이 벌어진다.

저들은 전통적으로 집은 나무 기둥 위에 세워 긴 한 지붕을 만든 기다란 집(정글 아파트?)에서 수십 가구가 같이 사는데, 그 밑에는 돼지, 닭, 개 등 짐승들이 같이 살고 있는 것이다. 그 구조를 그렇게 만든 이유는 비가 많이 오는 정글에는 물이 차기 때문이고, 각종 짐승떼의 침범을 막고, 더 큰 이유는 저들의 조상들이 다른 부족들과 싸움이 벌어질 때 별안간 공격해 올 때를 대비해서 싸움에 대항할 수 있는 힘을 귀합하기 위해서이다. 때문에 이 긴 집에 올라오는 사다리는 하나 밖에 없는데 이 사다리를 밤마다 걷어 올려 적이 들어오지 못하도록 만든 구조이다.

이렇게 추수 때가 되면 모든 배고프던 '보릿고개'의 시간을 보냈으니 모두가 신나고 또 우리와 같이 손님이 오면 마음껏 대접하려는 가을 민심이 풍성한 계절이다. 이집 저집에서 초청이 끝나면 같은 때에 다른 집에서 초청을 하는 경우가 있어 한 끼에 식사를 세 번이나 초대받는 경우도 있다. 이러한 저들의 대접을 정중하게 받아 주면 저들이 그렇게도 기뻐하는 모습은 우리의 옛날 시골의 모습을 보는 것 같았다.

저들의 마음을 사기는 아주 쉽다. 그것은 저들이 제공하는 음식을 맛있게 먹어주는 것이다. 그리고 즐기며 맛이 있다고 칭찬해 주는 것이다. 이러한 작은 일에 소홀히 하게 되면 아주 단순한 생각을 가진 저들의 마음에 상처를 주는 경우가 된다. 한 번 접대를 거절하면 저들은 교회도 안 나오게 되는 경우를 보게 되는데 그야말로 밥 한 그릇에 한 영혼을 잃을 수도 있고 얻을 수도 있다고 하겠다.

지금도 칼리만탄이 분명한 영혼의 추수의 한 가운데 머물러 있다고 본다면 "때가 지나가기 전에 어서 추수합시다"라는 찬송을 불러야 할 때이기도 하다.

2. 청중 제일 주의

청중 제일 주의란 무엇인가? 청중을 위해 메신저가 존재한다고 생각을 하고 메신저가 청중을 의식하고 그들의 지식 수준과 필요, 관심, 문화 등을 고려하면서 말씀을 준비해야 한다는 것을 말한다.

우리의 복음 전파 사명은 청중을 우선시하는 데서 그 역할을 감당할 수 있다. 마치 학생이 선생님을 위해 존재하는 것이 아니라 선생님이 학생을 위해 존재하는 것처럼 학생이 교육 내용에 대한 관심과 이해력을 갖도록 하는 것은 선생님의 책임이라는 것이다. 그렇게 되면 자연히 메시지를 준비하는 과정이나 메시지 전달 방법에 대해서 시간을 투자하여 연구하게 되고, 특별히 청중인 학생들에 관한 충분한 지식을 갖기 위한 노력이 필요하다.

커뮤니케이션에서의 청중의 위치는 어디에 있는가? 발신자가 자기의 메시지를 전달하기 위해서는 그 메시지를 받는 사람들의 계층에 어떤 성격의 그룹이 있는지를 아는 것은 기본이다. 이러한 청중을 알아가는 과정은 의식 또는 무의식적으로 이루어지며, 청중의 위치를 확인할 때에만 비로소 올바른 메시지를 전할 수 있게 된다.

메시지의 기획이 이루어져야 한다. 청중의 계층을 구분하여 구별된 어떤 부류의 사람은 공통적인 관심과 욕구에 따라 메시지를 기획하여야 한다. 매스컴의 경우 어느 시간대에 어느 연령 계층이 많이 시청하고, 어느 부류의 사람들이 선호하는가 등의 청중의 계층을 구별할 수 있다면 성공할 확률은 크게 증가하게 된다. 반응적 지적, 청중의 분석, 메시지에 대한 이해도, 견해의 변화가 같은 것을 측정하고 분석할 수 있는 방법을 구상하여 더 좋은 커뮤니케이션 방법을 강구해야 한다. 그러므로 매스컴에서 청중에 대한 리서치는 필수적인 과제이다. 이 '청중 제일 주의' 원리의 중요성에 대해 이해하기 위해서는 사람들의 인식 과정이 어떻게 형성되는지를 살펴보아야 할 것이다. 청중의 피드백(리플)을 얼마나 받느냐에 따라 내가 전하는 메시지에 대한 관심도를 측정할 수 있는 것이다. 최근에 유튜브 방송이 대세인데, 이 방송이 얼마나 많은 이들이 시청하게 하느냐에 따라 그 프로그램의 인기를 측정하게 된다.

이와 같이 청중 제일 주의와 매스컴의 관계는 절대적으로 복음전파의 위력을 가늠할 수 있는 척도가 될 수 있다는 것을 고려한다면 청중들의 관심에 관한 시장조사가 선행되어야 한다는 것이다.

예수님의 청중 관리

마켓리서치를 하는 이유는 소비자의 요구와 필요가 무엇인가를 이해하기 위해서이다. 이 리서치를 통해서 소비자의 입맛에 맞는 상품을 개발하고 공급하는 비지니스 계에서는 없어서는 안될 중요한 과정이다. 복음의 커뮤니케이션에서도 마찬가지이다. 청중을 이해하고 그들의 수준과 그들에 대한 관심, 그리고 그의 필요가 무엇인지를 알면 쉽게 그들에게 다가갈 수 있고, 그들을 이해시킬 수 있고, 그리고 그들을 감동시킬 수 있다. 커뮤니케이션에서 있어 청중은 고객이고 그 고객은 왕의 위치에 있다.

주님은 어떻게 하셨는가? 3년의 공생애 사역을 위해 30년을 기다리셨다. 30년간 무엇을 하고 계셨을까? 아버지를 도와 목수일도 하셨겠지만 주님의 율법에 관한 많은 지식을 터득하셨고, 각종 인간들의 삶에 관여하시고 관찰하셨을 것이다. 농촌, 어촌, 도시, 지방, 부요한 사람, 가난한 사람, 건강한 사람, 병든 사람 등 다양한 사람들을 만나시고 그들의 삶의 패턴을 익히 관찰하시고 아시고 계셨다는 것이 주님의 예화 속에 여실히 들어나고 있다.

사람들의 상황을 충분히 아셨던 예수님은 커뮤니케이션의 달인이셨다는 것을 요한복음 4장에서 찾아볼 수 있다. 요한복음 4장에는 초문화권 커뮤니케이션의 방법뿐만 아니라, 전도의 방법, 상담의 방법, 초문화권 접근법, 그리고 신학적으로 대단한 이슈가 된 예배의 새 시대 도래 등 다양한 교훈이 듬뿍 들어있는 말씀이다. 사마리아인은 혼혈이라는 이유 때문에 유대인들이 상대해 주지 않을 뿐더러 유대인의 멸시를 받고 있는 인종이다. 수가성의 우물가로 물을 길러 온 이 여인은 한 유대인이 그에게 말을 거는 것, 즉 "물을 좀 달라" 하신 예수님의 요청에 그는 귀를 의심할 수 밖에 없었다. "당신은 유대인으로서 어떻게 사마리아 여자인 나에게 물을 달라 하나이까?" 이러한 획기적인 접근법은 그녀의 관심을 끌기에 족했다. 이러한 접근으로 커뮤니케이션은 '관심노출'이라는 중요한 단계를 여셨다.

그렇게 계속적인 관심과 대화가 이루어질 수 있었다. 이야기는 순조롭게 진행되었고, 예수님은 이 여인의 필요로 하는 것이 무엇인지를 충분히 깨달으실 만큼 대화가 성숙해 갔다. 주님은 대화의 리듬을 깨서는 안된다고 생각을 하셨다. 주님이 바로 '생수의 원천'이라는 것과 그의 모든 갈증(사마리아의 차별대우, 그의 방탕한 생활의 불만족, 매일의 삶에 대한 싫증 등등)을 파악하셨기에 그 여인에게는 갈증을 해소해 줄 생수가 절대 필요하다는 것을 아셨다. 예수님이 바로 생수의 원천이심, 유대인과 사마리아인들에 기다렸던 메시아이심, 그리고 새로운 예배의 시대로 인하여 인종적 차별해소, 곧 남녀 차별없이 누구나 여호와 하나님 앞에 나올 수 있는 특권을 가지고 있게 될 것이라는 말씀이 그 여인으로 하여금 그녀와 대화하고 있는 분은 선지자 이상의 그 어떤 분, 곧 '메시아' 인 것을 깨닫게 된다.

메시아를 만났다는 사실과 확신만으로도 그녀는 마을로 들어가 대담하게 복음을 전할 수 있는 메신저로서 역할을 할 수 있었고, 그녀는 많은 사람들을 감동하게 만들 수 있는 확신 있는 메시지를 전하게 되었다. 그리고 그 여인의 말이 아니라 마을 사람들이 메시아를 직접 보고, 듣게 되었다는 것은 곧 제자가 되었다는 것을 말한다. 저들은 이렇게 고백한다.

"우리가 믿는 것은 네 말로 인함이 아니니 이는 우리가 친히 듣고 그가 참으로 세상의 구주신 줄 앎이라"(요 4:42).

이 말씀이야 말로 예수님의 제자가 된 확신 있는 말이요, 더 이상 인간의 말로 설득된 것이 아니라 예수님으로부터 직접 받은 말씀으로 만들어진 그들의 신앙을 고백이라는 것을 알게 된다.

전도는 바로 이 원리로 하는 것이다. 전달자는 단순히 예수님을 소개하는 자이고, 제자 됨은 사람을 따르는 자가 아니라 예수님을 따르도록 만들어 주는 것이다. 복음에 대한 확신, 예수님이 메시아라는 확신, 그 확신이 그녀에게 복음의 능력이 되었고, 그 확신은 그 여인의 사생활의 불신 요소들이 있음에도 불구하고 그녀의 말이 동리 사람들에게 먹혀 들어갔다. 이 제자들이 더 이상 청중이 아니라 복음을 전하는 메신저로 바뀌어지는 한 예라고 말할 수 있을 것이다. 그러므로 선교란 한 제자에서 다른 제자로 연결되는 과정을 말한다.

수신자에 대한 연구

한 지역을 공략할 때, 복음의 대상인 청중을 이해한다는 측면에서 선교사는 한 지역에 도착하면 먼저 사람들을 만나고, 지역을 다니면서 소위 현장 연구조사(research)를 위해 시간을 투자할 필요가 있다. 이러한 투자는 복음을 들어야 할 사람들을 알게 하고, 수신자를 잘 파악하면 소통에도 도움을 줄뿐만 아니라 어떤 프로그램을 개발하고 진행할 것인가를 결정하는 데 도움을 줄 것이다.

나는 첫 텀에서 스파욱 교회 목회를 위해 초청 받았지만 목회에 대한 관심보다는 주변 마을에 교회를 세우는 것에 관심을 가졌고, 그것이 선교사의 사역이라고 생각하게 되었다. 우선, 스파욱 교회에서 1년간 목회를 하면서 몇 가지 진단하는 시간을 가졌다. 먼저, 스파욱 교회의 영적 진단이다. 저들의 말씀에 대한 이해력, 말씀이 삶에 적용 능력, 지도자(제직들)로서의 사명의식, 주일학교 교사들의 교육에 대한 책임감, 여전도회의 역할 등을 면밀히 점검했다. 내가 발견한 것은 스파욱 교회가 너무 전통적인 모습이고 복음에 대한 이해력과 사명감이 부족하다는 것을 깨닫게 되었다. 그 다음 단계는 제직들과 함께 이미 세워진 주변 정글 교회들을 방문하는 시간을 가졌다. 교회는 있으나 목회자가 없고, 교회로서의 면모를 충분히 갖추지 못하고 있는 모습을 보면서 어떻게 영적 부흥과 체계를 갖추게 할 것인가를 계획하게 되었다. 조사를 통해서 교회 제직들의 신앙 수준과 사명의식을 알게되었는데 내가 할 일은 저들의 '우리만'이라고 생각하는 전통적인 생각을 바꾸어 선교적 생각을 하게 하는 일이 우선되어야 하겠다고 생각을 하고 교육프로그램을 개발해서 진행하게 되었다. 이러한 조사 기획을 향후 스파욱 지역에 교회를 갱신하고 세우는 일에 지도자들이 동역자로서 동원될 수 있겠다는 가능성을 보고 있는 것이다.

현장 조사는 교회 안의 모든 가능성을 가늠하기 위해서도 필요하지만 내가 전해야 할 청중들, 타깃 청중을 이해하는 데 크게 도움을 주기 때문에 선교 사역을 시작하기 전 적어도 일 년간의 시간을 투자할 필요가 있다고 보았다. 물론 사역을 하면서도 조사는 계획 진행이 되어야 하지만 공식적으로 내가 사역하고 있는 지역을 연구하는 일, 개인들의 신앙 자세를 점검하는 일은 적어도 선교의 초기에 이루어져야 할 중요한 과제인 것이다. 1) 지역상황 연구 2) 지역의 문화연구 3) 지역의 종교와 정치적 상황 연구 4) 교회의 수자와 역할에 대한 연구 5) 동역 가능성 발견 6) 선교사의 분포와 사역의 종류를 파악하는 일 7) 선교사가 할 수 있는 일, 현지인들이 할 수 있는 일 등을 구분해서 꼭 필요한 사역을 찾아내는 일은 향후 선교 사역 개발을 위해서 필요한 조사였다. 향후 개발하려는 사역이 반복되거나 중복투자를 피하기 위해서이다.

커뮤니케이션의 입장에서 볼 때 현장에서 예화로 사용될 수 있는 사회적, 문화적 요소들이 무엇인가를 찾아내는 일은 복음의 접촉점을 찾는 데 크게 도움을 줄 수 있다. 중요한 것은 선교사의 삶이 현지인들과의 접촉의 기회를 찾는 일, 그들과 동역 사역을 만들어 내는 일 등을 통해서 되도록 현지인들과의 친분을 쌓는 일을 위해 시간을 투자해야 한다는 것이다.

청중의 세계관의 변화

세계관이란 무엇인가? 세계관이란 한 사람의 삶의 가치관을 지탱하는 뿌리와 같은 것이라고 말할 수 있다.

짐 츄(Jim Chew)가 세계관에 대해서 잘 설명해 주고 있다. 세계관에 관한 그의 정의를 보면 "개개 문화 속에는 그 문화의 구성원들이 의지하고 살아가는, 사물을 바라보는 일정한 관점이 있다. 세계관은 종교적일 수도 있고 세속적일 수도 있다. 세계관은 하나님, 자기 자신, 인생의 의미에 대한 개인의 관점을 결정짓는다"[2]라고 말했다.

---

2   짐 츄(Jim Chew)는 네비게이토 싱가포르 디렉터로 섬기며 선교적 삶과 선교적 서적을 집필한 분이다. 저자의 『초문화권 커뮤니케이션 노트』에서 인용.

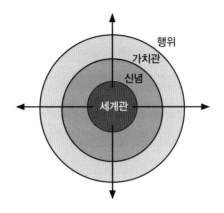

도표에서 보이듯이 세계관의 위치는 한 영혼의 중심에 자리 잡고 있으면서 그의 신념과 가치관을 형성해 가고 있고 그 가치관은 그 행동으로 나타나고 있다. 이러한 모든 총체적인 삶의 가치관이 문화라는 모습으로 나타나기 때문에 개종을 시킨다는 것은 한 영혼의 세계관을 바꾼다는 것을 의미한다. 세계관이 바뀌면 그의 모든 부수적인 것들은 자연히 변화를 가져오게 될 것이다. 이 세계관은 토속적인 종교가 될 수도 있고, 풍습과 관습이 만들어 내기도 한다.

사도행전 11장에서 베드로의 이방인에 대한 거부감은 오랫동안 그의 생각에 잠재되어 있었다는 것을 보게 되는데, 그것은 유대인의 세계관을 말해 주는 것으로 그 전통적인 선입관이 바뀌는 데는 많은 시간을 요하기도 할 뿐더러 성령의 강력한 도움이 없으면 불가능하다는 것을 말해준다. 기본적으로 세계관이 바뀌지 않은 상태에서 말씀을 듣게 될 때 그 말씀이 자신에게 향한 말씀으로, 또는 자기에게 필요한 말씀으로 소화해 내지 못하는 경향 때문에 변화하지 않는 자신을 발견하게 될 것이다. 그 결과는 '세속적 크리스천', '이름만 크리스천'이라는 별명을 달고 다니게 된다.

메시지는 복음의 핵심을 말하며 그 의미가 청중에게 정확하게 전달되어야 메시지가 메시지 역할을 하게 되는 것이다. 그러기 위해 메시지를 준비하는 발신자는 의도하고자 하는 내용을 분명히 파악해야 하고, 그 책임을 지기 위해서 성경 연구와 신학적 고찰 등 다양한 방법과 꾸준한 노력이 필요하다는 것을 계속해서 강조하게 된다. 전달자는 신학 공부는 물론이요 지속적인 말씀 연구를 위해서 진리의 영이신 성령의 도움을 받아야 한다. 예수님께서 제자들을 잘 훈련시키셨지만 육신을 입으신 주님은 시간과 공간의 제한성을 가지셨기에 하나님이 제공하신 시간인 3년이란 기간 동안 꾸준히 제자들을 스케줄에 따라 훈련을 시키시고 떠나실 때가 가까우신 때에 그들의 교육 수준을 고려했을 때 완숙한 교육은 지속되어야 한다는 것을 알고 계셨다.

주님을 따라 다녔던 제자들은 인류의 구원을 위한 하나님의 계획은 십자가를 지시는 것인데, 모든 유대인들이 그랬듯이 제자들도 십자가에 대한 이해가 부족했다. 예수님의 가르침에도 불구하고 저들의 이해부족으로 주님이 십자가를 지셨을 때 주님을 떠나는 모습을 보게 된다.

그 후 "이스라엘 나라의 회복"의 때를 묻는 제자들(행 1:6)을 보시면서 주님께서도 한심스러워하셨을 것이고, 성령이 아니면 이해가 불가능하다는 것을 주님도 아셨기에 "아버지께서 약속하신 것(성령)을 기다리라"고 말씀하셨을 것이다. 가장 가까이에서 예수님을 모셨던 수제자 베드로는 예수님을 부인했었지만 그는 성령을 체험한 후에야 예루살렘에서 지도자 역할을 감당하면서 놀라운 부흥의 역사를 경험하게 되었다. 시간이 많이 지나갔음에도 불구하고 고넬료의 집에서 그는 이방인에 대한 미성숙한 이해와 지식을 갖고 있었다. 다시 성령이 이방인에게 임하시는 것을 보고야 비로소 "이방인들에게도 성령 부어 주심으로 말미암아 놀라니"(행 10:45)라고 기록하고 있다. 이방에 대한 거부감, 이방인도 하나님의 구원이 이루어진 점에 대한 놀라움, 그리고 유대인의 전통적인 선입관 등이 작동하면서 주님의 지상명령에는 이방인도 포함되었다는 것에 대한 이해 부족이 고넬료의 가정에 내린 성령을 보고 비로소 해소되었다.

성령은 진리의 영이시며 말씀의 핵심을 깨닫게 하시며 전파자들이 말씀의 능력으로 사람들을 변화시키는 영이신 것을 사도행전이 말해주고 있다. 준비된 메시지는 전하는 자의 삶을 바꾸고, 생각을 바꾸고, 행동을 바꾸기까지는 많은 시간을 요하며 유대인이라는 전통과 문화 속에서 이해된 말씀은 그의 세계관이 바뀌지 않으면 결국은 겉으로 나타나는 행위도 바뀌지 않는다는 것을 말해 준다. 메신저의 삶의 변화 위에 메시지의 능력을 싣게 될 것이고 그 메시지는 수신자, 즉 청중이 변화되게 되어 저들의 생각과 삶의 뿌리라고 말할 수 있는 세계관에 변화가 오게 되면 결단이 이루어지는 것이다.

부적 태우기

청중을 이해한다는 것은 초문화권 선교사로서 저들 속에서 지속적인 사역을 위해서는 수시로 대화를 이끌어 내고 복음과 연결하는 과정에서도 필요한 것이다.

다약 사람들을 대상으로 한 나의 사역은 그들의 세계관과 그들의 뿌리 깊은 정령숭배 사상을 계속해서 연구하는 일이다. 가정마다 '지맛'이라고 부적을 걸어 놓거나 아니면 부적을 작은 병에 담아서 몸에 차고 다니면서 귀신으로부터 보호를 받는다고 믿고 있다. 그들은 들판에 갈 때나 타지방을 갈 때, 늘 두려움에 사로잡혀 있어 이런 부적이 저들을 지켜준다고 믿고 있는 것이다. 우리 팀은 종종 부적 태우기 행사를 한다. 세례를 받기 위한 조건으로서 그와 같은 옛 신앙을 포기하고 귀신과 관계되는 부적은 새로운 삶을 구가하기 위해서는 포기하지 않으면 안된다는 것을 말해준다.

조상들이 물려준 부적을 태우는 일은 저들에게 큰 부담이 아닐 수 없지만 예수님을 믿는 순간 저들의 전통과의 단절의 상징으로서 부적 불태우기에 참여하게 되는데 저들의 손으로 지펴 놓은 불에 부적을 넣을 때에 어떤 이들은 손을 부들부들 떠는 이도 있고, 기쁨으로 던지는 이도 있어 신앙의 차이를 보이기도 한다.

"달람 나마 예수스 달람 나마 예수스 아달라 꺼머낭안"

"예수 이름으로 예수 이름으로 승리를 얻었네"

찬송을 부르며 부적 태우기 행사를 진행한다.

저들의 섬겨오던 지맛을 태워

버리므로 오는 허전한 마음을 달래는 방법은 말씀과 기도로 채워 주는 일, 그리고 그들의 삶에 사랑으로 도움과 관심을 쏟아 주는 일을 통해 위로한다. 저들은 시간이 지나가면서 예수님께 속해 있는지를 확인해 주는 행동을 보인다. 보는 것을 믿던 사람들에게 보이지 않는 신앙을 소유하게 한다는 것이 얼마나 힘든 가를 깨닫게 하는 순간이다.

선교사의 중요한 태도 중 하나가 이야기를 들어 주는 것이다. 이야기 속에는 저들의 세계관이 숨어 있고, 저들과 대화 중에 나타나는 세계관의 변화가 있는가를 확인할 수 있는 기회가 되기도 한다. 그들의 삶의 이야기들 대부분이 정령숭배의 초자연적인 스토리들이 가득차 있다. 구약이나 신약이나 기적에 관한 이야기들이 많은 포함되어 있다. 복음을 전할 때 선택하는 많은 주제들이 기적에 관한 것들을 어떤 부가적 설명이나 해석 없이도 저들을 이해시키기는 데는 그리 긴 시간이 필요치 않다. 저들이 쉽게 받아들이고, 믿게 되는 것은 그들의 삶이 그러한 초자연적인 이야기로 가득 찼기 때문이다.

성경에 기록된 주님이 물위를 걸으신 이야기, 오병 이어의 기적, 각종 병을 고쳐주신 이야기, 자연을 꾸짖으신 일, 예수님의 동정녀 탄생과 부활의 이야기 등 모든 사건들을 어떤 주석이나 설명 없이도 쉽게 이해하고 믿음으로 받아들이는 것을 보면 저들의 세계관을 연구하면 어떤 메시지로 저들에게 신앙을 증진시킬 것인가 하는 방법을 찾는 데 도움이 된다. 저들과 삶을 공유하고 즐기는 것은 선교적 대화의 길을 여는 첩경이다. 저들과 맞장구를 치게 되면 마음이 순진한 저들은 우리와 쉽게 동화된다.

3. 청중에서 동역자로

바울의 개종자들은 늘 두 부류의 사람으로 구분된다. 하나는 단순 개종자로 주님의 제자로서 삶을 이어가는 사람들, 또 한 부류의 사람은 사역의 팀 멤버로서 그의 사역을 돕도록 하는 경우이다.

디모데와 같은 경우 아버지는 헬라인이었지만 외조모 로이스와 어머니 유니게의 어렸을 때부터 말씀으로 유대교식으로 양육을 받은 것을 보면 역시 가정에서 자녀의 신앙교육은 여성들의 역할이 큰 것 같다. 바울이 디모데를 볼 때마다 격려와 힘을 얻을 수 있는 것은 그의 신앙적 성숙이 바울의 선교적 비전이 맞아들어 갈 때 순종하는 태도를 보였기 때문이다. 이와 같이 신앙적 기본이 되어 있는 제자는 추가로 선교적 비전만 고취시켜 주면 화학적 관계를 잘 맺는 동역자가 되어 무슨 일이든 신뢰하며 맡길 수 있는 인물이 된다는 것이다. 디모데는 동역자 이상의 사람이었다. 그래서 바울이 그를 '내 아들'이라고 불렀던 것은 전적인 신뢰를 바탕으로 한 말이다. 선교지에서 이러한 사람들을 만날 수 있다면 큰 행운이지만 그렇지 못할 경우는 처음부터 개종시켜 신앙을 키워주는 말씀과 교육을 통과해야 하고, 그 후에 선교적 비전을 같이 공유할 수 있는 인물로 만들어야 하는 데는 많은 시간이 소요되기도 한다.

사도행전 18장에 보면 고린도에서 만난 아굴라와 브리스길라의 경우 바울의 자급자족을 위해 천막을 만드는 직업을 갖게 되었는데 그 직장에서 이 부부를 만나게 된다. 저들은 생업이 같을 뿐더러 함께 살면서 일을 하게 되었는데, 그 기회를 이용해 저들을 개종시켰을 뿐 아니라 저들이 복음의 동역자가 되도록 만든 것은 복음을 믿고 복음에 대한 반응자로서 신뢰받는 동역자가 만들어졌다는 것은 오늘 날에서 적용해야 할 선교의 중요한 과제이다.

복음의 수신자에서 복음의 메신저로

마태복음 28장 19-20절에 주님의 지상명령이 올바로 수행되게 하기 위해서는 제자 만들기의 완성에 대한 이해가 필요하다. 참된 제자도는 자신이 제자가 되는 것은 물론, 다른 사람이 제자가 되도록 하는 데까지 이르러야 한다.

주님의 지상 명령에는 "제자를 만들라"의 명령형이 중심이다. 그 다음 분사들로 구성되어 있다. "가서", "세례를 주고", "가르쳐 지키게 해서"는 분사가 결국 "제자를 삼으라"는 말씀을 이루어 나가는 과정으로 표현되어 있다. 한 제자를 삼아 가는 과정에는 먼저 저들에게 다가가는 과정이 필요하고, 공적으로 예수 그리스도를 고백하게 하는 과정(세례), 그리고 그들이 말씀에 굳게 서게 하기 위한 가르침이 동반되어야 참된 제자가 만들어지는 것이다.

한편, 한 제자가 또 다른 제자를 삶기 위한 재생산하는 일도 제자도 안에 숨겨져 있다. 바울의 사역을 면밀하게 살펴보면 한 영혼에게 복음을 전하여 제자가 된 후에 그와 함께 동역 관계가 만들어지면서 다른 사람들을 제자로 만드는 데 힘을 보태는 것을 보게 된다.

한편으로 주님의 지상 명령을 사역의 카테고리 별로 구분할 수 있을 것이다. "가라"는 의미가 선교사의 몫이라고 한다면 그는 아직 복음이 들어가지 않은 곳에 누군가가 가야 하는 개척자(선교사)의 역할이 있어야 한다. 개척은 아무나 할 수 있는 일이 아니다. 바울은 개척자의 기질을 가진 사람이다. 때문에 가는 곳마다 교회를 세우고 사람을 훈련시켜 세워진 교회를 맡기고 떠나는 개척자의 길을 계속해 나갔다. 그리고 그가 가지고 있었던 비전은 주님이 명령하신 "땅끝"인데 바울에게는 이 땅끝이 서바나(Spain)였다(롬 15:23, 28). 그의 전략적 머리는 로마에 도착하여 로마 성도들의 도움을 얻어 땅끝까지 가려는 계획이다. 이 도전은 그들이 믿는 자리에서 사역에 참여하는 자리에까지 가야 한다는 것이다. 그러한 과정 자체가 로마의 성도들에게는 '땅끝의 비전'을 갖게 될 것이고 자연스럽게 선교인을 만드는 과정이다. 그들이 도울 수 있는 것은 물질적 지원, 기도의 지원과 함께 동행하는 사역을 기대할 수 있었을 것이다.

"세례를 주라." 이 말씀은 선교사의 몫이라기보다는 선교사가 세운 교회의 지도자, 목회자의 몫이 되어야 한다. 선교사가 '토착 교회'를 세워야 한다고 강조하는 것은 바로 이런 이유에서이다. 토착 리더십, 자립을 위한 토착화, 전도 방법의 토착화가 이루어지면 그렇게 바로 자생 교회가 세워지는 것이다. 그러므로 양육에 관련해서 세례를 주는 사람은 그 토착 교회의 목회자가 되어야 한다는 것이다. 바울의 "그리스도께서 나를 보내심은 세례를 베풀게 하려 하심이 아니요"란 말은 복음전파에 그의 모든 역량을 쏟아 붓겠다는 말이다. 그것이 그의 사역적 부르심이었기 때문이다(고전 1:17).

그 다음에 "가르쳐 지키게 하라"란 말씀은 교육자의 몫이라고 볼 수 있다. 신학교 교수가 될 수도 있고, 작게는 주일학교 교사의 몫이 될 수도 있다. 그들의 사역은 사람들을 교육시켜 재생산의 몫을 감당하는 것이다. 때문에 선교지에서 메신저의 가장 중요한 사역 중 하나는 교육 사역을 통해서 재생산의 책임을 감당해야 한다는 것이다. 정글 사역은 한 교회를 세우는 것이 마치 도시에서 한 영혼을 구원하는 것처럼 쉬운 곳이라고 말할 수 있지만 늘 불안한 것은 교회의 숫자만으로 교회 또는 교인이라고 말할 수 있는가 하는 것이다. 숫자에 저들의 구원의 이야기를 포함시킬 수 있는가 하는 것이다. 필연적으로 교육을 통한 '제자 삼기'라는 별도의 사역이 따라와야 한다.

나는 1992년부터 싱가포르에서 사역을 하면서 베다니선교대학원[3]에서 강의해 왔는데 지금까지 거의 30여 년 동안을 강의를 해 오면서도 늘 필요한 사역이라고 생각하는 이유는 그곳에서 연구하는 학생들은 대부분이 아프리카와 동남 아시아에서 온 자국에서 선교 운동을 전개하고 있는 지도자

---

3 BIU(Bethany International University)라고 불리기 전에는 Bethany School of Missions라고 불렀다.

들이다. 이들은 이곳에서 1-2년 동안 석사학위 공부를 끝내면 자국으로 돌아가 소규모의 선교 훈련원을 개설하여 자국 선교사들을 훈련하는 사역을 하게 되는데, 언어나 문화 그리고 경비 면에서 큰 문제가 없는 자국 선교사를 배출해 내는 효과적인 사역의 기획자들이다. 지금까지 베다니 선교대학원을 졸업하고 자국으로 돌아가 선교 훈련 센터를 세운 곳이 전 세계에 무려 800개가 넘는다.

이와 같이 가르침과 훈련은 아무리 강조해도 부족하다는 것은, 선교의 원리는 '재생산'이라는 전략적 원리를 말하기 때문이다. 이제 옛날 '선교지'라고 불리는 나라들이 선교국이 되어 선교사들을 파송하기 시작했고, 자국 선교의 책임을 지고 있는 것이다. "From People to People"이란 말은 일방통행의 선교가 아니라 한 곳에서 또 다른 곳으로 가서 복음을 전해야 한다는 것은 곧 믿는 모두는 선교적 사명을 가져야 하고, 동역의 시너지를 가지고 아직 믿지 않는 곳에 선교사로 보내야 한다는 '쌍방통행 선교'의 시대를 촉구하는 것이다. 더 이상 선교의 바람은 한 쪽에서 불지 않는다. 미래의 선교는 '선교지'라고 불리던 지도자들과 함께 '같이 선교'를 만들어 나아가는 것이 가장 바람직한 선교라고 생각한다.

토착선교의 길

현지인들이 주인 되게 하는 선교의 목표이다. 현장에 가보면 쉽게 우리는 자신도 모르게 주인 노릇을 할 때가 많이 있다. 그것도 그럴 것이 현지인들 특별히 정글인들에게는 자신들의 자존감이나 창조적 아이디어가 보이지 않기 때문에 결국은 선교사에 대한 기대와 의존도가 높다든지 아니면 선교사들이 챙겨 주어야 할 일들이 많다는 것이다. 이러한 의존도를 포기하고 자신들이 할 수 있도록 하는 노력과 기회를 준다는 것은 어려운 일이지만 마치 어린 아이에게 걸음마를 가르치는 것과 같아서 부모가 같이 걸어 주는 과정 속에서 저들을 걸음마를 배울 수 있게 된다. 선교사의 사명은 개척자이고, 언젠가는 현장에 있는 사람들은 세워진 자신들의 교회를 지켜야 할 사람들이다. 즉, 그들이 주인이고 선교사는 언젠가는 떠나야 할 '나그네'이기 때문이다.

바울은 선교사의 역할에 대해서 "내가 떠난 후에"(행 20:29)로 이야기를 시작한다. 그는 에베소를 중심으로 3년간 사역을 종료하고 떠나야 할 시간에 세워진 장로들(감독자들)의 전송을 받으며 그곳을 대담하게 떠났다. 어떻게 보면 깊이 사귄 사람들을 떠난다는 것은 쉽지 않을지 모른다. 떠나는 바울을 전송하기 위해 바닷가까지 나왔고 그곳에서 저들은 울며 바울의 목을 안고 입을 맞추며 전송한 장면이 잘 말해 주고 있다.

이렇게 사역을 마치기 전까지 바울이 해 놓은 몇 가지를 분석해 보면(행 20장), 첫째는, 지도자들을 세웠다. 현지에서 제자를 만든 사람들 중에 지도력을 행사할 수 있는 사람들을 '감독자'로 세운 것이다(28절). 이 감독자를 성령이 세우셨다고 말하고 있다.

둘째로, 저들이 이단 사상에 흔들리지 않도록 하기 위해서 교육 프로그램을 이수하게 했다(29-30절). 당시 '사나운 이리'(이단 사상)가 교회를 망가뜨릴 가능성이 있기에 저들을 하나님의 말씀으로 무장하게 하고, 굳게 뿌리를 내리도록 하는 것이다. '율법주의' 즉, 율법을 지켜야 구원을 받는다든지, '영지주의', 즉 영은 선하고 육은 악하다고 하는 사상 등, 두 축이 교회들을 괴롭혔다. 정글 속에서 교회를 세우다 보면 개개인을 양육할 수 있는 시간이 많지 않다. 때문에 지도자를 세우고 그를 말씀으로 무장시키는 일은 대단히 중요하다고 하겠다.

셋째로, 저들을 저들에게 가르치고 신앙적 훈련을 시켰던 성도들을 하나님께 맡기는 일이다(31-32절). 바울과 같은 외부인이 와서 세운 교회는 토착 지도력이 형성이 안되면 모든 말씀이 수포로 돌아갈 가능성이 많기 때문에 바울은 저들을 위한 기도를 계속하기로 약속을 하는 것이다. 즉 성령께서 계속해서 사역하시도록 기도하는 일은 떠난 사람의 몫이라고 생각하는 것이다.

네 번째로, 부탁한 것은 교회의 재정문제를 스스로 해결하도록 하는 것이다(33-34절). 이 문제는 실제적인 문제이고 중요한 문제이다. 바울이 보여준 자립 정신, 그리고 성도들의 물질관을 가르치고 있다. "주는 것이 받는 것보다 복이 있다"라는 말씀이다. 이렇게 해서 바울의 사명은 교회 설립, 그리고 자립화, 토착화를 이룬 후 떠나 주는 것이다.

준비되어야 할 일꾼들

일꾼 양육에 관심을 가지고 시간을 투자하는 것은 선교사의 팀워크 정신과 사역의 질을 위해서 꼭 필요한 사역이라고 본다. 일꾼 양성의 방법은 우선 현장에 있는 인적 자원 상태를 확인하는 것이다. 우리의 기대나 우리의 잣대를 들이대면 실망부터 앞서게 된다. 12세가 되실 때 이미 탁월함을 보이셨던 예수님 자신의 기준으로 베드로나 안드레나 요한 등 바닷가의 어부들을 부르셨다는 것은 당시 상황으로는 이해할 수 없는 행동이셨다. 우리가 가지고 있는 지식과 영성의 경험으로, 또는 한국적 기준으로 저들을 보면 쓸 만한 사람이 없다고 말할 수 있다. 그러나 주님은 낮은 배경을 가진 자들에게로부터 시작한다는 생각으로 저들을 세우시고, 목표를 이루겠다는 결단과 함께 많은 인내가 필요하고, 그 인내의 결과는 반드시 따고 만다는 것으로 우리에게 가능성을 보여주셨다.

한번은 스파욱의 현장에서 교회를 맡고 있는 '맛둘리시' 장로님은 그의 부인이 병 고침의 은사가 있다고 다른 사람이 전해주는 얘기를 들었다. 그분은 병든 사람이 오면 성경을 펴고 그 성경의 글자가 병든 부위에 닿아야 낳는다고 믿고 있었다. 눈에 병이 든 사람이 찾아와서 기도를 부탁했다고 한다. 성경 한 곳을 무작위로 펴서 읽고는 그 구절을 눈에 대고 강한 입김으로 불며 외친다는 것이다.

"사탄아 물러가라."

"사탄아 눈에서 나올 지어다."

이렇게 소리를 지른다는 것이다.

이러한 방법은 다분히 미신적이고, 무속적인 방법이다. 이러한 비 성서적인 병고침에 대해 들으면서 저들에게 말씀 교육을 통한 제자훈련이 이루어져야 할 필요성을 더욱 깨닫게 되었다. 또한 저들이 가지고 있는 방법을 고수하려는 영적(?) 교만도 문제이다.

복음의 대한 열정, 전통이 아닌 거듭남의 경험, 그리고 삶에서 나타나는 신앙의 고백 등이 말씀에 근거한 것이어야 하지, 전통이나 타종교에서 영향을 받은 모습은 혼합 주의로 흘러가 결국은 미신적 기독교를 만들어 내고 말 것이라는 염려가 있었다. 현지 지도자들에 대한 올바른 교육은 시간을 투자해야 하는 중요한 사안이었고, 지도자들이 먼저 신학적으로 올바로 서야 향후 교회의 모습이 건전하고 건강한 교회를 만들어 낼 수 있을 것이다.

주님의 교육 방법을 보면 핵심 지도자들은 늘 그분과 같이 다니며 가까이 하게 하셨다. 베드로, 요한 그리고 안드레는 12명 중에서도 주님을 가장 가까이에서 배운 사람들이고, 다른 9명의 제자들은 그 다음 서클에서 예수님을 추종했고, 그 다음은 군중들이었다. 군중들은 어떻게 보면, 말씀보다는 기적을 보기를 원했고, 고침을 받기를 원했고, 또 양식을 기다리면서 육신적 요구 때문에 주님을 따랐던 것 같다. 그러한 동기로 주님을 따르게 되니 예수님을 쉽게 떠나게 만들기도 했다. 그러나 주님이 많은 시간을 12명의 제자들에게 투자한 것은 예수님이 하시던 그 사역을 저들이 맡아서 수행해야 한다는 하나님의 계획을 이루기 위한 것이었다. 예수님의 12제자가 주님을 위해 순교하는 놀라운 헌신과 사역적 책임을 다한 것을 기억한다면 오늘날 선교사들의 사역은 숫자에 연연하지 말고 작은 숫자에 관심과 공을 들여 그 일꾼들이 선교사의 동역자가 되게 하는 일과, 선교사가 저들의 동역자가 되어 저들이 계속 세워지면 선교사가 현장을 떠나가도 교회, 또는 사역은 계속 진행되도록 하는 것이 옳다고 본다. 그것이 주님, 그리고 바울이 보여준 선교의 지속성이다.

평신도들이 동원

"전파하는 자가 없이 어찌 들으리요."

'듣는 사람'에서 '전하는 사람'으로 전환시키는 사역이 선교이다.

성경에는 많은 평신도들이 등장한다. 선지자나 제사장 레위족속들이 하나님의 특수 사역을 위해 부름을 받은 분들이 등장하기도 하지만 목동, 장군, 임금, 정치인 등 다양한 사람들, 하나님에 손에 쓰임을 받은 평신도들이 부름을 받고 하나님에 인류 구원의 역사에 동참했다. 신약에 와서도 예수님이 선택하신 제자들도 바리새인이나 서기관, 제사장이라 불림 받았던 사람들이 아니라 다양한 직업을 가진 평신도들이다.

사도행전에 등장하는 사도시대에도 평신도들의 역할이 컸다. 바로 사도행전 6장에서 7명의 집사들은 분명히 평신도들로서 구제 사업에 동원된 사람들이었지만 저들 중 성령이 충만하여 대담하게 복음을 전하는 자로 변신해서 공회에서 설교하다가 순교를 당한 스데반, 에티오피아에서 온 국고를 맡은 관리인에게 복음을 전하는 전도자가 된 빌립, 모두 구제 사업에 동원된 평신도들이었었다. 그 밖에도 많은 평신도들이 역할과 활동에 동참하며 하나님의 구원 사역에 쓰심 받았다는 점에서 평신도의 역할을 과소평가할 수 없을 것이다.

처음 정글에 와서 보니 서양에서 파송된 많은 선교사들이 사역을 하고 있었지만 대부분 평신도들(어림 잡아 80%)로서 사역에 필요한 성경 학교를 나왔고, 극히 소수의 선교사들이 신학을 이수한 목사들이었다는 것에 놀라움을 금치 못했다. 사실, 서양에서 파송된 선교사들을 보면 교단에서 파송된 선교사들을 제외하고는 소위 믿음의 선교단체들, 초교파 선교단체들을 보면 대부분이 평신도들로 구성되어 있다. 이것을 보면 선교사들은 꼭 목사여야 할 필요는 없다는 것을 말해준다.

1983년에 인도네시아 정부는 모든 분야에서 '인도네시아화정책'을 세우면서 외국인들은 인도네시아인들에게 모든 일들을 위임하고 떠나라는 명령을 내린 적이 있었다. 정글에서 사역을 하던 많은 서양 선교사들이 급하게 내국인들에게 자신들의 하던 일을 넘겨주고 인도네시아에서 철수작업을 시작했다. 공항에서 비행기를 기다리는 한 미국 선교사에게 물었다.

"그동안 선교지에서 오랫동안 사역하셨는데, 귀국하게 되면 무슨 사역을 하시게 됩니까?"

물었더니, "알래스카에 가서 고기를 잡는 일을 하게 될 것입니다"라고 자연스럽게 말하는 것을 보았다.

조금 놀랬지만 그동안 정글 속에서 수십 년을 사역하고도 평신도로서 그는 고국으로 돌아가서 고기를 잡는 직업을 갖게 된다는 소리를 들으니 마치 베드로가 "고기를 잡으러 가자"라고 했던 말이 생각이 났다. 아무튼 많은 서양 선교사들은 평신도 출신으로 사역을 그만 두면 자연스럽게 직장생활로 돌아가는 것이다. 이제는 한국에도 평신도 선교사들이 많아졌고, 선교 현장에서 평신도들이 동원될 수 있다면 사역의 분야도 많고, 목회자 선교사들과 조화만 잘 되면 모든 사역이 원활하게 진행될 것으로 본다. 평신도가 무시될 경우 복음화의 큰 손실을 볼 것이 뻔하다.

한편, 잠재력을 생각한다면 선교 현장에서도 얼마든지 충실한 동역자들을 찾아낼 수 있을 뿐만 아니라 재정적 자원 개발도 가능하다고 본다. 바울의 대부분의 선교 자원은 현장에서, 개척된 교회에서 얻어진 것이라는 것이 그의 서신에 여러 번 나오는 것을 보면 향후 선교에 필요한 자원들을 이제는 선교지에서 찾아야 할 것 같다.

현장에서 영성 키우기

현장의 일꾼들에게서 영성은 생명과도 같다. "기도하는 사람은 항상 하나님의 힘으로 살아간다"는 말이 있듯이 선교사의 영성은 현장의 사역자들에게도 큰 힘을 실어 주게 된다. 선교사의 영성이 어떻게 관리되어야 할 것인가 하는 것은 수많은 선교사의 딜레마이다. 우리의 영성은 공동체 속에서 살면서 성장하게 마련이다. 같이 기도하며 말씀을 들으며 교제하며 성장하게 되는데 특별히 개척 선교를 하는 선교지에서는 그러한 기회가 많지 않다. 그렇다면 우리의 선교 현장이 기도의 분위기를 조성하면서, 그리고 그러한 기도회를 열심히 참여하도록 하는 방법은 없을까?

내가 인상 깊게 경험한 IMF선교회의 전통 중에 '기도의 날'이라는 것이 한 달에 한 번씩 열린다. 이 날은 열 일 제쳐놓고 기도하는 일에만 집중한다. '기도가 사역이다'라는 생각 속에 만들어진 이 기도의 전통은 사역을 모두 중단하고 하나님께 나아가자는 것이다. 어차피 우리의 모든 사역의 성패는 하나님의 손에 달렸다고 믿는다면 기도를 가볍게 생각할 일이 아니다. 이 날을 위해 준비위원회가 만들어지고 각 부서별로 기도 제목을 구체적으로 모아 그 제목을 프린트해서 나누어 주어 기도하게 한다. 그날은 순서에 따라 말씀과 찬양, 간증으로 채우고, 하나님께서 우리의 기도를 들어 응답하신 일을 나누는 일, 그리고 구체적인 기도제목을 가지고 그룹으로 나누어 기도를 시작하면 오전 9시에 시작한 기도회는 오후 3시쯤에 끝이 난다. 늦은 점심을 같이 하고 헤어지게 되는데 모두가 기쁨이 넘친다. 이러한 기도회를 중요시 여기는 전통이 사역의 질을 높였고, 이곳저곳에서 많은 응답으로 인한 간증들이 만들어지게 되었다.

선교사의 문제는 초문화권 속에서 언어의 장애나 문화적 거리 때문에 은혜를 받지 못하는 경우가 많이 있지만 이러한 기도회를 통하여 그들과 같이 영적 호흡을 하며 마음으로 가족적 분위기를 만들어 가며 기도의 시간을 더욱 늘려 나갈 수만 있다면 사역의 질은 물론이고 영적 갈증이 어느정도 해소 되리라고 믿는다. 기도는 사역 중 가장 중요한 사역이다.

생소한 새벽기도회

나라마다 예배 형태가 문화와 연관이 되어 있다는 것은 잘 알려진 사실이다. 서양인들의 조용한 예배 형태(지금은 확근한 음악이 있지만)와 아프리카인의 춤추는 예배 형태, 그리고 한국인들의 경건한 예배 방법과 남미 사람들의 뜨거운 찬양의 예배 방법과 분위기는 많은 차이가 있다. 우리의 정적인 영성은 선교지의 영성에 조화를 이루는 데 도움을 준다. 때문에 한국의 장로교 선교사들이 선교지의 오순절 계통과 분위기와 맞는다고 이야기를 하며 협력 선교를 해 오고 있다.

성경에는 예배의 방법에 대해서는 언급된 곳이 없어 각 나라마다 문화적인 정서에 맞게 예배를 드리고 있다. 단지, 주님이 예배에 대한 말씀은 예배의 장소와 핵심 요소인 "영과 진리"로 드리는 예배가 "참된 예배"라고 말씀하셨을 뿐이다. 그렇다면 예배의 순서나 분위기에서 영과 진리의 표현 형태가 다른 것은 각 민족마다 자신들의 습관과 문화와도 연관되어 있기 때문이다. 그러므로 예배 형태는 비판의 대상이 아니라 적응의 대상이 되어야 한다. 현지인들은 다른 나라 사람들의 예배 방법을 따르기도 하고 배우기도 한다. 많은 사람이 한국의 영적 열성을 배우기를 간절히 소망하고 있다. 사실, 지금까지 한국 교회의 영성 중에서 기도의 방법, 즉 통성 기도, 새벽기도, 금식 기도, 기도원 기도 등 여러 나라, 즉 아시아, 아프리카, 남미 교회들에게 많은 영향을 주어 왔다. 정서에 맞는 방법을 소개하고 상호 배우는 자세는 더 좋은 예배를 위해서 많은 도움을 줄 것이다.

우리가 저들의 모습으로 적응해 나가는 것이 선교적 자세이지만 우리가 가지고 있는 좋은 것들을 소개하는 것도 나쁘지는 않으나 그것만이 전부인 것처럼 강조하는 것은 잘못이라고 생각하게 된다. 그의 상황과 그들의 즐기는 모습에 따라 춤추는 다윗의 모습도 있고(삼하 6:14), 성령에 충만한 예루살렘 성도들의 모습도 있고(행 2:2), 또는 바울과 실라처럼 조용한 찬송과 기도가 옥문을 뒤흔든 지진이 나타난 예도 있다(행 16:25). 예배 안에 얼마나 진정성이 있고, 하나님의 영의 경험이 있느냐가 중요한 것 같다.

안중안 신학교에서의 기도회는 매주 토요일마다 이루어졌다. 주간에는 강의 시작되기 전에 있는 채플이 있기 때문에 토요일에는 모든 학생들이 기숙사 생활을 하는 신학교이기에 아침 새벽 5시에 일어나 식당으로 모여 학생들이 인도하는 기도회에 참석이 가능하다. 학생들이 주최하는 기도회는 약 한 시간 정도 진행한 후에 같이 아침식사를 간단하게 하는 것으로 끝이 난다. 뜨겁게 기도하는 모습을 통해서 저들의 학문과 영성, 그리고 실습을 통한 균형 있는 신학교육을 시키는 데 큰 도움이 된다. 특히 한국식인 '통성 기도'를 많이 선호하는 것은 우리가 가르쳤다기보다는 자기들 스스로가 채택한 기도의 모습이

다. 기도할 때마다 학교에서 필요로 하고 있는 모든 문제를 기도 제목에 담아 기도하면서 많은 신앙적 열성을 불어 넣는다. 이러한 기도의 시간과 함께 교수/학생과 함께 하나 되는 모습과, 기도회, 식사 후 하루를 체육과 청소 등으로 보내면서 영적인 교감대를 형성하고 있다.

싱가포르에서 사역할 때 이러한 새벽기도를 소개한 일이 있었다. 동역자들과 같이 사무실에서 새벽기도회를 시작했다. 새벽기도회가 생소했던 저들에게 소개가 되니 매주 토요일 아침 5시에 모두 10여 명이 모여서 기쁜 마음으로 시작했고, 아침 식사도 같이 하게 되었다. 그러나 얼마 지나니 사람 숫자가 점점 줄어들기 시작했다. 결국은 나와 아내만 나와서 인도하는 새벽기도회가 되어 버렸다. 영성은 하나의 전통도 무시할 수 없을 뿐더러

분위기가 대단히 중요하다고 생각한다.

한국 교회는 새벽기도회의 분위기를 전통적으로 가지고 있기에 참여해서 얻어지는 은혜가 분명히 나타나고 있는 것을 경험한다. 그러나 한국 교회가 가지고 있는 이러한 고귀한 전통이 사라지는 데 대한 염려가 커지는 것도 사실이다. 한국 교회의 한동안의 부흥은 새벽기도회에서부터 시작되었다고 말할 수 있을 것이다.

4. 사랑으로 소통하는 복음

메시지의 전달 방법은 여러 가지이다. 커뮤니케이션은 다양하게 진행되는데 그중에 전달자의 인격으로 표현되는 경우가 있다. 예수님이 그랬듯이 삶을 통해서 전하는 메시지는 말로만 하는 메시지보다 훨씬 설득력이 있다. 그중에서 사랑으로 표현되는 커뮤니케이션의 메시지는 상당히 감동을 동반하는 방법이라 할 수 있다. 주님께서 우리를 사랑하신다고 말씀하셨고, 병고침, 먹이심, 문제해결, 가르침 등 여러 가지를 통해서 하나님의 속성과 사랑을 전달하셨는데 그분의 사랑의 극치는 역시 십자가 사건이다.

고린도전서 12장을 '은사장'이라 하고, 13장은 '사랑장'이라고들 말하지만 13장도 은사장이라고 봐야 할 것이다. 고린도전서 12장 마지막 절에서 "너희는 더욱 큰 은사를 사모하라"고 했는데 "더 큰 은사"란 무엇인가? 13장에서 그 큰 은사가 무엇인지 대답하고 있다. 바울이 고린도전서를 쓸 당시에는 장수로 나누어서 쓰지 않았다는 것을 잘 알고 있다. 때문에 12장과 13장은 연결되어 있다. 선교지에는 특별 은사를 하나님이 주셨다면 더 없는 큰일을 할 수 있겠다고 생각할 때가 많이 있다. 병들고 어려움을 당하는 많은 사람들에게 큰 도움을 줄 수 있겠다는 생각을 하기 때문이다. 그러나 그러한 은사는 나에게 확인되지 않았다 할지라도 사랑의 은사는 나의 의지만 있다면 누구든지 실천할 수 있는 은사이다. 그것이 바로 바울이 말한 '더욱 큰 은사'를 사모하라는 말씀이고, 사랑으로 전하면 힘에 실리는 파워풀 메시지가 될 것이다.

나의 칼리만탄 사역의 마지막 부분으로 기억된다. '스네반두아'라는 마을에 '풍낀'이란 평신도 교회 지도자가 있었다. 그는 성실하고 교회를 늘 지켜 오던 마을의 지도자이기에 늘 신뢰를 받는 분이다. 그런데 그분이 눈에 큰 병을 얻어 한 달이 지나도 낫지 않는 것이었다. 나는 그를 자주 방문하여 기도해 주고, 약을 발라 주었지만 원래 병이 심한 터라 낫지를 않는다. 순진한 사람들은 나의 기도의 응답을 기다리고 있었으나 결과는 나타나지 않았다. 나 자신이 민망하기도 했지만 나는 새로운 결단을 하게 되었다. 그것은 그를 큰 도시 폰티아낙으로 모시고 가서 치료해 주기로 한 것이다.

큰 강 까푸아스를 오가는 상선에 오토바이를 싣고 17여 시간의 여행을 시작하였다. 폰티악낙에 도착하여 배에서 기거하면서 병원으로 데리고 가서 치료를 받도록 했다. 며칠간의 항생제 투약으로 그의 눈은 맑끔히 회복되게 되었다. 그러나 우리가 타고 온 배는 그 도시에서 여러 날 더 지체해야 하기 때문에 우리가 배에 싣고 온 오토바이를 이용해서 돌아가기로 결정했다. 나는 오토바이 운전대를 잡았고, 붕낀씨는 뒤에 타고 포장과 비포장 길을 번갈아가며 달렸고, 중간에 강을 페리로 건너야 하는 어려운 길을, 때로

 는 열대지방의 스크롤 비를 맞이면서 무려 10여 시간을 달려 겨우 집으로 돌아오게 되었다. 흔히 있는 오토바이 장거리 여행이지만 당시 비포장도로는 상당히 위험하고 미끄러웠지만 무사히 마을로 돌아올 수 있었고 풍낀 집사의 눈은 그 후 완전히 회복이 되었으니 둘이서 고생은 했지만 그에게나 나에게 보람 있는 여행이었다. 그분은 이렇게 수고해 준 나에 대해서 감사하며 어찌할 줄 몰라 했다. 그 후 풍낀 씨는 더욱 충성스러운 교회의 일꾼이 되었고, 가는 곳마다 간증하는 것을 보면서 '이 작은 사랑이, 섬김이 한 영혼에게 큰 감동을 주었구나' 하는 생각으로 마음이 뿌듯했다.

주님이 더 불쌍히 보신 것은 "그들이 목자 없는 양과 같이 고생하며 기진함이라"(마 9:36) 하신 말씀을 기억할 필요가 있다. 특별히 사랑이 풍성한 분들을 주변에서 많이 볼 수 있지만, 다른 사람들의 처지를 볼 때 불쌍한 마음이 생기며 다가가는 희생적 사랑은 차원이 다른 사랑이라고 생각한다. 이러한 사랑이 많이 필요했던 정글 사람들을 향해서 마음껏 베풀지 못하고 떠난 나의 사랑의 실천이 아쉬울 뿐이다.

받는 것도 사랑의 행위

깊은 정글 속에서도 기쁨은 늘 존재한다. 그 기쁨은 교회들이 세워지는 영적 기쁨도 있지만 사람들의 정을 생각한다면 그 기쁨은 저들의 순수한 사랑 때문이다. 교회가 세워지지 않을 때는 아무런 방문자들이 없지만 교회가 정글에 하나 둘 세워지기 시작하면 우리가 살고 있는 작은 도시 스파욱에 있는 선교관에 사랑을 베푸는 사람들이 많이 오고 간다.

저들이 추수 때가 되면 곡물을 먼저 목사님께 드리고 싶다며 가져온 햅쌀과 저들이 정글에서 채취한 대나무 싹, 그리고 가장 흔한 것이 강 섶에서 풍성하게 잘 자라고 있는 고사리 등이다. 저들은 우리 집을 방문할 때 그 먼 거리에서 오면서도 꼭 우리가 필요한 식재료를 가지고 오는 것이다. 허긴, 이곳 작은 도시에는 채소 시장이 존재하지 않기에 그러한 식재료들은 귀한 것들일 수 밖에 없다. 종종 어린이들이 바구니에 채소를 팔기 위해 집을 방문하면 몇 푼 안되는 채소를 사기는 하지만 정글 사람들의 정성은 직접 따서 가지고 오는 귀한 식재료는 우리에게 아주 고마운 선물이 아닐 수 없다. 그곳에 살면서 내 손으로 쌀을 산 일은 기억이 나지 않는데 그것은 저들이 늘 제공하는 곡물로 살아왔기 때문이다.

저들의 가난을 생각하면 되돌려 주고 싶은 생각도 있지만 저들의 사랑의 베풂을 거절할 수 있는 상황은 아니었다. 저들의 순수한 사랑과 정성은 복음의 결과라고 생각하지만 본성적으로 착한 마음, 달라고 하기보다는 주려는 마음을 가진 다약 사람들의 일반적인 심성이다. 비록 이 모든 것들이 가치로 따질 수 없는 것들이지만 받아주는 것이 사랑이고, 복음으로 갚아 주는 것이 사랑의 관계라는 것을 알게 된다.

선교의 대 선배이신 방지일 목사는 선교지에서 사랑이란 정의를 다음과
같이 내리셨다.

"사랑은 주는 것이 아니라 받는 것이다."

중국이 공산화 이후 1950년대 초 다른 서양 선교사들은 다 철수했는데
도 방 선교사님은 마지막까지 남아서 8년 이상을 섬기시는 교회의 성도들
의 보호와 공급을 통해서 살아오신 분이다. 선교사님은 비밀리에 성도들의
사랑을 듬뿍 받으시면서 사역을 하셨기에 그와 같은 말씀으로 사랑을 정의
하신 것이다. 우리가 선교지에서 많은 것을 제공하기도 하지만 저들의 사랑
받는 대상이 될 수 있다면 그것은 현지인들과 선교사간의 관계, 즉 소통 관
계가 아주 좋았다는 것을 말해 주는 것이라고 생각한다. 저들의 대접을 받
아 주고, 저들이 베푸는 잠자리에서 푹 쉴 수 있는 여유, 그리고 친근감, 저
들과의 대화, 모두가 희생이 따르기도 하고, 쉽지 않은 것들이지만 받아주
는 것이 사랑이라고 생각한다. 그리고 저들이 필요에 따라 주는 사역이 병
행될 때 그 관계성으로 복음은 전달되는 것이다.

봉사로 전하는 복음

수르깜 병원에 케리(Dr. Tim Kerry)라는 의사 선생님이 계신다. 이분은 오
래전에 젊어서부터 소명을 받고 정글의 조그마한 마을의 2층집을 빌려서
의료 사역을 시작하였다. 이분은 미국의 보수침례교회에서 파송 받아 부부
가 작은 건물에서 조용하게 클리닉을 시작했지만 그 가난한 다약 사람들을
정성을 다해 치료해 주면서 많은 사람들에게 알려지게 되었다.

그는 그가 시작한 마을의 클리닉을 좀더 넓은 공간인 '수르깜'으로 이사

하게 되었고, 그곳에 간단한 건물들을 짓기 시작하면서 더 많은 의사, 간호사들이 미국에서 합류하게 되었다. 병원은 점점 유명해지면서 그 규모나 환자의 숫자, 그리고 병실 규모가 폰티아낙의 도시에 있는 병원보다 더 커지게 되었다. 외국인 의사들의 의료기술도 인정을 받았지만, 사랑으로 섬긴다는 소식이 전해지면서 수많은 환자들이 도시에서 이 정글로 몰려오기 시작하는데 자동차로, 선교 비행기로 치료를 받기 위해 몰려드는 병원이 되었다. 당시, MAF 비행 선교단은 활주로를 만들어서 정글 속의 환자들을 나르는 일을 했고, 또 선교사 자녀들을 위한 국제학교를 세워 기숙사 생활을 통해서 신앙교육까지 시켜 왔다. 간호 학교를 세워 그곳에서 졸업한 학생들이 각 곳에서 간호사 생활을 할 수 있도록 하는 등 대규모로 발전하게 되었다.

나의 네 자녀 가운데에 큰딸 연주는 그곳 정글의 국제학교(Bamboo River Int'l School)에서 1년 동안 공부했고, 막내딸 진주는 이 정글 병원에서 태어났다. 안중안 신학교에서 그곳까지 정글 길을 따라 자동차로 2-3시간 정도 걸리는 거리지만 학교 캠퍼스에서 하루에 다녀올 만한 거리이다. 당시 아내가 만삭이었지만 나는 선교사 훈련 관계로 한국을 방문 중이라 막내의 해산을 도울 수가 없었다. 신학생들이 만삭의 아내를 그곳까지 자동차로 데려다 주어 어려움 없이 해산을 할 수가 있었다. 막내 진주의 해산을 도운 미국인 의료 선교사 훼롤 의사(Dr. Ferrol)인데 그분은 본래 안과 전문의이다. 결국은 안과 의사가 산부인과 의사 역할을 한 것이다. 이렇듯 선교지의 상황은 우리가 생각하는 그런 전문성을 따를 수 없는, 어떻게 보면 상황에 따라 내과도, 안과도 또 산부인과 의사도 되어야 한다.

의사라고 한다면 본국에서도 좋은 직업으로 평가 받는 직업이지만 케리 선교사는 작은 마을에서 시작하여 큰 병원으로 발전하게 되는 과정 속에서 그가 보여준 헌신의 정신, 사랑의 정신, 그리고 협력의 정신이 그와 같은 성공적인 프로젝트를 개발하지 않았나 생각한다.

사역에 있어 나를 앞세우게 되면 자연히 주님이 안 보이게 될 것이고, 다른 사람을 배려하는 자세를 찾아보지 못하게 될 것이다. 믿음의 자세와 함께 일에 대한 철저한 봉사정신이 겸비될 때 하나님께서 그 가운데 계신 것을 보게 된다. 적어도 50년 이상이 된 지금의 이 병원은 예수님이 재림 때까지 사람들을 섬기는 일을 계속할 것이다.

5. 결단의 단계

결단의 결과는 전달자, 즉 발신자의 책임은 아니다. 이 사실을 안 바울은 이렇게 말한다. 바울이나 아볼로는 전달자로서 심고 물을 주지만 그 결과는 하나님의 몫이라고 말한다(고전 3:6). 단지, 심는 자나 물 주는 자 모두가 하나님의 종(사역자)으로 책임 있는 사역과 함께 하나님과의 동역이 이루어져야만 그 결과를 창출해 낼 수 있다고 말한다(고전 3:9). 결국은 커뮤니케이션의 결과적 작품은 하나님과의 동역 속에서 만들어 내는 결과물이라는 것은 아무리 강조해도 틀림이 없다. 발신자는 오로지 말씀을 잘 준비하여 성실하게 증거하는 것이다.

그러나 커뮤니케이션에는 '전달'이라는 목적도 있지만 '설득'의 목적도 있다. 전하는 자가 메시지를 전했는데도 반응이 없다든지 메시지를 거절한다면 전달자가 실망하게 되는 것은 당연하다. 발신자의 책임은 메시지를 분명하게 전달하는 일과 함께 설득을 통해서 이해시키지만 당사자(수신자)가 거절할 경우 그것은 전달자의 책임은 벗어날 수 있을 것이다.

사도행전 17장에 바울이 아덴에서 복음을 전했을 때 일반 계시적 말씀을 전하고 복음의 결론으로 회개의 촉구와 심판에 대한 말씀과 예수 그리스도의 죽음과 부활의 메시지로 마무리 지으면서 저들을 설득했지만 반응은 세 가지로 나타난다. 하나는 '조롱'하는 사람(32절 상), 또 하나는 '다시 듣겠다'(32절 하)고 했고, 또 하나의 무리는 '믿으니'(34절)라고 기록하고 있다. 복음에 대한 반응이 긍정, 부정, 그리고 중간으로 나타난다는 것은 옛날이나 지금이나 흔히 볼 수 있는 청중의 반응이다. 저들이 깨닫지 못한 것이 아니다. 단지, 저들은 주님의 죽음과 부활을 안 믿었고, 더러는 관심은 가졌으나 조금 더 듣고 결단을 하겠다는 것이고, 그래도 따르는 사람이 있다는 것으로 전파자는 만족해야 하는 것이다.

나의 제2기 사역인 신학교 사역을 하면서 완전한 결실을 기대한다는 것은 무리인 것을 깨닫게 하는 경험이 있었다. 신학생 100여 명이 재학을 했을 때 누가 알곡이고 누가 쭉정인지는 졸업을 하고야 알게 된다. 학교 내에서는 모두가 열심이고, 영적으로 충만해서 찬양이나 말씀 듣는 자세가 충천해 있다. 그러나 교수들도 학생들의 열성을 보면서 만족해 하지만 학교를 졸업하고 사회, 교회에 나올 때 보여주는 저들의 태도는 종종 실망을 안겨 줄 때가 있다. 그러나 사역을 마치 직업으로 생각한다든지, 오지로 가려는 헌신도가 결여된 것을 보는 순간 실망을 안겨다 준다. 그래도 작은 숫자의 학생들은 실망시키지 않는다. 이 학생들을 위해서 우리가 존재하고 있다는 생각을 하면서 그래도 계속해야 한다는 결단을 하게 된 것은 우리의 사역의 100% 성공은 없다는 것이기 때문이다. 하나님이 실망하시는 이스라엘 민족 중에도 "남은 자들"에 대한 기대를 거신 것과 마찬가지일 것이다.

하나님께 헌신하려면 절대적으로 성령의 도우심이 있어야 할 것이다. 바울은 기도의 사람이기에 복음을 전하기 전에 늘 하나님께 기도했고, 성령의 충만함도 있었다. 그러나 하나님이 심령의 문을 열어 주시지 않으면 발신자로서의 전도자의 역할은 한계에 부딪힌다. 그래서 바울은 "우리를 위하여 기도하되 하나님이 전도할 문을 우리에게 열어주사"(골 4:3)라고 기도를 요청하고 있다. 초문화권 선교지에서의 사역은 같은 문화권의 사역보다 훨씬 결실이 적다는 것도 인정할 필요가 있다. 그러나 성령은 이러한 모든 장애물을 넘어서서 역사하시고 계시다는 것을 믿는 믿음을 가질 필요가 있다. 그리고 하나님이 주신 결실을 그 자체로 귀한 것으로 받아들이는 자세가 중요하다. 부단히 노력했는데 결실이 없다면 그것도 하나님이 주신 것임을 믿어야 한다.

정보 인식과 처리과정

여기에서 커뮤니케이션에 있어 인간의 생각하고 이해하는 두뇌의 기능에 대해서 잠깐 생각해 보자. 보다 나은 커뮤니케이션이 이루어지게 하기 위해서는 인간의 기억 기능을 이해하여 우리가 전하는 복음의 대상이 누구이든 간에 그들의 이해력을 돕게 되면 커뮤니케이션의 효율성은 한층 높아질 것이다.

'활성적 기억'이란 새 정보를 어떻게 변환시키거나, 연장하거나, 기억 속에 저장하거나, 다시 기억해 내거나, 사용하게 되는 생각의 구조를 말한다. 우리의 두뇌에서는 이 활성적 기억 원리에 근거하여 정보처리가 이루어진다. 즉, 이미 머리 속에 저장되어 있는 활성적 기억의 지식과 새 정보가 적당히 협력하면서 새 입력 지식이 생각 속에서 분류 저장된다. 어떤 정보가 머리에 들어와서 자극을 주었다고 하는 것은 이해되어 머리 속에 간직 되었다는 것을 뜻한다.

관심 노출이란 말은 어떤 자극이 우리의 머리 속에 들어오면 뇌는 자동적으로 우리의 오관이 작동하도록 명령을 하게 된다. 이때 정보처리 과정이 우리 머리 속에서 시작되는 것이다. 주의 집중의 단계는 우리의 마음이 움직이기 시작하는 출발신호와 같은 것이 아니라 우리의 의식이 이미 움직여 한 곳에 집중되어 있는 상태를 말한다. 그래서 우리 머리 속에 뉴스나 정보가 들어오면 즉시 그것을 분류하고 비평하려는 자세를 취하게 된다. 결과적으로 파악이 이루어지게 되는데 그것은 주의를 집중했다고 해서 전달자가 한 말을 이해했다고 볼 수는 없다. 전달자가 의도했던 대로 정보가 처리되어졌느냐 아니냐는 정도는 파악하는 태도에 달린 것이다. 이 사실 파악에 있어서 이해 → 수용 → 반응하는 과정으로 나타난다.

이러한 정보 처리 원리는 어느 인간에게도 같은 과정을 통해 결단을 내리게 된다. 정글에 사는 다약 족속에도 똑같이 적용되게 되어 있다. 정글 사역의 효율성을 위해서 커뮤니케이션의 원리를 더 배워야 할지도 모른다. 우리의 삶과 많은 차이를 이루는 것은, 문화, 언어, 세계관 차원을 떠나서도 그들의 교육 수준, 경제 수준, 문명 수준, 삶의 공간과 주변 환경, 그리고 저들의 보고 들은 경험 등을 고려하면 이러한 인간의 인식능력과 과정에 관한 지식을 가지는 것은 복음전파의 효율성을 위해서 절대적으로 필요하다. '스토리텔링'을 통한 전달을 어떻게 말씀과 관련시켜야 할 것인가를 깊이 생각해야 한다. 저들의 기억력은 단순 구조이고 뛰어나서 수년 전에 약속할 것을 기억하기도 한다. 기억력은 강하나 응용능력이 뒤 떨어지기 때문에 창의력을 가지고 삶을 발전시키는 데 장애가 되고 있다.

이러한 단순한 복음의 이해로 만들어진 결단은 결코 가벼운 것은 아니다. 물론, 건성으로 부모를 따라 교회를 나오고 믿겠다고 고백하는 사람들이 있지만 조상 때부터 섬기던 부적을 태우고, 세례를 받기로 결단하거나, 성경적 이름으로 바꾸어 달라고 하는 요청이나, 세례 증서를 소중하게 보관하는 저들의 모습 속에서 신앙의 결단을 가볍게만 볼 것이 아니라고 생각한다.

개종 동기의 세 가지 유형

제임스 엥겔(James Engel)이라는 선교 학자의 조사에 의하면 개종하는 사람들이 세 가지 유형으로 나타난다고 한다. 일반 미국인들을 대상으로 하여 리서치를 시행했지만 인간의 사고 구조는 거의 비슷하다.

제일 먼저, 심리학적 관점에서의 개종이 이루어진다. 이 관점은 어떤 종류의 결핍증을 극복하기 위해 종교가 필요하다는 이유이다. 저들은 인간의 삶에 무엇인가 빠진 것이 있는데 그것을 종교가 해결해 준다고 믿고 있다. 행복이나 어떤 높은 차원의 갈구를 위해 종교가 필요하다고 믿고 있는 것이다. 일상의 삶에서 만족을 느끼지 못하는 사람들이 종교가 인간성의 회복에 정신적 불안의 문제를 해결해 준다고 생각한다. 어떤 부류의 사람들은 인격의 성숙을 도모하는 데 종교가 도움을 준다고 생각한다.

두 번째는 사회적인 관점이다. 사회적인 적응과 즐거움을 위해 종교를 갖는다. 타인의 권유나 강요에 의하여 교회에 나가는 수가 있다. 그래서 마을의 영향력이 있는 지도자의 위치는 개종을 유도하는 데 중요한 역할을 하기도 한다. 정글 사람들의 개종은 이 부류의 관점에서 교회를 나오고 있음을 발견하게 된다. 한 마을의 영향력 있는 지도자는 온 마을의 영성 운동에 지대한 영향을 주게 된다. 그에게 접근해서 그를 개종시키기 위해 집중 노력을 하게 되면 다른 가족단위로 교회에 나오는 결과를 얻게 된다. 특별히 다약족들 마을의 형성을 보면 대부분 근친 결혼을 통해서 형성이 되어 있어 한 마을이 모두 같은 가족임을 알 수 있는데 이러한 가족관계로 만들어진 관계 중심의 개종이 이루어져 모두 교회에 출석하므로 기독교 마을이 형성되는 경우이다.

맥가브란은 소위 대중운동(people movement)이란 말로 개종 운동을 설명한다. 대중운동이란 대 단위의 사람들의 개종을 의미한다기보다는 개개인이 결단을 하게 되어 개인이 작은 무리가 되고 작은 무리가 큰 무리를 이루는 운동을 말하는데 이러한 방법으로 부족별 개종 운동이 일어나고 있다고 말한다. 다양한 소수 민족 그룹을 의미한다. 성경에서 루디아, 루스트라, 라오디아, 에베소에서 일어난 회개 운동 등은 인종적 회개 운동으로 이런 대중의 결단을 통해서 일어났다고 본다. 부족으로 보아도 인도의 카스트 별로 회개 운동이 있었고, 인도네시아의 경우 바탁족, 티몰족, 모나도, 암본 등이 이러한 대중 회개 운동이 일어난 흔적이 있는데, 다약 족도 그중에 한 무리라고 보아도 좋을 것이다.

세 번째, 성경적인 관점에서 본다면 예정론에 근거한 회심은 곧 인간 스스로의 자력으로는 하나님을 아는 길로 갈 수 없다고 보고 있다(요 15:16; 엡 1:11, 2:8). 자유의지설의 입장에서 본다면 회심은 어떤 길을 갈 것인지에 대한 결단의 시점에는 인간의 자유의지가 행사된다는 견해이다. 누구든지 자기가 죄인이라고 자인한다면 하나님 말씀 요청에 순응하게 되고(롬 3:23), 끝까지 버티면 그 사람은 하나님을 결코 기쁘시게 할 수 없을 것이며, 결국에는 영적인 죽음에 이르게 될 것이다(롬 6:23).

하나님이 인간들과의 동역적 사역을 통해서 한 영혼이 회개하고 돌아와서 중생의 경험을 하게 되면 새 생명이 탄생하게 되는 것이다. 이 결단 이후에 목회의 도움을 통해 점차 주님을 알아가게 되며 그의 삶은 변화되어 자신만을 위한 삶이 아니라 하나님과 다른 사람을 위한 삶의 도구로 바뀌어질 때 그 영혼이 성숙해지는 성도가 되는 과정을 말해 주고 있다. 여기에서 인간의 역할은 말씀 선포와 양육의 단계에서 두 부류로 나누어 사역을 하게 되는데 말씀 선포를 맡은 사람들이 한 영혼의 발전과정을 면밀히 살피면서 그에 맞는 메시지를 통하여 도전하면서 결단을 촉구해야 하는 책임이 있다면 그 다음 단계에서는 포스트 결단 과정을 신앙의 성장 과정에 맞는 메시지 전달이나 양육을 통해서 신앙의 성숙을 도모하게 만들어야 한다.

결론적으로 크래프트(Charles Craft)의 커뮤니케이션론을 살펴 보면 "하나님의 커뮤니케이션은 단순히 정보를 전달하는 것이라기보다는 인격적인 커뮤니케이션이다."[4] 메시지 안에서 하나님의 임재를 경험해야 하고, 하나님의 사랑을 인격화하셔서 인간에서 나타나셨다는 것을 체험하는 것이다. 때문에 "하나님의 목표는 자신에 대한 응답자들과의 인격적인 관계이다"[5]라고 말한다. 하나님과 생명의 관계가 성취될 때 하나님과 진정한 커뮤니케이션이 이루어지고, 사람들과의 관계도 인격 관계가 형성될 때 효과적인 소통이 가능하다는 것이다.

기독교는 '종교'라고 불리는 것을 넘어서 주님과 삶을 공유하는 것을 말한다. 한편, 초문화권에 대한 인식은 초문화권 사역자들에게는 대단히 중요한 요소이다. 그들의 변화된 삶, 그들의 결단하고 개종된 삶, 그것은 종교의 팽창이나 기독교화시키는 그 이상의 목적을 가지고 있다. 한 지역 복음화란 말은, 그 지역 개개인의 삶이 변화되어 하나님의 사람으로 만들어지는 것이고, 이러한 사람들의 숫자가 늘어나면서 한 지역의 문화가 변화되어 하나님이 기뻐하시는 삶을 살도록 하는 것을 말한다.

메신저는 하나님과 인간의 만남이고 수신자는 메신저의 헌신과 노력으로 하나님과의 만남을 통해서 변화되는 것이다. 그렇다면 메신저인 선교사는 현지인 중심의 사역을 만들어 내야 하고 하나님이 세우시는 지도력이 선교의 목표라는 인식이 깔려 있어야 한다. 영성과 말씀으로 준비된 선교사, 아니면 준비 과정을 피하지 않는 선교사만이 참 메신저로서 하나님 앞에 설

---

4 찰스 H. 크래프트, 『기독교 커뮤니케이션론』(기독교문서선교회 2001), p.86.
5 Ibid, p.87.

수 있을 것이다. 정보원의 공신력은 하루 아침에 만들어지지 않지만 그의 정보원과 수신자의 공신력 형성은 초문화권 커뮤니케이션의 효과에 중대한 영향을 미친다[6]고 생각할 때, 준비 과정을 결코 소홀히 해서는 안될 것이다. 그러므로 커뮤니케이션을 한 마디로 정의한다면 '신뢰 관계의 형성'이라고 말할 수 있을 것이다.

진정한 개종은 무엇인가?

진정한 개종은 개인 문화의 변화를 말한다. 문화란 개개인의 세계관이 변화할 때 겉으로 나타나는 현상이라고 말한다. 인생의 목표와 가치가 변한 것을 말하는데 그러한 변화를 경험하기 위해서는 삶에서 보여주는 믿음의 행위가 나타나야 한다.

바울은 회개를 이렇게 정의하고 있다.

"그 눈을 뜨게 하여 어둠에서 빛으로, 사탄의 권세에서 하나님께로 돌아오게 하고 죄 사함과 나를 (내가 전한 복음을) 믿어 거룩하게 된 무리 가운데서 기업을 얻게 하리라"(행 26:18).

야고보서는 완전한 믿음의 증거는 행동으

---

6   이종우, 『선교, 문화 커뮤니케이션』(CLC, 2011) p. 35.

로 증명된다고 한다. 겉으로 보이는 문화의 변화 모습이 결국은 믿음의 여부를 결정하는 것이라는 것이다. 변화의 모습을 우리는 여기서 '개종'이라는 말로 표현할 것이다.

"믿음이 그의 행함과 함께 일하고 행함으로 믿음이 온전하게 되었느니라"(약 2:22).

나는 정글 사역에서 주로 한 마을을 개종시키는 일을 해 왔다. 여기서 개종이란 마을이 섬기던 조상들의 신을 버리고 기독교로 개종하겠다는 말이지 개개인이 그리스도를 영접하겠다는 말은 아니다. 한 마을이라 해봤자 100명에서 200명 정도가 사는데 온 마을이 근친 결혼을 했기 때문에 대부분 가족관계로 얽혀 있다. 이러한 마을 단위로 개종이 이루어지는 상황 속에서는 개인 전도로 개종된 결과가 아니기 때문에 한 개인과 영혼을 만난다는 것이 익숙하지 않는 것을 문제로 생각하기도 했다. 인도네시아의 일반적인 종교적 풍토는 개종이란 개념은 한 종교에서 다른 종교로 적을 바꾸는 정치적 신분의 문제를 다룬다.

두려움, 그것은 저들의 다약족으로서 가난하고 배우지 못한 정글 환경이 그렇게 만들었지만 종교도 그 한 몫을 하고 있는 것이다. 두려움에서 해방, 그것은 복음 밖에는 없다. "진리를 알지니 진리가 너희를 자유롭게 하리라"(요 8:32)란 말씀이 저들을 해방시켜 줄 수 있을 것이다.

첫 아들을 낳으면 집안이 망할 정도로 행사가 많다. 일곱 가지의 잔치가 진행이 되는데, 잔치 때마다 돼지를 잡아 동네 사람들을 먹여야 하니 망할 수 밖에 없다. 개울에 내려가 아기를 목욕시키는 잔치, 이름을 짓는 잔치, 포경 수술을 하는 잔치, 젖을 떼는 잔치, 무당에게 헌신시키는 잔치, 치아가 생기면 첫 이가 나는 잔치, 첫 말을 하는 잔치 등등 각종 잔치로 말미암아 저들의 가난한 삶이 더욱 피폐해지게 된다. 저들은 생일 잔치는 없다. 정글 사람들은 생일이라는 개념이나 나이를 아는 사람이 없기 때문이다. 한 마을 이 복음화를 이루면 이러한 퇴폐적인 풍습이 사라지게 되니 저들이 복음을 믿고 예수님을 영접하면 이러한 몹쓸 전통에서 해방되는 것 만으로도 저들 은 자유의 기쁨을 누리게 된다.

제5장

복음의
밭

보내심을 받지 아니하였으면 어찌 전파하리요
(롬 10:15)

A Missional Narratives on
Intercultural Communication

씨 뿌리는 자도 준비되었고, 씨도 준비되었으며, 밭도 준비되었는데 그 밭에 무엇을 어떻게 심어야 할 것인가 하는 기획이 있어야 한다. 수신자의 심령 상태를 주님은 밭으로 비유하셨지만, 그들의 살고 있는 환경도 밭에 비유될 수 있다.

복음의 수신자들은 그 환경 속에서 자라왔고 그 환경 속에서 삶을 영유하고 있기에 그들의 삶은 환경에 대한 분석과 이해 없이 씨를 뿌리면 그 복음의 씨는 토양에 맞는 씨가 아니므로 열매를 맺지 못하게 될 지도 모른다. 복음에 대한 왜곡 내지 불이해는 결국은 저들에게 말씀을 통한 축복이나 삶은 변화를 기대할 수 없을 것이다.

복음은 여러 문화적 배경을 지나서 우리에게까지 찾아왔다. 그 과정 속에는 복음은 수많은 문화와 환경의 영향 속에서 이해되었고, 자신들의 방식으로 하나님을 예배하고, 신앙생활을 해 오면서 기독교 세계관을 지켜왔다. 이러한 과정이 '상황화'라고 불리는데 복음의 의미(meaning)와 관련성(relevance)을 고려한 해석 과정이라 말할 수 있다.

변해서는 안 될 진리를 다양한 문화적 배경 속에서 이해시켜 자신들의 복음으로 받아들이게 하는 작업, 그 방법을 여기에서 다루게 된다.

1. 청중의 이해를 돕는 상황화

'복음의 밭'이라고 말한다면 통상적으로 사람들의 복음 수용성을 말한다. 예수님께서도 그렇게 말씀하셨고, 사역자들도 사람들의 심성의 밭에 따라 무엇을, 어떻게 뿌려야 할 것인가에 대한 관심을 갖는 것이 당연하다. 여기서는 사람들이 살고 있는 삶의 현장을 들여다보면, 저들은 저들의 세계관에 의해서 생각하고 움직이고 있다는 것을 알게 된다. 저들의 삶의 패턴과 전통을 만들어준 요소들이 있는데, 그것을 문화, 사회, 역사 그리고 전통 등한 개인의 삶과 사회가 공유해 나가는 배경을 상황(context)이라고 부른다. 사람들은 자신의 자라온 배경에 따라 생각하고 사고하고 행동하게 되는 것은 그들의 삶의 환경이 그를 그렇게 생각하고 행동하도록 만들어 주었기 때문이다. 그러므로 한 선교사가 타지역 또는 사회에 가서 정착하고 삶을 공유하고 복음을 전하려고 할 때는 자신의 환경과의 차이를 발견하는 일과 자신

의 삶의 기준을 '최소화'하고 선교지의 문화를 '극대화'하는 노력을 한다. 그 이유는 자신의 문화를 전하는 것이 아니라 그들의 문화 속에서 이해할 수 있는 복음을 전하는 것이기 때문이다.

빌립보서 2장의 "그는 근본 하나님의 본체시나 하나님과 동등 됨을 취할 것으로 여기지 아니하시고"(6절)란 말씀은 주님 자신이 가지고 있는 하늘나라의 특권을 최소화하셨다는 말씀이며, "오히려 자기를 비워 종의 형체를 가지사 사람들과 같이 되셨고"(7절)란 말씀은 인간의 삶 속으로 들어오셔서 유대인들의 전통으로 왜곡되게 언약을 이해하고 있는 저들에게 하나님의 뜻을 풀어 주시고 바로 잡아 주시려고 많은 노력을 하셨다는 뜻이다. 그러므로 예수님은 하나님의 아들이시지만 늘 상황화를 의식하시면서 사역하셨기 때문에 그분을 최고의 선교사의 모델이라고 볼 수 있다.

바울도 비슷한 말을 했다. 고린도전서 9장 19절에 "내가 모든 사람에게서 자유로우나 스스로 모든 사람에게 종이 된 것은 더 많은 사람을 얻고자 함이라"고 말했다.

그러므로 상황화(contextualization)란 말은 성경에서 언급되지 않았을 뿐이지 주님의 사역은 늘 상황화의 모습으로 만들어졌다는 것을 이해한다면 초문화권 사역에서의 상황화 작업은 필연적으로 사용해야 하는 도구이고, 삶의 모습에서부터 말씀 전파와 토착 교회를 세우는 과정과 지도력 형성 과정까지 꼭 숙지해야 하는 선교사들의 도구라고 보는 것이다.

왜 상황화인가?

커뮤니케이션에서 발신자—기호화(encode)—메시지—해독화(decode)—수신자 등이 언급되었다면 이 조건 뒤에 숨어 있는 배경을 '상황'이라고 부른다. 커뮤니케이션에 상황을 무시하게 되면 자신의 입장에서만 이해되고 만들어진 메시지를 상대방 수신자에게 정확하게 전달할 수 없는 것이다. 특별히 초문화권에서 사역하는 선교사들은 복음의 대상이 자라온 상황, 그들의 사회적·문화적 상황, 그리고 살아 온 배경 등을 파악한다면 저들을 이해하는 데 도움이 되고 따라서 저들이 이해될 수 있는 메지지를 제공할 수 있다는 점에서 꼭 필요한 절차이다.

기독교 역사를 보면 복음이 헬라 문화권으로, 라틴 문화권으로, 그리고 서구 문화권으로 해서 우리 동양 문화권으로 들어오는 과정 속에는 우리가 의식하든, 의식하지 못하든 말씀의 해석, 예배 형식, 찬양의 곡조, 기도의 모습, 교회 지도자 역할과 이미지, 교회 건축 등 다양한 형태로 변화되어 왔는데, 그것은 상황에 맞추어진 의미 전달이고, 시대에 맞도록 변화한 것이다. 그러나 복음이 말하고자 하는 핵심 내용(text)을 변화시켜서는 안된다.

왜 상황화가 필요한가 하는 질문을 많이 받게 된다. 상황화는 복음이 전파되는 곳의 상황을 고려한 자연스럽게 만들어지는 복음의 의미(meaning)와 관련성(relevance)을 찾기 위한 과정이다. 복음의 의미는 세계관이나 문화적 배경에 따라 달리 이해되어 왔다는 것이다. 상황화란 복음주의 입장에서, 초문화권의 상황에서 어떻게 복음의 진수를 그들의 문화 속에서 깨닫게 할 수 있느냐 하는 효과적 커뮤니케이션의 한 분야로 연구되어 왔다. 뱅 카토(Byang H. Kato)와 몇몇 사람들에 의하여 이 용어가 사용되면서 "본래의 개념이나 생각을 그 처한 환경에 연관성을 갖도록 하는, 즉 시시각각으로 변하는 상황에 영원불변의 하나님의 말씀이 어떤 연관성이 있는지를 밝히는 용어"로 사용되었다.[1] 한편, 브르스 니콜스(Bruce J. Nicholls)는 말하기를 "상황화는 변하지 않는 복음의 내용을 타 문화와 특정 상황에 사는 민족에게 의미 있는 언어 형식으로 번역하는 것"[2]이라고 설명한다.

상황화를 초문화권 속에서 적용시키려면 먼저, 성경적 계시가 쓰일 때의 문화적 환경과 오늘의 환경과의 차이를 바로 이해함으로써 성경의 문화 속에서 계시의 본질적 핵심만을 바로 뽑아 구별해야 한다. 둘째, 성경 주석자들이 자신의 문화적 차이에 대한 이해가 있어야만 성경의 근본적인 사실이나 개념 등의 인위적인 것들에 의한 감염과 왜곡을 최소화할 수 있거나 막을 수 있다는 것이다. 셋째로는 말씀을 듣는 사람들의 문화적인 상황을 바로 이해해야만 성경적인 진리가 진실되게 전달되어질 수 있다는 것 등이다.

선교사의 위치와 상황화의 문제를 아래 도표로 그려낼 수 있을 것이다. 성경은 유대의 문화와 역사의 배경 속에서 기록되었고 말씀의 의도를 이해하기 위해서는 유대의 문화적, 사회적 배경을 이해할 필요를 느끼는데 그 이해의 범위가 선교사가 자라온 사회적 문화의 안경을 통해서 드러나게 된다. 그리고 다시 선교지의 문화 속으로 들어가 설명을 해야 한다.

---

1   Byung H. Kato, "The Gospel, Cultural Context, and Religious Syncretism," in *Let the Earth Hear His Voice*, ed. J.D. Douglas(World Wide, 1975), p.1217

2   Bruce J. Nicholls, "Theological Education and Evangelization," ibid, p.647.

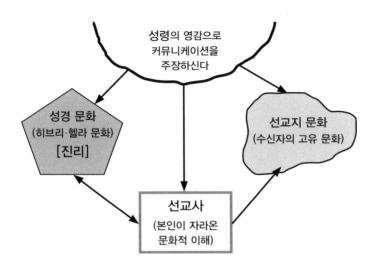

예를 들어 눈이 없는 열대지방 사람들에게 눈에 대한 설명을 하기는 거의 불가능 하지만 에스키모인들에게는 '눈'이라는 단어가 14개나 된다고 한다. 이사야서 1장 18절 말씀에 "눈과 같이 희어질 것이요"를 에스키모인들은 잘 이해할 수 있지만 열대지방 사람들에게는 쉽지 않게 될 것이다. 그렇다면 현장에서 흰색에 대한 개념을 설명할 수 있는 동물이나 상황을 찾아야한다. 그래야 "희어질 것"이라는 의미를 깨닫게 할 수 있기 때문이다. 가장 천대 받는 직업인 목동을 설명해야 하는 사회에서는 예수님이 목자이심을 설명하기가 쉽지 않다는 것이다. 아버지를 보지도 못한 고아에게나, 잔인한 아버지를 가지고 있는 자녀에게 하나님은 아버지와 같은 분이라는 것을 설명하기는 쉽지 않다.

성경에는 키, 맷돌, 쟁기 등 우리가 어렸을 때 농촌에서 흔히 쓰던 물건들이 자주 등장하지만 그것들을 일반적으로 사용했던 세대에서는 쉽게 이해되고, 기능도 알고 있지만 이제는 박물관에서나 볼 수 있는 물건이 되어버렸으니 후세대의 어린이들에게 어떻게 설명해야 할 것인가를 고민해야할 때다. 이러한 물건들을 트랙터만 사용하여 농사를 짓는 서양 사람들은 어떻게 이해할 것인가? 그림이나 사진을 통해서 간접 경험을 할 수 있을 것이나 추가적 설명을 하지만 각자가 자신의 경험과 이해대로 받아들이고 해석하게 될 것이다. 이러한 기구들의 기능이 설명되지 않으면 예수님이 전하시고자 하는 의도가 전달이 안되거나 상상 세계 속에서나 자신의 경험에 따라 적당히 이해하게 될 것이다. 한국의 옛날 세대의 기구들과 유대인들이 사용하는 기구들이 정확하게 같지 않지만 번역은 우리가 이해하는 대로의 단어를 사용했다. 한편, 선교사들은 성경의 모든 문화적 요소들을 자신 나름대로 경험 한대로 이해를 하고, 그 이해의 범위 내에서 또 다른 문화권에서 전하게 되는데 전달자의 이해도 다른 말씀을 수신자의 문화속에서 이해를 시켜야 하는 부담이 생기게 되는 것이다.

이렇게 메시지 전달의 정확성은 문화적 요소들의 초월해서 전달하려는 문제에 있어 해결책은 의미와 의도를 전하는 일에 있어 자신이 경험한 것으로 깨달은 다음, 수신자의 정확하지는 않지만 비슷한 문화적 유산을 가지고 그 진의를 설명하게 되는 것이다. 그렇게 해서 수신자로 하여금 말씀의 의미를 찾아 내도록 하는 일이 상황화 작업이다. 절대적 이해는 불가능하기 때문에 전달자는 성경이 전하고자 하는 의미를 찾아 주기 위하여 진리에 대한 지속적인 깨달음의 노력, 그리고 성령의 도움을 받아야 할 것이다.

상황화는 다양한 분야에서도 적용되어 왔는데 각 지역의 문화와 관련되어 예배 형식과 예식을 개발해 왔다. 건축양식도 꼭 서양식의 건축 양식만 고집해 오지 않았고, 편리에 따라 예배당이 지어졌다. 교육 분야에서도 지역에서 시청각 교육 자료를 구한다. 설교자의 의상 문제도 꼭 신사복을 챙겨 입어야만 하는가? 교회에는 정장을 입고 가야 하는가? 다양한 의견 속에서 최근에는 많은 서구 교회들은 목회자나 성도들이 교회를 참석할 때 시대적 문화의 변천을 고려하여 캐주얼한 옷들을 입기 시작한 것은 청중과의 호흡, 동질성을 고려한 상황화의 산물이다. 하나님께 예배를 드릴 때는 정중해야 한다는 전통적인 생각에서 외모보다는 내면의 진정성을 더 중요시 여기는 실용주의적 시대적 변천으로 보는 것이다. 그러나 그러한 시대적 경향이 외모를 중시하는 한국인에 맞는가 하는 것을 고려해야 하는 것이 문화적 상황화에 대한 또 다른 문제를 제기하기도 한다.

자신의 문화를 말씀보다 더 우선순위에 놓고 선교지의 문화를 무시하는 경우가 있다. 물론 우리가 가지고 있는 문화의 우수성과 편리성 등을 소개

할 수는 있지만 그것을 강요해서는 안되는 이유는 저들은 자신들의 문화를 더욱 편리하고 익숙하다고 생각하기에 부담을 갖지 않도록 해야 하기 때문이다. 선교사의 중요한 임무는 말씀을 전달하는 사역이기에 이 말씀에 초점을 두고 현지의 문화 속에서 이해시키는 노력이 필요하다.

현지의 옷이 문화라고 한다면 우리의 몸은 말씀으로 비유될 수 있을 것이다. 그러므로 옷은 바꾸어 입을 수 있지만 피부색을 바꿀 수는 없는 것이다. 나는 인도네시아에 살 때 늘 '바틱'옷을 즐겨 입는다. 바틱옷은 인도네시아 전통적인 옷으로서 조금 화려한 꽃무늬나 전통 무늬가 한국에서 입기에는 적절하지 않다. 그러나 인도네시아에서는 일상적으로 입기에 적절하고 시원해서 좋아하는데 더 중요한 것은 인도네시아인들에게 호감을 갖게 하기 위하여 그 옷을 즐겨 입는다.

상황화도 마찬가지이다. 몸이 말씀의 내용이라고 비유한다면 옷은 상황화의 과정이라고 비유할 수 있을 것이다. 우리의 피부 색깔을 바꿀 수는 없지만 옷은 얼마든지 바꿀 수가 있는 것이다.

2. 말씀 해석의 상황화

예수님은 비유를 사용하여 하나님 나라라는 주제를 설명하시기를 즐겨 하셨다. 천국 복음을 전하시기 위해 오신 주님이 보이지 않는 하나님 나라를 설명하기는 많이 어려우셨을 것이다. 하나님 나라는 하나님의 영역이고, 보이는 것을 믿어야 하는 사람들에게는 보이지 않는 하나님의 나라에 대한 개념은 상상 속에서만 존재하고 있다. 주님의 커뮤니케이션 방법은 비유를 통해서 보이지 않는 하나님의 세계를 설명하실 때에 하나님은 미지의 존재가 아니라 바로 우리 곁에 계시고, 인간의 말과 인간의 삶 속에서 설명이 가능한 분이라는 것을 보여주셨다. 이 하나님에 관한 지식과 하나님 나라의 메시지를 제자들의 귀에 분명하게 들려 주셨고, 시각적으로 설명하셨다. 상황화의 목적은 저들에게 이해되게 하시는 과정 속에는 인간의 언어로, 인간의 삶 속에서 해석이 가능할 수 있도록 만들어 청중들은 전해진 말씀이 자신들과 관련된 것이라고 이해될 때 비로소 저들은 반응하게 될 것이고 감동으로 다가 오게 될 것이다.

"예수께서 이 말씀을 마치시매 무리들이 그의 가르침에 놀라니…"(마 7:28).

이 말은 예수님의 권위 있는 말씀, 저들의 알아 들을 수 있는 말씀에 놀 랜 것이다.

바울은 사도행전 17장에서 아덴 도시의 한적한 곳에서 철학자들이 논쟁 하는 모습을 보았다. 그는 저들에게 어떻게 접촉점을 찾을까를 생각하다가 그곳에 "알지 못하는 신에게"라는 철학적 타이틀이 단에 쓰여져 있는 것을 발견하였다. 바울은 이 타이틀에서부터 저들과의 접촉점을 찾기를 시도한 다. 그는 청중들이 유대인이 아니라는 것을 알기 때문에 늘 사용하던 유대 인의 족보 또는 율법 이야기는 생략하고, "우주와 그 가운데 있는 만물을 지 으신 하나님"으로부터 시작해서 '천지의 주재', '생명과 호흡', '모든 족속' 등 일반계시의 개념을 가지고 철학자들을 설득한다. 말하자면 상황화된 메시 지를 전하고 있는 것이다. 이러한 상황에 맞춘 복음은 저들에게 쉽게 이해 됐고, 관련 지을 수 있는 메시지가 이해되니 저들이 당연히 메시지에 반응 하게 되었다. 물론 다 순종의 결단은 하지 않았지만 적어도 저들은 그가 전 하는 복음을 자신들의 생각 속에서 그 말씀을 이해하기 시작하면서 반응을 보였다.

복음서 내용의 특성들은 모두 수신자가 다르다는 이유 때문에 수 없이 많은 이슈를 메시지로 전하셨지만 복음서에 쓰여진 극히 일부라는 것을 요 한은 말해주고 있다(요 21:25). 복음서의 각 저자들은 자신들이 가지고 있는 자료 중에서 지정된 청중(target audience)에게 필요한 자료만을 편집하여 기록한 것이라고 볼 수 있다. 그들의 상황을 고려하고 그들의 전통과 이해력에 호소하는 내용과 용어들을 사용한 것이다. 신약성경이 헬라어로 쓰여졌다는 것도 상당한 의미를 지니고 있다. 언급한 대로 당시 헬라 문화에 대한 경외감 때문에 헬라어가 대중화된 상황이기도 하지만 특별히 이 복음이 유대인과 헬라인뿐만 아니라 로마인,[3] 이방인들에게도 전달되어야 한다는, 말하자면 '미전도 종족'을 향한 복음의 길을 열어 놓은 것이다.

복음의 이해력을 돕는 상황화

신학적 상황화가 아니라 '복음전달을 위한 상황화'란 말을 쓰기 원한다. 신학적 상황화를 이야기하려면 신학의 토착화란 말을 해야 하기 때문이다. 신학의 토착화는 잘못 다루다가 복음이 토속 문화에 함몰될 가능성이 있고, 결과적으로 혼합주의을 탄생하게 만들 것이다. 복음의 의미는 변질되어서는 절대 안된다. 그러나 복음이 복음 되게 하기 위해서는 복음을 싸고 있는 유대 문화적 요소들을 벗겨내고 하나님이 주시고자 하시는 복음의 핵심(의도)이 전달되도록 해야 한다. 복음의 유대인의 전통과 문화 때문에 잘못 이해 된다면 복음이 의도하는 바가 효과적으로 소통되지 않았다는 것을 의미하기 때문에 복음적 상황화라는 말을 하게 되는 것이다.

우리가 알든 모르든 우리는 성경의 사실들을 유대의 문화적 요소들을 제

---

3   Google search: 로마가 그리이스를 정복할 당시 헬라어가 로마에서도 많이 사용되는 대중적인 언어였다.

거하면서 받아들이고 있다. 예배의 형식이나, 문화적 요소, 즉, 결혼, 장례, 음식, 파종과 추수 등 많은 것들이 우리의 삶과는 거리가 있기에 우리는 그러한 문화적 요소에는 관심을 두고 있지 않고 그 뒤에 숨어 있는 의미를 찾아내고 이해하는 일에 초점을 두고 있다. 예수님이 제자들과 떡을 떼시고 부른 찬미는 틀림없이 유대인들이 즐겨 부르는 곡조(tune)로 되어 있을 것인데, 지금은 유대인의 곡조로 찬양을 하는 사람은 아무도 없다. 모두 서구적 찬양 아니면 자국의 토착 곡조로 된 찬양을 부르게 되는 것은 모두가 상황화의 일환이다. 여기서 찬양의 메시지를 나르는 곡조가 중요한 것이 아니라 찬양의 내용이 중요하다는 것은 누구나 잘 알고 있다. 예를 들어 인도의 케랄라 주의 한 지방교회를 방문했을 때 우리가 거의 들어보지 못한 곡조로 찬양하며 기뻐하는 모습을 보면서 그들이 사용하는 악기나 그 곡조는 모두 인도의 전통적인 음악으로 만든 찬송들임을 알게 되면서 놀라지 않을 수 없었다.

복음은 예수 그리스도의 죽음과 부활이 핵심이며 믿음으로 구원의 성취를 통하여 하나님과의 교제를 이루는 것이다. 이 복음은 사람들에게 전파되는 과정에서 그 효과성과 효율성을 고려하지 않을 수 없을 것이다. 복음의 핵심, 또는 복음의 내용을 현장의 세계관과 혼합하는 것이 아니고, 현장에서 찾을 수 있는 종교적 요소를 수용하는 것도 아니다. 현장의 수신자들이 그 복음을 어떻게 이해하게 하느냐에 역점을 두고, 그리고 그곳의 문화적 배경에서 잘못 이해하는 것들을 제대로 이해할 수 있도록 의미를 부여해 주는 문제를 다루게 된다. 그렇다면 복음의 핵심인 내용을 절대 바꿀 수 없지만 그 내용의 의미화를 이루는 것은 복음의 이해력을 돕게 하려는 노력이므로 타 문화권에서의 말씀에 대한 뜻이 제대로 전달되어 그들에게 전해진 복음이 저들을 살리는 복음, 저들을 변화시키는 복음이 되게 하는 것이다. 이러한 선교학적 접근은 성경의 진리를 수신자들이 자신들의 진리로 받아들이게 된다면 저들은 은혜의 동산으로 올라가게 될 것이라는 것이다. 그렇다면 선교사(전달자)는 자신의 문화를 최소화하려는 노력과 그에 따른 희생을 감수해야 한다. 선교사 자신의 문화를 영성의 문화로 착각하면서 자신의 문화를 포교의 수단으로 사용한다면 결국은 수신자의 문화를 무시하거나 약화시켜 저들의 말씀을 이해력이 떨어지게 되는 결과를 낳을 수 있다.

복음은 헬라 언어권을 거쳐 라틴 문화권으로 자리 잡으면서 기독교가 큰 세력을 이루게 된다. 중세 교회들이 라틴 문화권 속에서 경제 부흥과 함께 십자군 운동의 영향력, 그리고 마틴 루터의 종교 개혁 이후로 가톨릭교회의 신세계로의 진출, 18세기에 들어서면서 세계를 선교의 영향력은 마치 기독교가 서구 교회로 인식되게 되면서 문화적 우월성을 가지게 되었다. 데이비드 보쉬(David J. Bosch)가 지적한대로 대규모의 서구 식민지 시대가 열리면서 서구 기독교가 자신의 문화에 심겨졌다는 것을 인식하지 못하고 암시적으로 서구 문화는 기독교와 동일시하고 있다는 것이다.[4] 기독교의 비서구화를 주장했던 조동진 박사는 이슬람 세력으로부터 기독교를 '서구 종교'로 잘못 인식되는 경향은 기독교 복음 전파에 방해가 되고 있다고 보고 있

---

4 데이비드 J. 보쉬, 『변하고 있는 선교』(기독교문서선교회 2000), p.661

고, 그 기독교의 이미지를 벗기 위해서는 기독교의 '탈 서구화' 내지는 '비서구화'가 중요하다고 주장하고 있다.[5] 이 문제 해결은 선교가 토착 교회를 설립하는 것이 해결책이고, 토착 지도력을 세우는 것이 기독교의 서구적 냄새를 제거하는 것이라고 생각하고 있다. 그후, 교회는 토착 교회가 가장 바람직한 교회의 모델이라고 생각하면서 현장화된 메시지, 현장화 된 지도력, 교회 운영체제 등을 통해서 저들이 부담이 없고 편안한 마음으로 예배할 수 있는 교회를 만드는 것이다.

모든 성경의 저자들은 이 관계성을 위해서 여러 가지 언어로 설명했다. 예를 들어 요한은 그의 복음 첫 장에서 "태초에 말씀이 계시니라"로 시작해서 그 말씀은 바로 예수 그리스도라고 증거한다. 당시 그리스 철학에서 "로고스"란 말이 최고의 사상적 근원('이성', '논리', '계시')[6]이라고 믿고 있었고, 수신자들에게 그리스도가 바로 저들 사상(세계관)을 지배하고 있는 실체라는 것을 상황화적 접근법으로 증거하면서 예수 그리스도의 탁월성과 우월성을 전달하고자 노력했다. 그 초월적 하나님은 바로 육신적 인간에게 들어 오셔서 말씀하시는 하나님이시라는 것을 증거해 주고 있다. 사도 요한의 이 말씀은 청중의 사고와 생각을 충분히 고려한 메시지의 시작이라고 생각이 되는데 결국은 그러한 청중의 관심과 지식에 호소함으로써 그리스도가 누구인가에 대한 대답을 하고 있는 것이다. 선교사의 사역에 있어서 말씀이 그

---

5 David J. Cho, *The Mission, Innovation from Westernization to De-Westernization and then Globalization*(East–West Center for Missions 2012), p.227.

6 네이버 블로그, "로고스 개념의 배경과 그 의미"

들의 이해 속에서 복음으로 전파될 때 비로소 산 복음이 되도록 하는 노력이 바로 복음의 이해를 위한 상황화 과정이다.

실질적으로 기독교의 비본질적인 문화적 요소를 강조하다 보니 현장의 문화와 타협하면서 의미가 곡절되어 있는 지역적으로 타락한 기독교의 모습을 보게 된다. 시대적으로도 종교개혁 이전에는 말씀의 왜곡이 신도들의 맹신을 불러 오게 되었다. 종교개혁은 성경의 본질로 돌아가자는 운동이고, 그 본질은 성경의 의미를 찾자는 운동이다. 성경 본질의 문제를 전통적 요소를 통하여 왜곡시키는 바람에 일부 지역에서는 기독교는 갈 길을 잃은 정체성이 없는 '방황의 종교', 인간의 요소와 전통의 요소가 합쳐진 '혼합 종교'로 변질되게 만드는 것이다. 남미의 많은 가톨릭 국가들, 아시아의 대표적인 가톨릭 국가인 필리핀에서 보면 지나친 외적인 상황화로 인하여 저들의 가톨릭 문화를 형성하면서 만들어진 비기독교적 요소들이 넘쳐나고 있고, 그 오염이 메시지에 첨가된 모습을 얼마든지 보게 되는데 이러한 변질은 말씀이 왜곡되게 만드는 것이다.

포도주와 코코넛 주스

성경적인 진리에 본질적인 구원과 관련된 문제는 목숨을 걸고 지켜야 하는 것이 맞지만 비본질적인 문제는 자유함이 있어야 한다는 것이다. 그래서 이런 말이 있다. 성 어거스틴은 "본질에서는 통일을, 비본질에서는 자유를 그리고 모든 것에는 사랑을…"(In Essentials Unity, in Non-Essentials Liberty, In All Things Charity)이라는 말을 했는데 예수님의 십자가와 부활, 즉 인간에게 구원을 베푸시기 위해 흘리신 피를 믿음으로 구원을 받는다는 것을 비롯해서 웨스트민스터 신앙고백에서 나오는 고백들을 신앙의 본질로 보고 공유하는 것은 당연한 것이지만, 비기본적인 것에는 표현에 있어 자유함, 그리고 모든 일에는 서로가 사랑으로 용납할 수 있어야 한다는 말이다. 복음의 핵심에는 통일을, 그리고 비핵심적인 문제는 상황화를 통해서 상호 이해할 수 있는 개방된 마음이 필요하다는 것이다.

예수님과 바리새인들간의 갈등 요인은 바로 본질과 비본질의 문제였다. 주님께서는 하나님의 의도를 밝혀 주는 본질을 찾아 주시려고 애를 쓰셨고, 당시 바리새인을 비롯한 유대교 지도자들은 하나님이 의도하시는 본질에의 관심보다는 전통적으로 내려오는 율법의 해석과 유대 조상들의 유전으로 변형된 비본질적인 문제들을 놓고 싸우는 일에 목숨을 걸어온 것이다.

정글 속에서 초창기 선교사들은 이러한 복음 해석의 문제를 놓고 많이 고민해 왔다. 어떻게 하면 말씀이 저들에게 깊은 의미로 다가가게 할 것인가, 어떻게 저들의 신앙을 증진 시킬 것인가를 고민하기 시작했다. 평신도들로 구성된 정글 속의 선교사들이 성찬식을 집행할 수 있느냐 하는 문제, 세례를 베푸는 문제도 마찬가지였다. 이 문제에 있어 교역자, 평신도들이 구분되어 있지 않고, 엄밀히 말하면 이러한 문제에 대해서 성경은 침묵하고 있다. 성찬식에 사용되는 빵과 포도주는 유대 땅에서는 양식으로 사용했던 것이고, 빵(한국말로는 '떡')이라는 개념도 유대인들의 빵의 개념과 서양 사람들의 빵의 개념과 한국어의 '떡'의 개념이 전혀 다르다. 정글에서는 밀이 없으니 빵도 없고, 열대지방에는 포도가 나지 않으니 자연히 포도즙도 찾아 보기 힘들다. 이러한 환경 속에서 몇 가지 질문을 하게 된다. 첫째, 자료가 없으니 성찬식은 안 해도 된다, 둘째, 정글이 개화되어 빵과 포도주를 마음대로 구입할 수 있을 때까지 보류해야 한다, 셋째로, 다른 자료로 대체해서라도 성찬을 해야 한다는 것이다. 결론은 분명하다. 세번째의 선택이다. 그래서 전통적으로 정글에서 쉽게 재배되는 '우비'(ubi-고구마 종류)라는 것은 쪄서 빵을 대신하고, 흔히 얻을 수 있는 딸기 즙이나, 코코넛 주스로 포도주를 대신하여 성찬을 할 수 있다는 것이다. 모양과 형태는 다르지만 그 의미 "주님의 흘리신 피와 살"의 상징성은 같다고 보는 것이다. 처음 선교사들은 이와 같은 방법으로 성찬해 왔던 것이 유례되어 지금도 현장에서 나는 산물로 성찬식을 거행한다.

인도네시아의 상황화를 보면 이슬람의 경우 인도네시아 사람들에게 부담이 가지 않는 의상을 입고 금요일마다 모스크에 나와 예배한다. 인도네시아의 국민모와 인도네시아 전통 옷인 바틱을 입고 예배하는 모습은 저들에게 이질감을 주지 않는데, 이슬람이 중동에서 온 종교이지만 형식에 있어서 인도네시아화된 것이 저들의 포교에 많은 도움을 주었다고 생각한다. 기독교는 마치 화란 종교처럼 보여 설교할 때 반드시 양복을 입어야 하고, 넥타이를 매야 하는, 더운 지방에서 익숙지 않는 모습을 보고는 이슬람 사람들이 기독교인들을 '블랙 더치'(black Dutch)라고 불렀다고 한다. 선교사인 나도 저들의 요구로 많은 경우 넥타이를 매고 설교를 하지만, 외적인 모습보다는 내적인 진리에 우선했더라면 형식적이고 전통적인 기독교가 만들어지지 않앉을 것이다.

　여기서 짚고 나가야 할 부분은 두어 가지라고 생각된다. 서양 선교사들 교단을 중심으로 해서 세워진 교회들의 여러 곳에서 성공한 케이스도 있지만 우리가 주장한 토착교회와는 거리가 먼 것도 있다. 저들의 영적인 순수성은 인정하지만 인도네시아의 문화를 충분히 고려하지 않아 오는 여러 가지 문제점들이 드러나고 있다. 예를 들면, 피를 먹지 말아야 한다는 것이 교리적으로 큰 문제가 되었다. 서양 선교사들이 와서 그곳 사람들이 짐승(특히 돼지)을 잡았을 때 피로 음식을 만들어 먹는 것을 보고 C&MA 선교사들은 절대적으로 허락하지 않았다. 서양사람들의 입장에서는 문제가 될지 모르나 인도네시아 사람들에게는 피를 먹은 일은 일상이 된 문화이다. 그런데도 선교사들이 안된다고 강조하다 보니, 현지인들은 말하기를 모든 육류는 요리할 때 그 안에 피가 조금씩 섞여 있는 것이 아니냐며 고기도 먹지 말라는 것은 잘못이라는 것이다. 이러한 사소한 문제로 인하여 많은 마을들이 예수 믿기를 거절한다든지 다른 교단으로 피해가는 경우를 보게 된다. 이러한 문제는 한국에서도 주초 문제 때문에 많은 논란이 있었던 것과 비슷한데, 아직도 해결하지 못하는 문제로 남아 있다. 그러나 이 문제로 구원의 문을 닫아 놓게 된다면 생각을 다시 해볼 필요가 있다.

구원의 유추: 평화의 아이

　돈 리처드슨(Don Richardson)의 『화해의 아이』(Peace Child)라는 클래식 책이 있는데 영화로도 나와 있는 이 이야기는 상황화를 통해서 저들에게 복음을 이해하게 하는 것이 얼마나 중요한 역할을 했는가를 보여주는 좋은 예이다. '구원의 유추'(redemptive analogy)란 말은 구원을 설명하기에 가장 적절한 현장의 삶에서 저들이 이해할 수 있는 삶의 이야기를 찾아 설명하는 것이 복음을 이해시키는 데 얼마나 도움을 주는가 하는 것에 대한 이야기 이다. 저들의 이해 속에서 설명되는 말씀이 저들의 오해를 풀게 되면 저들의 세계관의 변화와 함께 삶의 변화, 그리고 주님을 향한 결단이 이루어질 수 있다는 것을 말해 주고 있다. 저들 삶 속에 있는 구원의 뜻을 유추할 수 있도록 이해를 도움으로서 주님의 성육신에 대한 설명이 가능해졌고, 저들의 이해를 통하여 믿고 삶의 변화와 함께 개종이 이루어진다는 것이다. 현장의 문화에서 찾을 수 있는 상황을 통해서 메시지 전달 수단으로 사용하므로 저들에게 구원의 복음을 확실하게 이해시키는 데 크게 도움을 줄 수 있다는 것이다.

이야기는 이렇게 전개된다.

1962년 리처드슨은 캐나다 선교사로서 인도네시아의 동북쪽에 있는 섬 파푸아(Papua, 옛 이름, Papua New Guinea)에서 사위(Sawi) 족속들을 대상으로 사역을 시작하였다. 저들은 식인종들이었고, 부족들 간에 늘 싸움이 있었다. 선교사 부부는 말을 배워 저들에게 복음을 전했고, 구원의 메시지를 전하기 위하여 예수님의 생애에 관한 스토리를 전하기 시작했다.

"인간은 죄로 인하여 하나님과 원수가 되었지만 예수님이 오셔서 십자가에 죽으심으로 죄 사함을 받아 하나님과 화목하게 되었습니다."

"…"

"예수님은 열두 명의 제자가 있었는데 유다라고 불리는 한 제자가 예수님을 배반하고 은 30냥에 팔아 버린 것입니다."

"깔깔깔! 아 잘 됐네요."

저들은 수상한 웃음을 웃는 것이었다. 저들의 개념 속에서는 유다가 승리자라고 이해되었기 때문이다. 예수님은 유다에게 배반을 당했고 십자가에 죽으시므로 그는 완전 패배자라는 것이다. 뿐만 아니라 30냥을 받았으니 크게 잘 챙겼다는 생각을 하는 것이다. 수단과 방법을 가리지 않고 상대를 죽였고, 자기의 이득을 챙겼다는 것은 저들의 이해 속에는 유다는 영웅 수준의 승리자인 것이다. 이러한 저들의 반응을 보고 리처드슨은 실망하고 고민하기 시작했다. 지금, 자신은 예수님을 전하기 위해 온 것이 아니라 유다를 저들의 영웅으로 만들고 있다는 생각에 깊은 고민에 빠진 것이다.

하루는 부족 간에 활과 창으로 치열하게 싸움이 벌어졌다. 높은 나무 위에 집을 지은 것도 적들로부터 보호를 받기 위한 것이고, 싸움만 났다고 하면 수많은 사람들이 피를 흘리고 죽어가게 된다. 수년 동안 싸움에 지친 저들은 싸움을 멈추고 서로 같이 화해의 행사 모임을 갖게 된다. 이 행사는 상호간에 더 이상 싸움을 끝내고 화해를 하고 더 이상 원수 관계를 맺지 않는다는 상징으로 갓난 아이를 적에게 제공하고 상대는 그 아이를 잘 키우는 동안에는 평화를 약속하는 것이다. 이 행사를 통해서 리처드슨은 '구원의 메시지'를 설명할 수 있는 힌트를 얻게 되었다. 바로 예수님이 '화해의 아이'라고 외쳤다.

"카이요(사위 족속의 아들을 바친 아버지의 이름)가 하나님께서도 하나밖에 없었습니다. 그런데 카이요가 한 것 같이 하나님께서는 그 아들을 하나님의

원수인 우리에게 주신 것입니다".[7]

"곧 우리가 원수 되었을 때에 그의 아들의 죽으심으로 말미암아 하나님과 화목하게 되었은즉 화목하게 된 자로서는 더욱 그의 살아나심으로 말미암아 구원을 받을 것이니라"(롬 5:10).

이 말씀을 전할 때에 저들에게 복음이 깨달아 지기 시작했고, 온 마을이 예수 그리스도를 영접하며 원수 된 우리에게 독생자 예수님이 오심으로 우리의 구원이 이루어졌다는 것을 깨닫기 시작했다. 그후 교회는 부흥이 되었고, 온 마을뿐만 아니라 사위 족속들이 예수님을 영접하는 놀라운 역사가 일어나게 되었다.

복음전파 방법의 상황화

예수님은 사람들의 삶의 현장으로 들어가셔서 그들의 삶의 문제를 해결해 주시고 말씀을 전하셨다. 그들에게 맞춤형 메시지를 가지고 상황에 맞도록 말씀을 전개하셨다. 미리 만들어진 시청각 교육이 아닌 현장에서 쉽게 만날 수 있는 사물들을 통해서 시각에 호소했고, 모든 사람들이 자신들의 환경에서 익히 알 수 있는 예화들을 사용하셔서 말씀을 전개하시므로 하늘의 비밀을 가르쳐 주셨다.

"공중의 새를 보라."

"백합화를 보라."

현장 실물교육인 것이다. 이런 교육 내용을 저들이 쉽게 이해할 수 있었

---

7 돈 리처드슨, 『화해의 아이』(생명의말씀사 2013), p.239.

던 것은 주님이 사용하신 예화의 소재가 저들의 삶이고, 일상이었기에 높은 차원의 천국에 대한 이슈를 지상의 일과 결부시켜 이해하도록 배려하셨다.

당시 바리새인들의 학문은 높은 수준이었고, 저들 가운데에는 다수가 서기관, 율법학자들이었다. 저들의 배경은 많은 시간을 들여서 율법을 공부하였고 조상들의 유전을 지켜왔던 사람들이지만 전하는 메시지는 서민들에게는 알아 들을 수 없는 것이요, 그들은 차원 다른 사람들로 취급을 받게 되었다. 그렇지만 예수님은 저들의 사정을 충분히 이해하고 공감대를 가지실 만큼의 수준에서 살아오셨다. 예수께서도 당시 유대 랍비들이 회당에서 안식일만 되면 공식적인 예배를 드리는 풍습도 있었지만 예수님이 사용하신 장소와 시간에는 제한이 없었다. 주님은 주로 삶의 현장에 서서 말씀을 가르치신 것이다.

칼리만탄의 농경 계절은 9월에 떨기나무들을 잘라 불을 태워 그 재를 거름으로 삼아 대나무로 만든 창 같은 도구로 땅에 구멍을 낸 다음 그 구멍에 곡식을 넣고 10월 우기가 되어 비가 내리기 시작하면 그 구멍을 메꾸면서 싹이 나오게 하여 벼농사를 짓는다. 9월의 벼농사를 시작하기 전에 저들은 온 가족, 마을이 동원이 되는 마치 옛날 한국의 농촌에서 볼 수 있는 품앗이가 시작된다. 마을이 복음화가 이루어지면 모든 사람들이 옛날에 섬기는 신을 버리고 예수님을 영접한 사람들이지만 이러한 밭 모내기 행사를 할 때에는 옛날을 그리워한다. 그것은 일을 시작하기전에 박수무당을 불러와 파종을 하기 전 간단한 굿을 하게 되는데, 각종 음식(제물)이 준비가 되고 신을 불러 곡식이 싹이 잘 터서 자라 많은 수확이 나도록 비는 행사이다. 이러한 옛 의식은 저들은 전통적으로 조상 때부터 내려온 매년 파종 때면 행해지는 의례적 행사이다. 이제 개종한 사람들도 어떤 생각을 하고 있는가 하는 것이 의문이다. 분명 개종한 사람들은 굿을 생략하니 무엇인가 허전하고, 삶의 중요한 부분이 빠진 것 같은 마음이 있어 섭섭하게 느끼는 것을 보게 되었다.

그렇다면 대체할 수 있는 어떤 아이디어는 없는가? 파종 때가 되면 마을 사람들을 밭으로 모이게 한 다음 저들이 드렸던 무당의 종교행사를 대신해서 하나님께 드리는 예배로 바꾸었다. 긴 예배는 필요하지 않지만 찬송과 말씀, 특별히 성경에는 씨 뿌리는 비유가 여러 곳에 있으므로 찾아서 읽고 저들에게 설명을 한 다음 기도로 끝을 맺는다. 마치 비지니스 개업 예배를 드리는 것처럼, 삶의 현장에 찾아가 예수님이 가르치신 비유를 가지고 우리의 신앙생활의 씨를 심는다는 마음으로 저들에게 쉽게 말씀이 이해되고, 허전했던 마음을 예배로 달래는 것이다. 저들은 그것으로 만족하고 익숙하게 되어지는 것을 보게 된다.

3. 선교사 삶의 상황화

　선교사의 삶의 현지화에 가장 성공적인 인물은 허드슨 테일러(Hudson Tayler)라고 알려져 있다. 1853년 영국에서 떠난 그는 중국의 상하이에 도착한 후 닝보로 옮겨 중국내지선교회(OMF선교회의 전신)를 창설하여 중국을 복음화시키겠다는 비전을 가지고 깊은 현지화를 실현하였다. 너무 지나치다는 동료 선교사들의 비판에도 불구하고 그는 현지인과 같이 되려는 자신의 노력을 굽히지 않았다. 그는 중국 복음화를 위하여 몇 가지 개념을 가지고 사역을 시작했다.

　첫째, 이 선교회는 초교파적이어야 한다. 보수적인 신학을 가지고 있다는 어떤 교단소속과는 관계없이 선교회의 교리 선언에 서명만 할 수 있다는 확신을 가진 어떤 그리스도인이라도 선교사로 임용한다.

　둘째, 공식 교육이 부족한 자들에게도 문호를 개방한다.

　셋째, 선교회의 지부는 영국이 아니라 중국에 있어야 한다.

　넷째, 선교사들은 중국식 복장을 해야 하며, 가능하면 중국인들과 자신을 동일시해야 한다.

다섯째, 선교회의 일차적인 임무는 언제나 복음을 전파하는 것이어야 한다.[8]

중국내지선교회는 예배당을 건축할 때도 중국식 전통 건축양식을 따르는 것을 원칙으로 했다. 이러한 테일러의 모든 선교 정책은 중국인들의 삶에 뿌리내리는 복음, 중국인이 거부감을 느끼지 않는 삶, 중국인들이 세워지는 지도력의 토착화 등을 고려한 정책이라고 볼 수 있다. 우리는 아무리 낮은 자세로 저들과 같이 살 생각을 하고, 낡은 옷을 입고, 낮은 수준의 언어를 구사하고, 대화의 수준을 늘 낮추려고 노력해 오지만 그런 것들은 늘 희생이 따르는 것이기 때문에 생각하는 것처럼 쉬운 일은 아니다.

개척자가 된 선교사의 삶은 늘 어려움을 극복하고 없는 곳에서 필요한 것을 만들어 내고, 인내를 통해서 상황에 적응능력을 키우는 것이다. 정글 사역을 하면서 전기도 없이 살아 왔지만 안식년에 미국에서 살면서 결국 다시 원점으로 돌아왔다. 그것은 '전기가 없이는 못산다'이다. 안중안 신학교 설립을 위해 안중안에 도착했을 때 '안중안' 마을은 그래도 도시 문명이 조금 있는 조그마한 마을이었다. 주변 마을에는 전기도 들어오고 아스팔트도 깔려 있다. 그러나 신학교 부지로 구입한 땅은 길에서 조금 거리가 있어 전기가 가설되어 있지 않은 상태라 임시적으로 혼다(Honda) 휘발유용 발전기를 사다 놓았다. 그 발전기는 열을 받기 때문에 기껏해야 약 3시간 정도를 켤 수가 있어 밤 7시부터 10시까지 발전기를 켜는 것으로 되어 있어 기숙사

---

8   김숙희 Research Paper : 「허드슨 테일러의 선교적 관점」(GCU 2021), p 16

학생들은 이 시간이 되면 무조건 모두 취침에 들어가야 한다. 나는 미국에서 공부하면서 쓰던, 그 당시 제법 값이 나가는 무거운 IBM 전동타자기를 이곳에 전기가 있으리라 예상하고 가지고 왔다. 그 무거운 타자기를 이곳까지 가져 왔지만 밤에 3시간만 켜는 전기로 편지를 쓰려니 문서를 작성 하는 도중에 그만 취침 시간이 되어 전기를 꺼 버려 쓰던 편지를 중단하고 그 다음 날 저녁 7시를 기다려야 하는 웃지 못하는 상황이 벌어지게 되었다. 그 후 디젤 엔진을 달아 밤새도록 불을 켤 수 있었고, 그 후 결국은 일반 전기를 연결하고 캠퍼스에 전기가 들어왔지만 그곳의 전기는 자주 정전이 되는 경험을 하게 되는 것이다. 개척 정신은 인내부터 배워야 하는 것을 알게 되었다. 내가 가는 곳마다 전기는 나와 거리가 먼것 같다. 늘 개척 단계이기에 모든 것을 마련해야 하고 어려움을 감수해야 했었다.

선교사의 이미지

선교사의 이미지는 그의 역할에 따라 달라질 수 있다. 선교사가 모델로 삼을 분이 예수님이시기에 우리가 특별히 이미지 메이킹이 될 수 있는 것은 아무것도 없고, 단지 우리는 성령의 도우심으로 예수님을 닮는다면 그것으로 충분하다. 선교사의 이미지를 확인하기 위해서는 '마음의 거울'이라고 불리는 말씀에 자신을 비추어 보면 된다. 자신의 죄는 물론, 거듭남의 축복은 성령의 도우심을 통해서 만들어지는데 그 인격은 자신은 물론 다른 사람들에게 인정 받을 수 있는 인격을 말한다.

선교사의 이러한 인격의 변화는 복음의 수신자의 인격을 변화할뿐만 아니라 그가 살고 있는 삶과 환경의 변화를 가져다 준다. 복음이 들어가기 전 정글 사람들의 삶은 마귀적인 요소들이 너무 많다. 저들의 문화를 세 가지로 구분한다면 1) 용납할 수 없는 반 복음적인 문화―토착 종교와 연계된 문화 2) 별로 문제가 되지 않는 문화―중립적인 전통적 풍습 3) 복음적이지는 않지만 오히려 잘만 이용하면 복음을 실어 나를 수 있는 도구가 될 수 있는 문화 등이다.

첫 번째 문화의 형태는 수용할 수 없지만 복음을 통해서 고쳐줄 수 있는 가능성을 가지고 변화를 추구해야 한다. 반면, 두 번째는 사람들을 접촉하기 위해 같이 즐기는 문화가 되어야 하고, 세 번째 문화의 형태는 상황화의 입장에서 그 문화를 이용하여 복음을 심어 나르는 데 사용할 수 있는 방법을 찾는 것이다. 이러한 문화를 분석하게 되면 선교사의 문화에 대한 인식을 통해서 받아들여야 할 것인가, 아니면 대적해야 할 것인가를 판단하게 되는데 이러한 문화의 분석 없이 '기독교 문화'라고 하면서 복음과 대적 관계 없는 문화까지 선교사가 바꾸려고 시도하게 되면 '기독교는 문화 파괴자'라고 낙인을 찍힐 가능성이 있다. 되도록 자국 문화를 존중하는 태도는 그들과 소통의 지름길을 만드는 것이다.

한국에 들어온 선교사들의 이미지는 '좋은 사람', '우리를 도와 주러 온 사람', '우리가 배울 것을 제공하는 사람' 등 한국 개화기를 여는 데 큰 역할을 한 사람들로 인식되고 있다. 한국이 가난하고 무지하고 어두운 시기에 들어와서 저들이 우선적으로 생각했던 것들은, 교회를 세우기보다는 저들의 육신적 필요를 채워주기 위하여 먼저 병든 사람들을 치료하기 위해 병원을,

무식해서 오는 가난을 퇴치하기 위해서는 교육이 필요하다고 생각하고 세워준 학교들, 우리의 삶의 질을 높여 주기 위해 스포츠 종목들을 소개하는 등 한국 개화기 선교사들의 역할이 상당히 컸던 것으로 생각한다. 최초의 개인 방송국인 CBS 기독교 방송국, YMCA 등 청소년들의 교육을 위한 시설들이 세워졌다. 이러한 인간의 삶의 도움을 주는 신문명의 소개는 새로운 것을 배우려는 한국인들의 특성에 잘 맞았고, 또 한국인들의 유교 문화적 배경을 잘 이해하면서 '네비우스 정책'이라고 불리는 경제적 자립화, 지도력의 토착화, 전도의 한국적 방법 등은 선교사들이 보여준 현장 문화와 전통을 배려한 정책이 잘 맞아 들어갔다고 생각한다. 선교사들이 자신들의 새로운 기술과 새로운 삶의 모습, 문화를 소개함으로써 한국인들에게는 선망의 대상이 되거나 삶의 롤 모델이 되기도 했다. 저들의 의도적, 그리고 선교 전략적 선교 사역을 개발하고 현지민들의 필요를 따라 선교 사역의 방향을 정하게 되었다.

유럽 선교의 초창기부터 가장 관심을 가졌던 인도, 중국을 비롯하여 동남 아시아 국가들에게 선교사의 이미지는 어떨까? 정치세력과 함께한 나라를 지배하고 식민지화할 때 같이 동승한 배에서 내려서 정착하면서 만들어 낸 선교사의 이미지는 지배자의 이미지 그 자체였다. 선원들을 위한 목회자 즉, 채플린으로 역할을 위해서 승선했지만 현장에 도착하면서 저들을 현지인 복음전파자로 사역하게 되었는데, 결국은 지배 세력으로 한 몫을 했다는 오해를 받게 만든 것이다. 선교사가 동인도 무역 선을 타고 도착하여 순수한 마음으로 사역을 했을지라도 '식민지의 앞잡이'라는 말을 듣지 않을 수 없었던 것은 19세기들어 본격적으로 남미와 아시아 지역에 유럽 세력이 급속도로 팽창할 때 외교관, 상인, 선교사가 침략 활동에 관련되어 있다는 인식이 '토착민들의 눈에, 그들은 정치적, 경제적, 문화적 제국주의 형태로 비추어졌다"고 말한다.[9] 한국과는 달리 이러한 선교사의 이미지는 의도적이지는 않았겠지만 많은 국가들에게 불행한 선교 이미지로 남아 있다.

지금 해외에서 한국 선교사들이 가지고 있는 이미지는 어떨까를 생각해 본다. 수많은 나라에서 수많은 프로젝트를 가지고 섬기고 있다. 선교사들이 중심이 된 사역들이 이루어지면서 현지인들은 구경꾼 내지는 지나치게 소극적으로 사역에 참여하고 있거나, 사역 자체가 경제로 움직이는 부분들도 다분히 있다. 우리의 리더십 문화의 특징은 섬김보다는 지나치게 주장하는 문화이다. 저들이 할 수 있을 때까지 인내를 가지고 지켜 보는 자세가 더 필요하다고 본다. 어떤 나라에서는 '한국 선교사가 없어야 우리나라 교회가 살 수 있다'는 듣기 싫은 평가를 해 오는 소리를 들은 일이 있다. 우리가 하고 있는 일이 자국인들에게 이 정도의 이미지를 가지고 있구나 하면서 놀랐는데, 문제는 우리가 현지인들과 동역 관계, 또는 친구 관계가 아니고 주종 관계 내지는 신제국주의적 선교를 만들어 내고 있지 않나 반성할 필요가 있다. '미셔너리 고 홈'(missionary go home)이란 말이 있는데 이것은 식민지 시대가 지나면서 각 국가의 독립과 함께 자국인들의 자존심에 근거해서 나온 말이다. 외부의 도움을 받지 않겠다는 대표적인 말이다. 그런데 지금은 불

---

9   J. 허버트 케인, 『세계 선교 역사』(기독교문서선교회 2007) p.123

신자의 입에서 이런 말이 나오는 것이 아니라 현지인 신자들의 입에서 나온 다는 것이다. 이러한 삶에서의 상황화, 사역의 상황화 등을 심각하게 연구 해야 할 때가 왔다고 본다.

지금은 토착 선교 시대

현대 선교는 더 이상 선교의 풍향계는 한쪽으로만 향하고 있지 않다. 제3 세계 선교사들의 숫자가 서구 선교사들의 숫자를 능가했고, 기독교인의 숫 자도 소위 지구 남반부(global south)에 더 많이 분포되어 있을 뿐만 아니라 영성도 이 지역 사람들이 더욱 강하다고 평가받고 있다.

지구의 남반부라고 한다면 남미를 비롯하여 동남 아시아 및 아프리카의 남반부를 말한다. 이러한 지역이 옛날에는 기독교의 불모지였고 선교의 대 상국가들이었다. 하나님께서 선교를 통해서 복음화를 이루시고 있고, 저들 의 신앙에 불붙여 놓으셔서 남미에서는 많은 가톨릭 교회들이 말씀과 성령 으로 돌아오고 있고, 아프리카의 남반부에 수많은 교회들이 부흥을 경험할 뿐만 아니라 '10/40창'이라고 불리는 지구의 중간 지대에 복음의 씨가 뿌려 지고 있다. 루이스 부시의 통계에 의하면, 10/40 창이 소개될 때인 1990년 에는 2.5%가 2005년 통계에 의하면 4.7%가 기독교 복음을 받아들이고 있 다고 나와 있다.[10]

불모지에서의 이러한 발전은 대단한 발전을 의미한다. 동남 아시아, 및

---

10 10/40 Window 개념은 Lois Bush가 만들어 놓은 개념으로 북위 10도에서 40도까지에 창문을 만들어 놓으면 이 지역에 속해 있는 52개국의 나라 중 가장 복음화의 진전이 없는 나라들로 구 성되어 있다.

인도에서 "교회 없는 기독교"(Churchless Christianity)[11]가 탄생하고 있다. 타종교의 핍박 속에서도 초자연적인 역사가 나타나고 있는데 이 지역에 예수를 믿고 고백하는 성도들이 교회도 나가지 못할 뿐만 아니라, 믿는 사람들이 교회를 조직하지 않지만 비밀리에 예배를 드리는 그룹들이 생겨나고 있다는 것이다. 특별히 인도의 체나이 도시를 중심으로 한 남부에서 수많은 힌두교도들이 자기들이 섬기던 신을 버리고 기독교로 개종하고 있는데 가족, 친구의 눈을 피해서 성경을 보고 예배도 혼자 드리는 무리들이 생겨나고 있다는 것이다. 이러한 개종의 이유 때문인지 힌두교 교리상으로는 기독교를 핍박할 이유가 없는데도 인도의 정부는 종교법을 개정하여 힌두교도들의 타종교로의 개종을 막고, 개종을 시킨 선교사들을 교도소에 구금하거나 추방시키는 경우를 보게 된다.

이러한 기독교의 부흥은 당연히 그 나라 선교사들의 숫자도 증가될 뿐 아니라 그들의 선교 운동도 각국에서 불붙게 만들고 있다. 쌍방 선교의 모델은 하나님께서 이 시대에 일으키시는 선교운동으로서 자국 선교사들이 많이 파송되어 문화가 비슷한 나라에 가서 선교활동을 하게 되면 효과적인 사역을 해낼 수 있다는 장점이 있다. 한국인 선교사가 문화가 비슷한 동남아시아에서 사역을 하게 될 때 서양 선교사들이 문화적 이질감 때문에 하지 못하는 일을 해낼 수 있고, 현지인들은 선교의 열정만 심어 주기만 하면 더효과적인 사역이 만들어질 수 있다. 선교라는 명분으로 문화적 갭이 넓은

---

11 Ralph Winter, *Churchless Christianity in Foundation of the World Christian Movement*(Institute of International Studies 2009), p.284.

곳으로 억지로 선교사를 내보낼 필요는 없다고 본다. 오히려 자국인 선교사 훈련을 통해서 자국인이 자국인에게 파송하는 것이 훨씬 효율적인 선교 사역이 될 수 있을 것이다.

예수님의 사도인 도마가 와서 전도한 곳으로 알려져 있는 인도의 남반부 기독교인들의 상당한 숫자가 분포되어 있는 타밀족은 선교적 비전을 가지고 힌두교가 강한 북쪽으로 많은 선교사들을 파송하고 있다. 이들은 분명 같은 인도 시민권자들이지만 문화적, 언어적, 종교적 차이를 두고 있다. 같은 나라지만 복음화가 되지 않는 곳으로 자국 선교사들을 파송하는 것이다. '차나이'에 위치하고 있는 FMPB[12]라는 선교단체는 수천 명의 선교사들을 자국으로 파송하는 대표적인 선교단체이다. 이들은 철저한 훈련은 물론 '믿음 선교'의 원리를 채택하면서 적은 생활비를 가지고 인도 북부의 힌두교권에서 핍박을 무릅쓰고 복음을 전파하고 있다.

한류의 바람을 타고

지금은 문화 공연의 시대, 예술의 시대라고 불린다. 영상 미디어가 많이 발전하면서 모든 예술은 영상을 타고 세계를 하나로 만들어 놓고 있다. 그 중심에 한국이 서 있는데 한국 드라마의 관심은 전 세계적으로 퍼져 나갔고, 한국의 K-pop은 제3세계의 정서를 지나 서양 사람들이 열광하는 수준

---

12 FMPB(Friends Missionary Prayer Band): 체나이(Chennai)에 본부를 두고 있는 인도 자생 선교단체로서 자국 선교사들을 훈련하여 인도 전역, 특별히 북쪽 힌두 지역으로 파송하고 있다.

으로 만들어 놓았다. 이러한 예술 세계, 또는 공연의 실체가 청소년들에게 교회나 신앙에 대한 관심에서 멀어지게 만드는 역할도 하지만, 한편으로는, 이러한 한국의 예술의 파도인 '한류'는 한국인들의 이미지가 선교지의 젊은 이들에게 만나보고 싶은 대상으로 만들어 놓고 있다. 한국인만 보면 예술인으로 착각하는 경우도 있다. 일단 커뮤니케이션이 원만하게 진행이 되려면 존경, 부러움, 관계성, 공감대 등이 형성되어야 하는데 이러한 접촉점으로부터 대화가 시작될 수 있다는 점에서 대단히 긍정적인 복음전파를 위한 채널이라고 보고 있다. 동남아의 많은 젊은이들이 한글을 배우려는 이유가 바로 드라마를 보기 위한 것이라니 아이러니하기도 하다. 이 한글을 가지고 복음을 전할 수 있는 날이 올지도 모른다. 선교사의 삶은 문화, 언어뿐만 아니라 그들과 삶을 공유하는 것을 말한다.

내가 정글에 살 때는 이러한 바람은 없었지만 나의 적응 노력을 통해서 저들과 하나 되려는 모습을 보여야 했다. 그 감정을 공유하는 방법은 의외로 간단했다. 매운 것을 좋아하는 한국인이 된 것도 축복이라고 생각할 때가 있었다. 현지 사람들에게 종종 듣는 말이지만 "한국 선교사를 대접하기가 너무 쉬워요." 하는 것이다. 우리는 아무것이나 잘 먹기 때문이지만, 고추를 좋아하는 우리는 인도네시아인들의 음식과 잘 맞기 때문이다. 인도네시아인들은 음식을 만들 때 '짜베'(cabe)를 많이 사용하는데, 그것은 아주 작은 매운 고추이다. 이 고추는 글자 그대로 '고추 나무'에서 열린다. 이 고추 나무가 키가 크지만 열매는 아주 작고 씨가 가득 찬 고추가 하늘을 향해 열려 있다. 인도네시아 사람들은 이 고추를 음식에 많이 넣고 조리하고, 볶는 음식을 만들어 먹지만 우리에게는 그러한 고추가 너무 매워 먹기가 쉽지는 않다. 인도네시아인들도 그 고추가 너무 매워 종종 소금에 찍어 그 매운맛을 조금 약하게 해서 먹는 경우가 있는데 그러나 나는 가끔 농담을 주고 받는다. 우리는 고추를 소금이 아니라 더 매우라고 고추장에 찍어 먹는다고 이야기하면 우리가 매운맛에 더 독한 사람들이라고 웃어댄다. 이러한 간단한 농담에도 대화의 장은 쉽게 열리고 공감을 하게 된다.

인도네시아 사람들에게는 유머가 없다면 상호간의 친근성이 없다는 것을 말한다. 유머 감각은 일상뿐만 아니라 설교에서도 종종 이용되어야 은혜(?)를 받는다는 생각한다. 나는 성격상 그러한 유머를 잘하는 편은 아니지만 인도네시아에 살면서 몇 배의 유모어 감각이 늘어난 것을 느끼게 된다. 이 유머 감각은 사람들과의 사귐 외에도 사람과 사람들 사이를 연결하는 또 다른 커뮤니케이션의 윤활유와 같은 것이라고 생각한다.

한편, 유머는 문화를 초월하기도 하고, 어떤 경우는 유머가 선교사의 부족한 언어를 채워 주기도 한다. 말실수할 때 종종 얼굴이 빨개지곤 했던 처음과는 달리 오히려 틀린 말을 농담으로 돌리는 지혜가 생겨 언어적 위기를 모면하는 경우도 있다.

주님의 상처를 바라보며

정글에서의 삶은 하나부터 열까지 선교사 자신이 해내야 할 일들이 너무 많다. 창의력, 적응력, 그리고 융통성은 늘 마음에 두고 모든 일들이 자신있게 처리해야 하는 일들이 있다. 복음전파는 물론, 건축, 운전, 기술, 전자제품을 수리하는 일까지 혼자 일을 처리해야 하고, 다른 사람들과 접촉의 기회를 가지기 위해 삶에서 얻어진 과거의 모든 기술을 총동원해야 할 때가 많이 있다. 개척자로서의 선교사라면 당연히 일이 바쁘게 돌아가게 되고, 스스로 해결해야 하는 경우가 많아 만능의 기술자가 되어간다. 교회당을 디자인하는 일부터 시작해서 집을 짓는 일까지, 보트 엔진을 고치고, 오토바이를 고쳐야 하는 일 등 닥치는대로 고치거나 시도를 해 보아야 할 이유는 그곳에는 그러한 기술을 가진 사람을 찾기가 쉽지 않기 때문이고, 경비도 절약해야 하기 때문이다.

나는 지금도 남아 있는 손바닥에 난 상처를 들여다 보면 옛날 개척 시대를 기억하곤 한다. 이 상처를 볼 때마다 '영광의 상처'가 되게 하기 위해서는 늘 정글 사역의 발전을 위해 기도해야 한다는 암시를 주곤 한다. 정글 사람들에게는 성탄절은 대단한 날로 생각하며 큰 잔치들을 준비하고 행사를 기획하지만 고난절이나 부활절은 별로 의미를 찾으려고 하지 않는다. 예수님의 고난에 대한 설명 없이 구원의 기쁨은 만들어질 수 없는 것이고, 또 예수님의 고난 없이는 부활은 없고, 부활이 설명되지 않고는 우리에게 내세의 소망을 이야기할 수 없다. 나는 종종 정글 사역을 하면서 나 자신의 고난의 경험을 생각하며 하나님께서 살려주시고 베풀어 주신 은혜를 기억하곤 한다.

　한번은 집을 짓는 과정 속에서 화장실 타일을 깔기 위해 타일을 깨다가 손바닥을 크게 다쳐 보건소를 찾게 되었다. 내가 사는 스파욱 면 소재지는 아주 작은 도시라서 병원은 없지만 보건소가 하나 있다. 도시에서 와서 의무적으로 2년간 근무해야 하는 신임 의사들은 늘 정글의 보건소로 근무 규정을 만들어 놓았지만, 그 규정을 지키지 않고 큰 도시 폰티아낙에서 살다시피하여 의사 부재의 보건소이다. 의료 보조사나 간호사가 치료를 하는 경우가 보통인데 피가 흥건한 내 손바닥을 보조사가 여섯 바늘이나 꿰매면서 치료를 마쳤다. 늘 바쁜 일상이라 며칠이 되어 상처가 거의 아물 무렵 또 오토바이를 운전하게 되었는데 문제는 아물기도 전에 오토바이를 탔기 때문에 손바닥에 꿰맨 부위가 벌어지기 시작한 것이다. 오토바이는 발과 왼손으로 기어를 넣고, 오른 손으로는 엑셀레이터를 잡아야 한다. 왼손의 낫지 않는 상처가 그대로 벌어져 꿰맨 자리가 터져 피가 나기 시작했다. 일주일이면 나을 손바닥의 상처가 한 달이 가서야 완치가 되는 상황이 벌어졌다. 마침 그때는 고난절이어서 나는 이 상처를 보면서 성도들에게 "예수님의 상처는 얼마나 아프셨을까요?"라고 질문하면서 설교를 끝낸 일이 있었다. 정글 사역 동안 나에게는 고난절만 되면 무슨 일이 터지는 것을 발견하고 주님의 십자가 고난이 내 증거의 포커스가 되었다.

김치 안 먹기 연습

　정글 사역이 한 텀이 끝날 무렵에 선교회 조동진 대표께서 선교지를 방문하셨다. 나로서는 대표님 오심에 긴장하지 않을 수 없는 것이 이곳에 오시면 어떻게 대접해야 할 것인가 많은 염려가 된다. 연로하신 분이기도 하지만 원래 음식을 잘 드시는 분이시기는 하지만 정글 문화는 도시 문화와 전혀 달라서 염녀가 많이 됐다. 음식으로부터 다녀야 할 길, 그리고 어려운 정글 생활의 삶, 잠깐이지만 여간 걱정이 되는 것이 아니다. 너무 질퍽거려서 오토바이와 씨름하는 일은 나에게는 일상이지만 한국에서 오신 연로하신 분에게는 너무나 부담을 드리는 일이 아닐 수 없다.

하루는 아내가 배추도 없는 곳이어서 정글에서 나는 채소로 김치를 담그기로 결심을 했다. 현지 재료를 가지고 김치를 만드니 김치 맛이 나지를 않는다. 그래도 조동진 목사님은 우리의 체면을 보시고 맛있게 잡수시는 것을 보고 마음이 흐뭇했다. 그러나 얼마 후, 화장실에서 잡수신 김치를 토하시는 소리를 들을 때 마음이 너무나 언짢았던 기억이 지금도 생생하다. 다행이 날씨가 좋아서 오토바이로, 배로 정글 교회들의 방문을 하게 되었고, 더운 날씨, 모기의 극성, 음식 문제 모두 인내가 해결해 주었다.

홍콩의 유명한 필립 텡(Philip Teng) 박사 부부는 훌륭한 신학자요, 선교 지도자였다. 이분도 선교를 외치신 분이지만 늘 선교 경험을 하지 못한 것이 부담으로 남았던 터라 일년 동안 정글에서 사역을 하면서 늘 외치던 선교적 삶을 실천하신 것이다. 조동진 목사도 2000년부터 2003년까지 러시아에서 김바울 목사와 함께 선교지 사역을 하면서 실천의 경험을 하셨는데 이러한 선교 거장들의 선교지 경험을 하시려는 노력은 선교는 이론과 함께 실천이 따라야 한다는 것을 말씀해 주시기를 원하신 것이다.

자녀 교육, 엄마의 책임?

오지 사역에서의 가장 큰 걸림돌은 자녀 교육이다. 한국인은 유난히 자녀 교육에 관심이 많다. 그러나 길이 없는 것이 아니다. 하나님께서 책임져 주신다는 생각과 있는 상황 속에서 각자의 자녀 교육 전략을 세우면 가능하다. '선교사가 필요한 선교지가 아니라 선교사가 필요한 선교지'를 외쳤지만 자녀 교육은 별개 문제라는 것이다. 선교사들은 말하기를 '부모들은 소명에 따라 선교지를 선택하지만 자녀들은 선택이 아니다'라고 말한다. 그의 소명이 아니기 때문에 자유롭게 배우고 자신의 삶의 길을 만들어 주어야 한다는 것이다. 맞는 말이기도 하면서도 복음적이지는 않는 것 같기도 하다.

자녀 교육에 대한 나의 철학이나 전략은 주어진 환경 속에서 배울 것을 배우고 배우지 못하는 것들은 추가로 배우도록 부모가 보충한다고 생각한다. 정글에서도 교육의 문제가 없었던 것은 교육 정책이 도움을 주었다고 생각한다. 하나님의 은혜로 그 후 좋은 교육 환경인 싱가포르 로칼 스쿨에서 공부할 수 있는 기회가 한 몫을 한 것을 부인할 수 없다. 사역과 함께 가정생활, 자녀 교육을 같이 묶어 전략적 상황을 만들어 내는 것이 바람직한 전략이라고 생각한다. 우리 가정의 경우 많은 교육적 굴곡에도 불구하고 모든 아이들이 미국의 좋은 대학에서 학업을 마칠 수 있었던 것은 어머니의 자녀 교육에 대한 역할이 컸던 것 같고, 우리 가정은 영어권이어서 그것도 도움이 되었던 것 같다. 중요한 것은 우리의 자녀가 어떤 상황, 언어, 문화 속에서 자랐든 자녀 교육 전략을 선교 사역과 잘만 조화를 시키면 사역도 살고, 자녀 교육도 어렵지 않게 해결하게 된다는 것을 경험으로 이야기하고 싶다.

자녀들의 교육 환경은 선교사 사역의 다양성만큼 다양했다. 큰 딸인 연주의 경우, 내가 선교사 훈련의 책임을 가지고 머물고 있었던 경기도 화성군 발안면의 작은 천주교회 소유 유치원 교육을 시켰다.

1985년에 제2기 선교 사역을 위해 칼리만탄으로 돌아와 안중안 신학교로 삶의 터전을 마련하고 학교 캠퍼스에서 살게 되었는데 그곳에서 아내가 홈스쿨을 통해서 당시 세 아이들을 교육시켰다.

약 2년 동안 홈스쿨로 초등학교 교육을 시키다가 집에서 자동차로 약 2시간 반 거리에 있는 수르캄 선교 병원 안에 선교사 학교가 위치하고 있었는데 그곳에 입학하여 3학년 교육을 시켰다. 국제학교라고는 하지만 시설은 단순했고 한 선생님이 두 반씩 자습을 통해 교육을 시키는 28명 학생이 있는 아주 작은 학교였다.

딸은 이 학교에서 1년간 공부하면서 피아노도 배우고, 다른 학과도 개인 교수로 배우게 되어 좋았고, 무엇보다 기숙사 생활을 하면서 아침마다 예배를 드리는 것으로 신앙교육을 받게 되어 너무 좋았다.

1년이 지나 학교가 문을 닫는 바람에 이 좋은 교육의 길은 막혔고, 마침 하와이에서 장모님이 오셔서 큰 딸과 둘째 아들을 데리고 호놀룰루 초등학교에 입학을 시켰다. 큰 딸 연주는 4학년, 아들 봉주는 1학년에 입학을 하게 된 것이다.

그 후 우리 부부는 넷째인 갓난 아기를 데리고 안식년을 맞아 캘리포니아의 파사데나로 떠나게 되면서 하와이에 있었던 두 아이를 파사데나로 전학시키니 연주는 5학년의 과정을 그곳에서 마치게 되었다.

이어서 안식년 끝나는 1년 후에 싱가포르로 선교지를 옮기면서 그 나라의 6학년으로 입학을 하게 되었다. 연주는 영국식 교육으로 중고등 과정 4년을 싱가포르에서 마친 후 다시 캘리포니아 오렌지 카운티에서 '서니 힐' 고등학교 11, 12학년 과정을 마치고 그곳에 있는 UCI 대학에 들어갈 수 있었다.

이렇듯 저들이 매년 학교가 다르고 나라가 다른 곳에서 교육을 받게 되었지만 밝게 자랄 수 있었던 것은 여러 곳에 다니면서 보고 배운 것들이 다양했다는 것과 문화적 차이의 두려움보다는 문화적 차이를 즐기는 아이들이 되었다는 것이다. 물론 그 뒤에는 늘 교육적 안목을 가지고 있었던 아내의 역할이 컸다고 생각한다.

나는 선교지에 있으면서 아내에게 '자녀를 잘 길러 주는 것도 사역이다'라고 이야기를 해 왔다. 나는 아내의 몫까지 사역을 만들어 하겠다는 생각을 한 것이 잘 맞았던 것 같다. 물론, 교회에서의 여성들 사역, 신학교에서 신학생들에게 영어와 상담 사역을 했지만 그에게는 자녀 교육이 우선 순위였던 것이다.

아내는 그 후 캘리포니아 대학에서 교사 자격증을 따고, 다시 싱가포르로 옮긴 후 싱가포르 기독교 국제학교(ICS) 교사로 5년간 재직하면서 경제적 도움과 함께 기독교 학교에서의 신앙 교육 사역에 많은 공헌을 하고 있었다.

이와 같이 선교사의 사역이 선교 사역과 동시에 이루어지는 경제적 도움을 받을 수 있는 자비량 선교의 가능성을 보여주었다.

나는 이러한 나의 경험을 가지고 몇 가지 교육 철학을 나누고자 한다.

첫째, 자녀 교육은 하나님께서 책임져 주신다는 생각이다.

하나님이 나를 부르신 것은 사역을 위한 것이지 자녀 교육을 위한 사역이 아니기 때문에 선교지를 선택하는 문제에서도, 사역의 시간을 투자하는 문제에 있어서도 늘 선교 사역에 중점을 두면서 자녀 교육을 고려한 전략을 세우게 되면 나머지는 하나님이 책임져 주신다는 것이다. 그러나 사역이 우선 순위에서 밀리면 안된다. 나의 경우 선교지를 결정하는 것은 물론, 선교지를 개발하고, 관리하기 위해서 여러 날 동안 정글 속으로 여행을 할 때 하나님께서 가정을, 아이들을 돌보아 주실 것을 믿고, 또 아내에게 전적으로 위임했을 때에 책임을 분담할 수 있었다. 아내에게 전적으로 신앙 교육, 지식 교육, 사회 문화 교육을 시킨 것이 통한 것 같다.

둘째, 선교지는 교육의 현장이라는 생각이다.

선교지는 대부분 어렵고 가난하다. 그러나 현장의 교회들을 방문하고 작은 정글 교회에 출석하는 것만으로도 아이들에게는 좋은 교육이 된다. 자신들보다 낮은 사람들과 대화 방법, 저들을 도우려는 자세, 저들을 긍휼히 보는 마음, 문화가 다른 아이들과 노는 것을 문화 교육, 배운다는 자세만 있다면 모든 환경과 처지가 배움의 학교가 될 수 있다. 지금도 네 자녀가 미국이라는 다양한 문화 속에서 잘 적응하는 것을 보면 그 모든 것이 선교지에서 배운 것이 아닌가 하는 생각을 하게 된다. 많이들 "제삼 문화 키즈"(third culture kids)[13]라는 말을 하지만 부모가 자신의 문화와 선교지의 문화를 너무 구분해서 교육을 시키면 그렇게 될 수 있다. 그래서 문화의 다양성에는 늘 부정적인 면만 있는 것은 아니다. 오히려 다양한 문화에 적응력이 탁월하여 어디에 갖다 놓아도 살아 남을 수 있는 능력이 생긴다. 자신들이 스스로 문화를 개척해 나가는 경향이 있다. 이 모든 것이 부모가, 특별히 어머니의 역할이 크다고 생각한다.

셋째, 꼭 배워야 할 것은 못 배우지만, 배워서는 안될 것들을 덜 배우는 곳이 선교지이다. 현대 사회의 자녀 교육의 문제는 배우지 말아야 할 것들에 너무 많이 노출되고 있다는 것이다. 아이들이 스마트 폰이나 컴퓨터를 통해서 어렸을 때부터 성인물, 악의 요소의 컨텐츠를 무분별하게 받아 들이고 있는 것은 이 시대에 살고 있는 우리 부모들 모두에게 염려거리이다. 정글 사역 당시만 해도 문명과 단절이 도움을 준 것으로 생각한다.

---

13 "제삼의 문화 키즈"(third culture kids) 란 말은 정체성의 혼란 때문에 성장과정에서의 불이익을 당하는 부정적인 말로서 자신의 문화도, 상대의 문화에도 적응 못하고 이질적 문화 속에서 방황하는 어린이들을 말한다.

4. 문화적 상황화

 여기서 문화적 상황화란 선교사들의 적응력 프로세스를 말한다. 문화화 (enculturation)란 말이 있는데 그것은 현지 문화에 자신을 적용시키려는 노력과 함께 즐기는 것을 말한다. 그러한 문화적 소통이 이루어지면 우리가 전하고자 하는 메시지의 핵심이 그들에게 진리로 다가가게 된다. 이러한 과정은 훈련을 통해서 이루어지지만 평소에 현지인들의 삶을 공유하다보면 자연스럽게 만들어진다. 현지인들의 삶과 그들 속에 존재하는 문화적 요소를 즐길 줄 아는 수용성이 결과적으로 선교사의 현장화를 가능하게 만든다.

 예수님은 이러한 면에서 많은 준비를 하셨고, 그분은 일을 수행하는 데 있어서 많은 사람들에게 감동을 주셨다. 그 이유는 그들 가운데 삶

을 공유하시면서 그들과의 관계에 있어 "죄인들의 친구"란 말을 들으실 정도로 저들 속에서 식사를 즐기셨고 삶을 공유하셨다. 예수님이 제자들과 함께 안식일에 걷지 말아야 할 먼 거리를 걸으신 일, 하지 말아야 할 일을 하신 일 등, 주님의 획기적인 행보는 청중들의 삶과 동일시하시려는 그분의 커뮤니케이션 전략이라고 볼 수 있다. 이 때문에 바리새인들의 공격을 받으셨지만 주님의 사람들을 향한 복음 전파의 열정은 절대 포기하지 않으시고 말씀하시기를 "나는 의인을 부르러 온 것이 아니요 죄인을 부르러 왔노라" (막 2:17) 라고 말씀하시므로 주님이 하시는 일의 의미를 분명히 하셨다.

선교사의 문화적응 문제는 선교사의 삶의 중요한 부분이고, 현장의 문화에 대한 인식과 수용은 문화적 채널을 이용한 복음전파를 위해서 절대적으로 필요한 선교사의 삶의 방식이라고 생각한다. 늘 부족함을 느끼지만 이러한 노력을 통해서 저들의 친구가 되고, 그 관계성 회복을 통해서 복음의 통로를 만들어 복음이 그 통로를 통해서 흘러가게 만드는 것이다.

매주일 추수감사절

정글 속의 예배는 늘 추수감사절과 같다. 주일 예배가 시작되기 전에 마을 사람들은 교회에 나오기 위해 미리 준비하고 옷은 가장 좋은 것으로 챙겨 입으려고 노력하는 자세 때문에 저들이 늘 깨끗이 세탁한 옷을 입고 매주 예배에 참석한다. 정글 사람들은 물건을 구입할 때 현금거래는 하지 않는다. 물건을 살 때 교환하는 것은 주로 고무 나무에서 채취한 고무 원료를 저울로 재서 물건을 사고 팔고 하는 일종의 물물교환이다. 그 물건은 강을 따라 물건을 팔기 위해 온 중국 상인들을 통해서 배에서 거래되곤 한다.

저들에게는 돈을 사용하는 것이 익숙하지 않다. 그래서 주일 헌금을 헌물로 바친다. 강대상 밑에 정렬해 놓은 쌀, 채소, 과일, 각종 곡물 등 자신들이 직접 농사를 지은 것들을 하나님께 드린다. 어떤 곳에는 심지어는 닭이나 오리 등을 잡아 드리는 경우도 있어 마치 구약의 제단에 드리는 제물을 연상케 하거나 추수감사절에서 볼 수 있는 장면이다. 아무리 가난해도 하나님께 드리는 것을 가르치는 일은 목회자들의 책무이기도 하다.

정글 사람들은 자립은 자기들이 세운 사역자의 생계를 책임지도록 하는 것인데 현금거래가 없으니 저들에게는 그것도 쉬운 일은 아니다. 그러나 드려진 헌물들은 사역자에게 양식이 되기도 하지만 쌀을 팔아서 건축 헌금 내지는 수리비용으로 사용하기도 한다. 어떤 때는 우리가 방문하는 주일에 모든 예배 순서가 끝나면 사람들은 자신들이 준비한 방금 추수한 쌀을 자루에 담아 주기도 하고, 닭의 다리를 묶어서 우리가 타고 온 배에다 실어 주는 정 많은 사람들을 보게 된다. 이와 같이 다약 사람들의 신앙의 표현은 풍성한 드림으로 주일 예배를 준비하고 마치게 된다.

고무줄 같은 시간

정글에서의 시간은 금도 은도 아닌 '지푸라기'라고 표현하는 것이 적절할 것 같다. 저들에게는 남는 것이 시간이고 값이 안 나가는 것이 시간이다. 아침부터 집 앞 베란다에 앉아서 담배를 피우며 하루를 시작하는 사람들의 모습을 쉽게 볼 수 있다. 일이 있으면 일하고, 없으면 안 하고, 하루 밥 한끼 먹을 수 있으면 그것으로 만족하고, 감사하는 낙천적인 사람들이다. 부정적으로는 시간 관리를 못하기 때문에 게을러지고 가난을 면치 못하는 것을 보면 안타깝기도 하다. 그래도 저들에게 시간이 많아서 좋은 점은 저들과 만나서 대화할 수 있는 시간, 즉 전도할 수 있는 기회가 많다는 것을 의미한다. 그 시간을 이용해서 사역에 참여할 수 있도록 독려하고 훈련시킬 수 있다면 돈으로 살 수 없는 기회를 만들어 낼 수 있을 것이다.

예배 방식에 있어 정글 사람들은 규정이나 규율에 매이기를 싫어한다. 예배 시간도 한 시간 늦는 것은 보통이기에 어떤 규정을 만들어 놓고 저들을 억누르는 것보다는 말씀의 내용에 집중하도록 하며, 시간이 가면 말씀의 삶이 결국은 저들의 삶의 개혁이 이루어지면 그때까지 기다려 주는 인내력과 교육이 필요하다고 생각한다. 처음 스파욱 교회에 부임해 왔을 때 예배 시간이 오전 9시에 시작한다고 해서 9시 전에 와서 예배를 준비하고 기도하면서 앞 줄에 앉아 있었다. 뒤를 돌아보니 나 외에는 아무도 없다는 것을 깨닫게 되었다. 이상하다 생각하고 내가 시간을 잘못 알고 있었나 하고 기다리고 있었는데 10시가 되니 한두 사람씩 모여들기 시작한다. 시간 지키기 교육을 시키기가 부담이 되어 몇 주간 후에는 10시에 예배를 시작하기로 장로님들과 의논을 하고 광고를 했다. 한 시간이 늦어졌다는 소식을 들은 저들은 10시에 맞추어 오는 것이 아니라 11시에 교회를 찾는 것이었다. 결국은 다시 광고를 해서 9시로 되돌려 놓았더니 10시에 예배가 시작되었고, 나도 요령이 생겨서 9시가 아니라 10시까지 와서 저들을 기다려야 하는 고무줄 시간에 적응하느라 애를 썼다. 이것은 나에게는 부임 초기의 문화 충격이었다.

이렇게 선교사에게는 현장에서 문화충격을 받지 않게 하기 위해서 융통성을 배우는 것이 선교사의 생존 방법이라고 생각한다. 이러한 융통성은 선교사가 현장에서 오랫동안 사역할 수 있도록, 사역이 잘 돌아가게 만드는 윤활유 역할, 또는 문화충격을 예방할 수 있는 처방이 되기도 한다.

가는 날이 주일 날

주일이라는 개념은 성도들에게 있어서 반드시 지켜야 할 의무이고 성숙한 신앙생활의 표준이지만 선교지에는 지킨다는 개념이 통하지 않는 경우가 있다. 선교지에의 주일의 개념은 약간 다른 측면이 있다. 일꾼이 부족한 상황이나 거리가 멀어 자주 가지 못하는 깊은 정글 속은 더욱 그렇다. 물론, 주일에 모이라는 강조는 늘 하지만 일꾼이 부족해 주일 예배를 인도하지 못하는 상황 속에서는 주일성수는 쉽지 않은 일이다. 때문에 선교사가 예배를 인도하기 위해 '가는 날이 주일'이 되는 경우가 있다. 적은 숫자의 우리의 팀들이 돌아가면서 11개 교회를 인도하기에는 역부족이다. 그래서 찾아가기가 어렵거나 먼 곳에 있는 교회는 주일 아닌 날에 찾아가 예배를 인도할 때가 종종 있다. 저들은 모내기나 추수 때가 되면 집을 떠나 밭에서 움막을 지어놓고 그곳에서 수개월을 지내게 된다. 때문에 '주일'이라는 개념이 그들에게는 그저 율법일 수 밖에 없다.

먼 곳에 위치한 교회를 방문하려고 할 때는 많은 준비가 필요하다. 가고오는 교통비도 많이 준비해야 한다. 보트로 떠나려고 하면, 연료로 사용되는 휘발유나 디젤유는 통상 지상 거리의 세 배의 경비가 소요된다. 더욱이 큰 도시 폰티아낙에서 정글 지역까지 실어오는 경비가 만만치 않기 때문이다. 우리는 경비 외에도 마치 하기성경학교를 하듯 주일학교 교사들을 대동해서 여러 자료들을 준비하기도 하고, 그들에게 나누어 줄 수 있는 선물도 준비하기도 한다. 이러한 준비들이 끝나면 그곳에 가서 며칠을 지내면서 저들과 깊은 교제와 함께 저들에게 말씀을 전하게 되는데 그들은 우리를 위해 잠자리, 음식 그리고 그들의 일을 멈추고 집회를 참석할 준비를 갖추게 된다. 시계도 없는 분들이라 모이는 때가 일정치 않다. 해가 넘어가면, 아니면 종을 치면 교회로 모이거나 저들의 회당으로 모이거나, 길다랗게 지어 놓은 정글 마을 집의 공동구역으로 모여 예배를 드리게 되는데 저녁 늦게까지 돌아갈 생각을 하지 않는 사람들이 밤새도록 이야기 꽃을 피운다.

먼 길을 걸어와 피곤한 우리 일행은 사람이 있든 없든 먼저 잠자리에 드는 민망한 경우도 있다. 모기장이 쳐져 있기 때문에 모기장안에서 취침을 하지만, 모기장 밖에서 안을 슬쩍슬쩍 들여다보며 우리의 일거수일투족을 관찰한다. 우리 일행은 아침 일찍 닭 우는 소리로 잠을 깨면 저들이 또 모여 와 일터로 가기 전에 예배를 같이 드려 주기를 원하는 경우가 있어 예배로 하루를 축복하고 저녁에 모여 또 예배를 드리는 것이다. 주일 개념보다는 현장 방문 시 한꺼번에 예배를 드려 주어야 하는 부흥회식 집회가 이어지는 것이다. 어떤 식으로 하든 저들에게 신앙을 붙여 주는 것이 우리의 의무이다.

행복지수가 높은 사람들

한국에서 오신 손님이 어떤 설교를 하게 되었다. 그분은 이곳 교회의 상황을 보더니 몹시 안타까워하면서 이렇게 설교를 하시는 것이다. "여러분들을 뵈니 마치 한국의 6·25때의 우리의 삶과 비슷합니다. 너무나 안타깝습니다"라고 설교를 했다. 나는 통역을 하면서 당황할 수 밖에 없었다.

"목사님, 그렇게 말씀하시면 통역하기가 어려운데요."

물론 목사님의 안타까운 마음이 이해는 되지만 저들에게는 맞지 않는 말이기 때문에 통역을 망설일 수 밖에 없었다. 우리의 기준으로 볼 때 저들은 가난하게 보이지만 저들은 가난하다고 생각해 본 적이 없다. 또 누구와도 비교할 수 있는 대상이 없기 때문에 우리처럼 '상대적 가난'이라는 것은 있을 수가 없다. 그래서 저들의 행복지수는 우리보다 훨씬 높다. 선교사가 해야 할 일은 우선 영적인 개혁이 우선되고, 그 영성이 정신적 개혁을 만들어내고 정신적 개혁은 그의 삶의 질을 높이게 만든다고 믿고 있다.

한 번은 한 마을에 들어갔는데 열대지방, 정글 어디서나 볼 수 있는 그 흔한 바나나도 없는 것이 이상해서 저들에게 물었다.

"왜 이 마을에는 바나나 나무가 보이지 않습니까?"

"바나나 나무의 싹을 심었더니 돼지가 다 먹어버려서 심을 수가 없네요." 하는 것이었다.

"그러면 바나나 싹을 심고 나무로 낮은 울타리를 간단하게 만들어 돼지가 뚫고 들어올 수 없도록 만들면 되잖아요?"

"아 그렇군요! 그렇게 하면 되겠네요."

새로운 아이디어도 아니고, 그저 간단한 삶의 지혜인데 그것이 없다는 것이다. 대나무 싹처럼 옆에서 나오는 바나나 싹을 옮겨 심는 데도 돼지 때문에 안 된다는 생각을 가진 사람들에게 간단한 아이디어 한 마디에 바나나 마을을 만들 수가 있었지만 이러한 단순한 지식, 창의력이 떠 오르지 않는다는 것은 저들이 얼마나 전통적인 생각에 사로잡혀 벗어나지 못하고 있다는 증거다. 간단한 교육을 통한 저들의 경제생활을 얼마든지 증진시킬 수 있다.

나이 같은 것은 몰라요

나이를 모르고 사는 것처럼 편할 수가 있을까? 늙는다는 개념도 없고, 죽을 날을 셀 필요가 없기 때문이다. 정글 사역에 하이라이트는 역시 침례를 주는 예식이다. 정글 교회들은 강에서 침례식을 거행하기 전 일정한 교육을 통해서 주님을 영접했는지 여부를 확인하고 공적인 신앙고백을 시킨다. 강가에서 간단하게 이루어지는 침례식에서 저들의 감동적인 거듭남의 모습은 그들의 얼굴의 미소와 기쁨을 통해서 확인할 수 있다. 그 다음 단계는 침례증서를 만들어 주는 것이다. 이 증서를 저들이 귀중하게 여기는 이유는 그런 증서를 받아 본 일이 없기도 하지만 증서에는 새로운 이름이 쓰여지고, 생년월일이 세례 받은 날을 생일로 만들어 주기 때문이다. 박수 무당이 만들어 준 저들의 옛날 이름은 이제 버려야 하는 것이 마땅하다고 생각을 하고 있고, 새로운 이름은 성경에서 찾아야 하는데 웬만한 이름들은 이미 다른 사람들이 쓰고 있기 때문에 3-40명씩 침례를 주다 보면 작명하는 일도 보통 일은 아니다.

더욱 황당한 것은 저들의 생일날이 없으니 출생 날짜를 모른다는 것이다. 그것도 그럴 것이 계절이 없는 더운 나라인데다 캘린더까지 없으니 세월이 어떻게 지나가는지 모르고 있는 것이다. 생일 날짜는 침례 받는 날짜로 만들어 준다고 하지만 태어난 연도는 적당히 적어 주어야 하는데 여간 어려운 일이 아니다. 한 번은 당사자에게 몇 살이냐고 물으니 28살쯤 되었다고 해서 아무리 봐도 그렇게 보이지 않아 그의 부모에게 물어보니 22살쯤 되었다는 것이다. 6살이나 차이가 날 수는 없다고 생각을 하고 결국은 24세라고 침례 증서에 적어 준 일이 있다. 저들은 새로 주어진 이름, 새로 만들어 준 생년월일을 귀하게 생각을 하고 벽에 붙여 놓은 세례 증서를 바라보면서 주 안에서 거듭남을 기념하는 것이다. 이것은 저들의 그리스도인이 됨의 정체성을 갖게 해 주는 일이다.

교회를 리모델링했더니

내가 부임할 때 스파욱 교회에는 아주 소박하게 지은 교회당이 하나 있었다. 의자는 호떡 방 의자처럼 등판이 없는 의자에서 예배를 드리는 상황이었다. 이제 재정도 확보가 되었으니 교회당을 조금 업그레이드 할 필요가 있다 생각으로 미국 하와이를 들렀다가 찍은 작고 아름다운 사진 한장을 보여주니 현지 목수가 그럴 듯하게 옛 교회당의 앞면을 리모델링했고, 등받이 있는 의자로 새로 만들어 채워 놓았고 페인트 칠도 다시 하니 이제는 창고 같던 교회가 교회다움을 갖추게 되었다. 스피커를 종탑에 달

고 주일 아침이면 카세트로 된 차임벨 종소리를 마을을 향해서 울리도록 했다. 이만하면 동네사람들에게 교회의 존재감을 나타내고, 사람들을 끌어 모을 수 있는 기회가 되었다고 생각하게 되었다.

한번은 큰 까푸아스 강을 건너와 교회를 열심히 나오던 한 가족이 나오지 않는 것을 발견하게 되었다. 몇 주간을 기다리다가 배를 타고 강을 건너서 심방을 하기로 결심을 했다.

"교회를 몇 번 빠지셨네요."

"목사님, 저희들은 신발이 없어서 교회를 못 가겠어요."

"그게 무슨 말입니까?"

"교회당을 보니 너무 예뻐서 저와 같은 가난한 사람은 못 들어갈 것 같아요. 저는 구두도 없고 샌들만 신고 다니니까요."

나는 깜짝 놀랐다. 모두가 좋아할 줄 알았던 예쁜 교회당이 저들에게 두려움의 장소가 되어 버린 것이다. 이곳 사람들은 자신이 편한 것, 수준에 맞는 것을 더 좋아하는구나 하는 것을 깨닫게 되었다. 그 후부터는 정글 교회를 여러 개 지을 기회가 있었지만 자신들의 수준에서 편안한 마음으로 예배할 수 있는 장소를 먼저 생각하게 되었다.

사역에 있어 중요한 것은 선교사인 나의 수준이나 나의 성취감이 아니라 복음을 받는 사람들의 눈높이에 맞추는 일, 그리고 복음에 포커스를 맞추도록 하여 거듭남의 경험과 기쁨을 맛보게 하는 것이 본질이라는 것을 깨닫는다. 우리는 '프로젝트 사역'에서 건물을 필요로 할 때가 있지만 제자를 만드는 일, 즉 저들의 문화 속에서 저들의 수준에서 교육하고 주님을 개인적인 구주로 만나게 하는 것이 선교의 목적이 되어야 할 것임을 깨닫게 된다.

사람들은 자신의 문화를 편안하게 생각한다. 선교사들은 가능하면 자신들의 문화를 고집할 것이 아니라 선교사 자신들이 익숙한 방법을 어느 정도 포기하고 현지 사람들이 편안해 하는 환경 속에서 말씀에 집중하도록 하는 것이 정도라고 생각한다. 초문화라는 거리감을 되도록 줄이는 것이 선교사들의 역할이라 하겠다.

나는 안중안 신학교에서 여러 개의 건축 책임을 맡았다. 가장 인상적인 건물은 약 300명 규모의 학교 채플 건물을 지은 것이다. 언덕 위에 서양식으로 '뼈죽당'을 만들 것이냐 아니면 현지 형태의 건물을 지을 것인가 많은 의논을 하다가 현지 사람들이 편안해 하는 것으로 하자고 생각을 하였다. 서양식보다는 자바 식 '조꼬' 형태의 지붕으로 하자는 결론을 내렸다. 현지 목수들은 그림만 그려주고 설명하면 아주 잘 만들어 내는 것을 보면서 정말 감탄을 하게 된다. 세밀한 도면이 필요 없다. 단지, 편리성을 위해 약간의 현대적 감각을 넣어 내장을 꾸미면 아주 훌륭한 건축물이 만들어지는 것을 보면서 이러한 작은 일에도 상황화는 필요하다는 생각하게 된다.

나의 주택도 학교내 캠퍼스에 세웠다. 물론 현지식으로 지을 생각을 하고 저들이 많이 쓰는 '불리안'이라는 쇠나무[14]를 사다가 기둥을 세우고 밑에는 공기가 통할 수 있는 높이로 마루를 깔고 건축을 했다. 비가 많이 오는 열대 지방이라는 것을 고려하여 기둥을 세우는 데 바닥에 바람이 통할 수 있도록 하기 위한 것이기에 그 모델을 따른 것이다. 모델은 인도네시아식이고, 더위를 싫어하니 창문을 많이 넣었으며 기능적으로 세워 많은 방과 모기들을 막을 수 있는 방충망을 창문에 달고, 만일 선교사들이 떠나면 현지인들 여러 사람이 거할 수 있는 집으로 만들어 현지화에 힘을 썼다. 우리 가족이 사용하다가 현장을 떠났고, 계속해서 안성원 선교사, 유병순 선교사, 그리고 김도예 선교사가 현지인들과 함께 그 집을 사용하고 있다. 이렇듯 문화의 상황화는 저들을 편안하게 만들고 선교사들을 자신들을 위하는 사람들로 인정받게 만든다.

---

14 쇠나무(kayu besi)- '쇠'(iron)라고 불리는 이유는 물속에서도 뜨지 않고 가라앉지 않는 나무로 집을 짖는 기둥이나 다리를 놓을 때 많이 쓰이는 나무이다. 물속에서는 쇠보다 더 오래 간다는 나무이다.

5. 리더십의 상황화

칼리만탄의 정글은 어디를 가나 복음의 문이 활짝 열려 있고 땅도 넓지만 인구밀도가 낮은 곳이라 사람이나 마을 찾는데는 많은 시간이 걸린다. 경제적 어려움, 각종 질병, 삶의 차이 등 쉽지 않은 환경 속에서 사역자의 생존 자체가 문제이다. 신학교에서 많은 학생들이 공부를 하고도 정글로 들어가지 않는 경우가 바로 그 때문인데 그렇다고 방법이 없는 것은 아니다. 우리는 이러한 부족 마을의 일꾼을 훈련하는 프로그램을 개발하는 것이 가장 바람직한 일꾼 문제를 해결해 주는 것으로 생각하게 되었다.

리더십의 토착화는 사역 초기부터 기획해 왔던 사역의 전략이지만 늘 저들 수준의 문제를 언급하지 않을 수 없다. 스파욱 교회도 지도력을 행사하는 사람들은 외부에서 와서 경찰서장이나 면장 등의 정부 보직을 맞은 사람들도 저들의 생각이나 역동성은 다약 부족들과는 판이하게 차이가 있다. 그들만을 의지할수 없는 이유는 그 수가 제한되어 있기 때문에 그 많은 마을들을 도울 수 있는 길은 막연하기만 하다. 가장 바람직한 것은 부족하기는 하지만 각 마을에서 일꾼들을 뽑아내어 그들은 아주 낮은 수준에서 훈련을 시키는 일이다. 마을에서 선택된 일꾼들을 지도자로 만드는 것이 쉽지도 않고 시간도 걸리는 일이지만 하나님이 도우신다면 가능한 일이다.

톰 스테판(Tom A. Steffen)은 그의 저서 『바톤을 현지인들에게 넘겨라』(Passing the Baton)라는 책에서 선교사는 전략적 차원에서 현지인들에게 사역의 인수인계를 위한 선교사의 역할에 대해서 다섯 단계로 정리하고 있는데, 제1단계에서의 선교사는 먼저 배우는 자가 되어야 하고, 제2단계는 전파자로서의 선교사, 제3단계는 저들을 훈련해서 사역을 맡게 될 사람을 위한 교사가 되어야 하고, 제4단계에는 현장 멘토가 되어야 하고, 제5단계에서는 순회 멘토, 또는 비거주 멘토가 되어야 한다고 말한다. 이 단계는 모두가 현지인들이 지도력을 행사할 수 있도록 자리를 내어 주는 선교사의 역할이고, 사역적 전략이다.[15]

지속성 있는 훈련사역

나의 사역적 꿈이 하나 있었다. 이루지는 못했지만 장기적인 정글사역이 이루어질 수 있다면 일꾼을 배출해 내는 데 필요한 사역이 될 수도 있겠다는 생각을 하면서 누군가는 이 꿈을 실현하기를 바랄 뿐이다. 둘로스 배(Doulos Ship)를 연상하면서 정글 사역에 맞는 훈련원, 즉 '보트 성경학교'라

---

15 Tom A. Steffen, *Passing the Baton*(Center for Organization & Ministry Development 1997), p.25

고 말할 수 있을 것이다. 거대한 강, 까푸아스 강에 선교 배를 띄워놓고 강 섶에 흩어진 마을을 다니면서 일정 기간 동안 정박하여 그곳에 사는 젊은이 들을 훈련하는 프로그램을 배에서 실시하는 것이다. 정글 마을들이 주로 강 을 중심으로 형성되었기 때문에 이러한 생각을 하게 된 것이다. 선교배는 보통 여러 개의 방을 만들어 놓았기 때문에 그 방들을 교실로 꾸미고 그곳 에서 각종 프로그램을 개발하는 것이다. 한 곳에 한 달 동안 머물면서 한 두 과목을 집중적으로 강의하고 다른 곳으로 떠나 그곳에 가서 강의하도록 하 며, 배는 또한 숙소로 사용할 수 있고, 각 마을에는 시장이 있어 필요한 식 품을 구입하고 배에서 식사할 수 있도록 만드는 것이다. 이렇게 해서 일년 에 2-3번 같은 곳에 정박하면서 다른 과목을 이수할 수 있다면 일 년에 여 러 과목을 이수할 수 있을 것이다.

이 사역을 그렇게 많은 경비를 들이지 않고도 운영할 수 있는 프로그램 으로, 실질적이고 저들의 신앙과 사역에 필요한 과목들을 개발할 수 있을 것이다. 이러한 프로그램 개발에는 한 선교사의 희생이 필요하고 장기적이 고, 지속적인 계획에서 만들어질 수 있을 것이다. 뿐만 아니라 현지인 중 에서 강의를 할 수 있고, 지속적으로 상당한 기간 동안 협력할 수 있는 일 꾼이 필요하다. 한편, 단기 선교로 오는 사람들이 현장에서 봉사할 수 있는 기회를 주어 의료 사업이나 교육사업, 주일학교 사역 등을 개발할 수 있을 것이다.

대를 이어서 선교를 했던 한국에 온 선교사들을 생각한다면, 우리의 선 교는 극히 짧게 선교를 마치는 경향이 있다. 나의 선교는 한 팀에 한 프로젝트를 끝내면서 옮겨 다니는 선교를 해 왔다. 이러한 경우는 역시 현지인들을 훈련시켜 저들이 떠나지 않고 지속적으로 사역을 계승하고 발전시켜 나가도록 하는 지도적 장치가 필요하다. 이러한 일들을 이루지 못했지만 누군가 이 일을 할 수 있다면 미래 선교는 훈련된 자국인이 주인 역할을 할 수 있을 것이다.

동질성을 찾아라

인도네시아 교회는 지도자의 역할에 대해서 많이 다르다. 교단마다 약간은 다르지만 목회자와 평신도 사이에 큰 장벽이 있지는 않다. 그리고 지도자들의 역할도 우리와는 차이가 있다. 엄밀히 말하면 성경의 목회자와 평신도 간의 역할에 있어 정확하게 구분해 놓고 있지 않다. 우리는 종종 '다름'과 '틀림'을 혼동할 때가 많이 있다. 다름은 죄가 아니다. 다름을 수용해야 하는 것이 선교사의 자세이다. 비본질적인 것은 전통적인 것에 맡겨야 할 이유는 그 전통적인 것이 각 문화 속에서는 아주 익숙하기 때문이다. 때때로 선교사가 "우리 것이 올바른 것'라는 생각으로 사로 잡혀 있다면 잘못된 생각이다. 모든 것을 성경적 조명으로 보아서도 잘못된 것은 아닌데도 불구하고 말이다. 물론, 편리성이나 좋은 것을 본을 보여주는 것은 필요하다. 그러나 그들의 것을 포기하도록 하는 것은 잘못이다. 나는 이와 같은 문화적응의 기준을 마련해 놓았다.

인도네시아 예배의 마지막 부분에 '도아 사팟'이라는 것이 있다. 예배가 끝나기 전에 설교자나 사회자에게 기도 제목이 주어지고 축도 전에 대표로 기도해 주는 경우가 있다. 그들이 준 기도 제목에는 여러 가지가 있지만 그 중 꼭 빠지지 않은 기도 제목이 있는데 그것은 대통령을 위한 기도이다. 비록 이슬람 국가의 대통령이라 할지라도 기도 제목에 들어 있으면 반드시 중보를 하게 된다. "하나님 아버지 우리가 사랑하는 수아르토 대통령을 위해서 기도합니다. 그를 축복하셔서 하나님이 귀하게 쓰시는 대통령, 국민들을 위한 대통령으로 만들어 주옵소서"라고 기도하면서 나는 속으로 '나의 대통령도 아닌데 우리 대통령이라고 불러야 하는가' 하는 생각도 들지만 그렇게 함으로써 우리가 그들 가운데 소속된 사람이라는 것을 나타내야 한다. 이러한 선교적 동질성을 갖게 하는 순간은 그들과 형제요 자매가 될 수 있다. 이렇듯 현지인과의 동질성을 찾아내는 것은 복음의 확실한 소통을 위해서 꼭 필요한 자세라고 생각한다.

지도력의 상황화는 결국 '자국인들을 주인 되게 하라'는 선교의 목표를 이루는 일이다. 단기에서는 불가능할지 모르지만 장기적으로 현지인들이 지도력을 잡게 하는 것이 사역의 건정성과 지속성을 위해서 꼭 필요한 과정이다. 재정적 자립을 위해서 선교사가 마련할 수 있는 일들의 기초를 닦아 주어야 하고 방안을 제시하는 것이 대단히 중요한 과제이다.

제6장

복음의
방해물들

그들이 다 복음을 순종하지 아니하였도다
(롬 10:16)

A Missional Narratives on
Intercultural Communication

복음은 순탄한 길로 흘러간 적이 없다. 늘 고난과 역경의 골짜기와 강들을 건너 목적지까지 도달하게 된다. 복음 전파의 장애물들이 있는 만큼 복음 전파에는 눈물과 땀, 그리고 필요하다면 피까지도 흘려야 하는 만큼의 가치가 있다. 값싼 복음은 존재하지 않기 때문이다.

복음 전파에 있어 장애물은 선교가 영적 전쟁터라는 것을 말해 주는 것이고, 선교는 그러한 고난의 과정이 없이는 열매를 기대할 수 없다는 것을 말해 준다. 그래서 성경에 "증인"이라는 말은 원어에 '순교' 란 의미가 숨겨져 있다. 초문화권 커뮤니케이션에서는 특별히 제거해야 할 많은 방해요소들이 있는데 그것들을 존재하는 한 복음은 수신자들에게 '기쁜 소식'으로 전달될 수 없을 것이다. 영적 전쟁에서 주적은 마귀이다.

선교는 하나님 나라를 확장해 나가는 일이며 마귀가 차지하고 있는 터를 빼앗는 일에는 늘 하나님의 성령의 능력이 필요하다(엡 6:10-12). 이 전쟁은 전략과 함께 기도로 하나님의 능력을 힘입을 때만이 이길 수 있다. 그러므로 기도는 사역 이상의 사역이다.

1. 영적 전쟁의 현장

커뮤니케이션이 원활하게 전달되려면 방해 요소들을 제거해야 한다. 방해 요소란 복음 전파를 저해하는 사소한 소음이나 실내의 온도, 환경 등 듣는 사람의 한 눈을 팔게 하는 요소나 안정을 해치는 요소들까지 포함한다. 한편, 전달자가 싫증 나게 하는 버릇이나, 자세, 목소리의 톤 그리고 의복의 문양 등 청중에게 메시지에 전념하지 못하도록 하는 모든 방해 요소를 통틀어 소음(noise)라고 부른다. 또 다른 방해 요소는 주변에 커뮤니케이션이 원활하지 못하도록 하는 환경적 요소가 있는데 정치적 세력, 종교적 핍박, 메시지에 대한 무반응, 세속주의 등 방해를 유발하는 요소들 말한다.

복음 전파에 방해하는 요소들이 존재하는 이유는 복음전파의 방해꾼인 사탄의 방해도 있지만 전달자 자신의 부주의도 있다. 주변에는 환경들이 복음을 깨닫지 못하도록 수단과 방법을 가리지 않고 도전해 오는 방해를 어떻게 해결할 것인가를 전달자들은 숙지하면서 커뮤니케이션을 수행해 나가야 한다. 그러므로 선교 현장을 영적 싸움터라고 말하는 이유가 거기에 있다.

전쟁에는 아군과 적군, 그리고 주적이 분명히 구분되어야 한다. 우리는 마귀들의 주적이 되는 이유는 선교는 "땅 빼앗기" 게임과 같기 때문이다. 마귀가 소유하고 있는 영토를 탈환하여 그 영역에 하나님 나라가 세워지고, 확장시키는 일을 선교라고 말한다면 그곳에는 사탄은 공격 무기를 가지고 방해를 준비하고 있다. 우리는 사탄의 타깃이 되는 것이다. 이러한 방해물이 무엇인가를 인식하는 일과 이 방해물을 제거하는 방법을 찾아야 원만한 복음 전파가 이루어지게 해야 할 것이다.

예수님 당시에도 건건이 방해하는 세력이 있었다. 그 대표적인 무리들이 유대교의 종교지도자들, 즉 바리새인들과 서기관들이었다. 저들은 예수님의 복음을 왜곡하거나 듣지 못하도록 하는 방해자들이었다. 그 이유는 유대인의 지도자라는 기득권을 지키려 하니 예수님이 전하신 획기적이고 권위적인 메시지가 걸림돌이 되고 있는 것이다. 그러나 예수님은 저들의 전통적인 생각을 깨고 하나님의 말씀을 옳게 해석하시는 것으로 저들의 공격을 막아 내셨다. 그 토픽들은 주로 율법에 대한 문제, 장로들의 전통에 관한 문제, 죄인들을 규정하는 문제, 안식일을 지키는 문제 등 다양한 이슈로 예수님의 길에 방해물을 놓고 시비를 걸어왔지만 저들에게 걸림돌이 되는 것은 예수님께서 제시하시는 권위의 말씀, 사랑의 행위, 기적과 기사로 나타나는 하나님의 능력을 보며 그가 하나님으로부터 나지 않았다면 이러한 일들을 일어날 수 없다(요 9:16). 인간으로는 불가능했던 일들이 저들 눈 앞에서 일어나니 그들의 예수님을 두려워 할 수 밖에 없었고 결국은 저들의 모함은 예수님은 십자가를 못 박는 일을 저질렀지만 하나님은 그 죽음의 저주를 이기시고 부활하심으로 마귀의 머리를 상하게 하셨다. 오히려 그분이 지신 그 십자가는 인류 구원의 도구가 되게 하셨고, '여자의 후손'의 발꿈치의 상함과 '사탄의 후손'의 머리 상함이 이루어지는 것으로 언약이 성취된 것이다(창 3:15).

다약 사람들은 지금까지 살펴본 대로 대체로 복음의 감수성이 좋은 편이고 선교의 열매도 풍성하지만 은혜가 있는 곳이 한편으로는 마귀의 역사도 강하게 나타나기에 방해거리는 늘 존재하고 있었다.

불순종의 감옥

예수님은 죄는 미워하되 사람은 미워하지 말라는 말씀을 친히 실천하셨다. 선교사가 들어가는 곳은 이미 각종 종교의 시스템이 자리를 잡고 있고, 사탄은 종교, 사회적 악, 정치 이데올로기, 전통 등을 이용해서 사람들을 그 시스템에 가두어 놓고 괴롭혀 왔지만 그들을 해방시키는 것이 선교적 행위인 것이다. 링겐펠터(Sherwood Lingenfelter)는 그것을 "불순종의 감옥"(롬 11:30-32)[1]이라고 불렀다.

다약 사람들의 종교적인 배경은 쉽게 저들의 종교를 포기할 수 있게 만들 수는 있는 교육을 통해서 저들이 변화하고 새 사람 됨의 경험을 하게 하기 위해서는 많은 시간이 소요되어야 한다. 그 이유는 저들이 어떤 경전이 있어서 교육을 통해 신앙을 소유한 것이 아니고 조상 때부터 내려온 전통에

---

[1] Sherwood Lingenfelter, *Transforming Culture*, Baker, p.17

따른 문화, 또는 풍습이 저들의 삶이기 때문에 저들을 변화시키는 데는 타종교에 비해 크게 어려운 것은 아니나 복음의 메시지를 저들의 삶은 변화하게 만드는 데 상당한 교육이 필요하고 시간이 필요했다. 우리는 인도네시아의 공식적인 언어인 '바하사'를 공부하고 사역에 임하게 되었지만 이 공적인 언어는 교육을 받은 사람들에게는 통하는데 그렇지 못한 이들에게는 각 부족들이 사용하는 언어를 사용해야 한다. 가장 좋은 방법은 바하사로 신학교육을 시켜 그들의 부족어로 복음을 전할 수 있도록 하는 것이 최선의 방법이라고 생각한다.

칼리만탄의 또 하나의 복음 전파의 장애물은 가톨릭 교회이다. 정글 마을에 일찍 진입한 가톨릭 교회의 영향을 받아 일단 각 마을마다 가톨릭 마을이라는 이름을 붙여 놓았다. 저들은 어떤 교육 프로그램이 있거나 설교가 있어서 변화를 추구하지 않고 한 종교 집단을 만들어 놓았기 때문에 변화를 기대하기는 어렵다. 다약 사람들이 변화되지 않는 이유는 저들에게 어떤 교육이 없고 천주교의 의식만 가르쳤기 때문으로 보인다. 일 년에 한 두 번째 지도자들[2]이 와서 성탄절과 부활절 행사를 인도하지만 그런 마을들은 세월이 지나도 전혀 변화가 없어, 우리는 그들에게 조심스럽게 접근하면서 복음을 가르쳐 변화를 유도하는 방법 밖에는 없다고 생각을 했다.

---

2 여기서 "지도자"란, 신부도 포함되어 있긴 하지만 대부분 사역자가 부족해서 평신도들이 예식을 행하는 법을 간단하게 가르쳐 성탄절과 부활절에 마을을 다니며 간단한 성례식을 거행하도록 했다.

외부의 영향력은 복음 전파의 또 다른 장애거리가 되고 있다. 특별히 무슬림이 대다수인 인도네시아 정부는 반차실라라는 정책을 펴고 있지만 정치가나 지방의 요직에 있는 사람들의 대다수가 이슬람 사람들이 많기 때문에 친 이슬람으로 돌아서도록 정책적으로 압력을 가하고 있다. 특별히 기독교가 강한 지역에 의도적인 영향력을 행사해서 어떻게든 기독교의 세력을 흩어 놓으려는 정책을 쓰고 있다. 그들 중에는 다약 사람들이 포함되는데, 다약 사람들은 쉽게 개종하지만 쉽게 포기하는 경향이 있어 그것은 아직도 복음이 저들의 삶에 뿌리를 박지 못하고 있다는 증거이다. 어떤 경우는 경제적 이익과 종교를 맞 바꾸는, 그래서 이슬람으로 개종할 가능성도 있어 염려가 되기도 한다. 이러한 영향력 때문에 정글이 개방되면서 외부인들이 많이 유입되고 있고, 정글에서 순수하게 살아오던 저들을 또 다른 세계에 대한 관심과 호기심이 작동하면서 이슬람으로 개종하고 있다는 소식을 듣고 있다.

전통과의 싸움

예수님은 장로들의 전통 문제 때문에 바리새인들의 공격을 많이 받으셨고 그러한 문제로 저들과 많은 갈등을 갖게 되었다. 다약 사람들의 전통은 저들의 삶 자체이다. 교육 부재, 종교적 영향력이 부족한 곳에는 더욱 전통이 힘을 얻고 전통대로 살아가는 경향이 많이 있다. 저들의 전통이란 많은 경우 애니미즘과 관련이 있고, 저들의 조상 때부터 오는 나쁜 풍습들, 저들의 고집으로 인하여 예수를 믿어도 이것만은 버릴 수 없다는 습관 등등 우리는 계속해서 저들의 나쁜 윤리관, 나쁜 전통과 치열하게 싸워야 하는 경우가 있다. 제일 흔한 전통은 독주를 마시면서 저들의 삶을 파멸로 몰아가는 일, 노름으로 재산을 탕진하는 일, 그리고 일부다처주의로 가정이 파탄나는 일 등이다. 다약 사람들에게 있어 일부다처주의는 선교의 가장 골치거리가 아닐 수 없다. 여러 아내를 거느리고 있는 남자들을 그들의 권력이나 능력으로 생각하는 이유는 여러 아내들과 자식들을 먹여 살릴 수 있는 능력이 있다는 것을 과시하는 행위이기 때문이다.

한번은 중년 남자가 찾아왔다. 그는 신앙 상담을 하고 싶다는 것이다. 교회를 나가고 싶은데 받아주겠느냐는 것이다.

"물론이지요. 교회는 누구나 오는 곳입니다."

"저는 아내가 세 명이 있고 그 아내들이 낳은 자녀가 11명입니다."

"만일 신부님의 말대로라면 두 아내를 내보내야 하는데 그러면 그들에게 딸린 자식들은 어떻게 하라는 말입니까?"

그는 계속해서 상황을 설명했다. 가톨릭 교회에서는 용납이 안되는데 개신교회는 되겠느냐는 것이다. 질문에 대해 답하기가 난감했다. 예수님이라면 어떻게 대답을 하셨을까? 땅에다 글을 쓰시고 일어나서서 대답을 하셨을까? 나는 이렇게 대답했다.

"먼저, 모두 교회를 나오십시오. 그리고 하나님께 기도하십시오. 주님이 어떻게 할지를 가르쳐 주실 것입니다." 그리고

"확신이 갈 때 순종하십시오."

그의 반응은 부정적이었지만 그 후 만날 기회를 찾지를 못했다. 그 외에도 다약 사람들은 정령 숭배의 전통신앙에 찌들려 있어 어떤 선의 개념도

없고 이웃에 대한 배려나 봉사의 개념도 없이, 모든 것이 자신에게 이익을 추구하는 종교로의 기복 사상만 남아 있을 뿐이다. 제사를 지내지 않으면 벌을 받는다는 두려움의 영에 사로 잡혀 있는 사람들이다. 저들에게 지속적으로 예수 그리스도의 십자가의 복음을 통해서 이러한 두려움에서 벗어나게 해야 한다.

타협주의 종교인

어느 민족이든지 터부(taboo)라는 것이 있다. 어느 사회든지 금기(禁忌)라고 불리는 터부는 사회적 관습이나 미신적인 관념에 의거하여 특정 행위를 엄격히 금하는 것이다. 미신적 금기로는 민간신앙에 의해 신성하거나 더러운 것에 접촉하지 않게 하는 금기가 있고, 개인이나 사회에게 해를 끼친다는 인식 하에 터부시되는 것도 있다.[3] 이러한 터부가 다약 사람들의 민간신앙인 정령숭배의 기초를 이루면서 특정 행위에 대한 금기로 생각을 하니 복음에서 가르치는 것에 대한 불순종 내지는 복음과 함께 자신의 터부에 연결시켜서 혼합 형태의 기독교 신앙을 소유하게 되어 복음을 왜곡하거나 혼합종교의 형태를 띠게 되는 것이다.

한번은 교회가 없는 마을에 교회를 세우기 위해 제직들과 함께 방문한

---

3 *터부의 정의*: "금기"(Taboo)라는 단어의 의미는 사회 과학에서 도덕적 판단, 종교적 신념 또는 문화적 규범에 따라 신성하거나 금지된 인간 활동 또는 관습의 모든 영역과 관련된 강력한 금지로 다소 확장되어 있다. "금기 깨기"는 일반적으로 단순히 문화의 일부가 아니라 사회 전반에서 불쾌감을 주는 것으로 간주된다(위키백과).

일이 있다. 먼저 정글의 촌장을 만나고 우리가 온 이유를 그에게 설명한다. 이들은 우리 마을의 제직들과는 멀지 않은 이웃으로 상업 거래관계 때문에 안면이 있어 대화가 쉽게 이루어지고 차라도 대접을 받게 되는 관계가 이루어 지기 때문에 이 점을 노리고 이분들을 모시고 간 것이다. 이때, 한 젊은 청년이 들이 닥쳐서 소리 지르기를,

"여기서 당장 떠나십시오. 우리 마을은 천주교 마을입니다. 우리 신부님이 말하기를 개신교는 받지 말라고 했습니다. 재수가 없습니다."

나는 대답했다.

"천주교라도 좋습니다. 다만 우리가 온 목적은 하나님의 말씀을 전하기 위해서 온 것입니다."

"나는 천주교 집회에서 교육을 받았고 내가 이 마을의 책임자인데 개신교는 절대 안됩니다."

나는 곰곰이 생각을 정리하면서 간단한 질문을 해보기로 했다.

"그렇다면 내가 질문 하나 하겠습니다. 가르치려고 하면 성경을 알아야하는데 예수님이 누구이신지 한번 설명해 보십시오."

"…"

"그것 보십시오. 천주교의 지도자라고 하면서 가장 중요한 것을 모르고 있지 않습니까? 한 번 생각해 보십시오. 소를 나무에 매어 놓고 꼴을 주지 않으면 어떻게 삽니까?" 그는 당황하면서 대답하기를,

"나무에 매어 놓았으면 꼴도 주고 물도 주어야 살겠지요."

"물론이지요. 그것 보세요. 천주교는 이름만 붙여 놓고 꼴을 안 주지 않습니까?" 나는 계속해서 말하기를,

"우리가 이곳에 온 것은 꼴을 제공하려고 하는 것입니다. 하나님의 말씀이 바로 생명을 제공하는 꼴입니다."

예수님은 사마리아 여인에게 '생명수'라고 말씀하셨지만 나는 '생명의 꼴'이라는 말로 바꾸어 설명하였다. 그의 환경에서 이해될 수 있는 단어이기 때문이다. 그는 아무 말도 못했다.

그 후 이 청년은 한 예화를 통해서 마음이 바뀌게 되었다. 일 년에 한 번씩 성탄절에 오는 한 신부가 그 마을을 방문했을 때 이 청년은 대담하게 신부에게 말을 했다.

"신부님, 소를 나무에 매어놓고 꼴도 물도 주지 않으면 어떻게 삽니까?"

"..."

신부는 한 마디도 못하고 그 마을을 떠나고 말았다. 그 후 그 마을에 진정한 말씀을 기초로 한 교회가 세워진 것이다.

개신교는 재수 없는 종교로 터부시하는 한 청년의 개종은 교회의 큰 일꾼으로 만드는 결과를 만들어 냈다.

말씀이 근거가 되지 않은 이름 만의 종교는 사람을 변화시킬 수가 없었다. 가톨릭이 이름만의 종교인을 만들어 조금도 변화되지 않는 마을이 천주교 마을로 남아 있으면서 복음을 거부하고 나쁜 전통과 함께 살아가는 종교인이 많다는 것이다. 이러한 요소들이 정글 복음화에 큰 장애물이 되고 있다.

도덕이 무시되는 종교인

정글 사람들이 순수한 신앙인인 것은 맞는데 그 신앙이 물질주의와 외부 세력에 의해서 쉽게 흔들린다는 것이다. 얕은 뿌리를 가진 나무는 쉽게 넘어진다. 겉으로는 성실한 것 같고, 씨를 뿌려서 싹이 나와 잘 길러낸 것 같은데 얼마 후에 보면 시들어 있는 모습은 역시 물을 주고 가꾸지 않았기 때문일 것이다. 또 곁에서 늘 격려하고 도와주면 저들은 힘을 유지하지만 떠나 있으면 쉽게 쓰러지는 의존적 신앙이 문제이다.

의존적 자세는 신앙뿐만 아니라 윤리적인 문제도 마찬가지이다. 복음은 많은 윤리성을 포함하고 있다. 복음이 깨달아지면 주님의 인격을 닮게 되어 있고, 삶의 윤리성이나 도덕성 변화가 생기는 것이 정상이다. 이 모든 것은 복음에 대한 이해력에 기초하여 성령의 도움으로 세상에서 주는 모든 비도덕한 생각들을 물리칠 수 있는 힘을 길러야 하는데 정글 사람들은 그러한 바이러스에 대한 저항력이 없다는 것이 장애물이 되기도 한다.

넓은 땅에 마을들이 이곳저곳에 자리잡고 있지만 온 세상이 숲으로 덮여 있다 보니 저들의 성 윤리성도 문젯거리이다. 신앙인들도 크게 다르지 않다는 것이 문제이다.

스파욱 교회 장로 한 분이 정글에서 장사를 하면서 성 범죄를 저질렀다는 소문이 온 동리에 파다하게 퍼져 있었다. 사실 관계를 확인하기 위해 그를 집으로 불렀다. 그는 사실임을 고백했고, 나는 그에게 회개를 촉구했다. 회개한다고 말을 했지만 이러한 사소한 일을 놓고 왜 그렇게 법석을 떠느냐 하는 태도였다. '사소한 일', 저들의 도덕성에 대한 고민이 많아지게 되었다.

많은 남자들이 여러 아내를 데리고 사는 것도 성 윤리의 결과이기도 하고 또 많은 아이들을 낳고 사는 사람들은 아기 하나 생산해 내는 것은 크게 사회적 문제가 되지 않는 것도 문제이다. 그렇다 보니 혼외 자식, 혼전 자식, 아빠도 모르는 자식 등 가정 윤리가 혼란스럽기만 하다.

종교인으로서 삶의 변화가 없는 이유는 복음의 이해력이 부족하고, 실천 의지가 없기 때문에 신앙은 물론, 도덕적인 문제가 전통, 내지는 저들의 삶이 일상적인 비윤리적 기준에 맞추어져 있다는 것이다. 이러한 문제를 어떻게 해결해야 할 것인가에 많은 고민이 앞서게 된다. 지도자로서 죄를 지어도 죄로 깨닫지 못하는 경우 저들에게 필요한 것은 자극적인 질책인데 저들을 꾸짖거나 자극적인 메시지를 전달하면 쉽게 깨닫고 회개하는 것이 아니라 교회를 포기하게 만드는 경우가 많아 쉽게 경고성 메시지를 던질 수가 없다는 것이 문제이다. 개인적인 상담을 통해서 만들어지는 경고는 결국 충분한 기도와 부드러운 말로 저들의 마음에 큰 상처를 주지 않으면서도 고칠 수 있는 방법을 찾는다. 그렇게 하는 데는 주님의 지혜가 많이 필요하다.

2. 가난과의 싸움

　다약 사람들은 전통적 삶의 패턴에서 벗어나지 못하고 있다. 근본적으로 창의력이나 추진력의 결여가 문제이지만, 저들의 삶의 변화나 발전을 두려워하는 전통에 사로잡혀 있는 생각과 운명론에 기인한 탓이라고 본다. 자연에서 나오는 삶을 위한 재료들을 가지고 전통적인 방법으로 농사와 가축을 기르며 비위생적인 삶의 환경 속에서 변화를 추구하는 일은 쉬운 일은 아닌 것 같다. 나무와 땅 그리고 강수량 등 얼마든지 개발할 수 있는 분야들이 있을 텐데 가난에서 벗어나지 못하고 있다.

　인도네시아 정부는 칼리만탄의 빈곤을 해결해 주려고 노력하는 흔적이 보이지 않고 있다. 기껏해야 도로를 만들어 주는 것인데 비가 많이 오고, 정글로 덮여 있으며, 인구 밀도가 낮다는 이유 때문에 늘 우선 순위에서 뒤로 밀

리고 있다.

수년 전부터 인도네시아 정부에서는 칼리만탄이 넓고 일구 밀도가 낮다는 이유로 많은 자바인들을 이주시키는 정책을 쓰고 있다. 심지어는 동부 칼리만탄으로 수도를 옮기겠다는 거대한 프로젝트[4]를 내놓고 있는 상태이다. 문제는 이 프로젝트가 성공하려면 자연을 다스리고자 하는 의지가 있어야 하는데 원주민들에게는 그런 눈을 띄워 주는 사람이 없다.

인구가 폭발하고 있는 자바인들을 인구 밀도가 적은 수마트라나 칼리만탄에 이주시켜서 인구분포를 정리하려는 정책인 이주민 정책을 펴고 있었는데 모두 실패로 돌아갔다. 이곳 정글의 몇 지역들을 선정하여 집을 지어주고 1년간 먹을 양식을 공급하며 정책을 폈지만 수만 명의 자바인들이 정착을 시도하다가 포기하고 자바섬으로 되돌아가는 결과를 낳았다.

저들이 포기한 이유는 우선 땅이 자바섬에 비해 너무 척박하다는 것이다. 자바섬은 많은 화산재로 덮여 있어 비옥하기 때문에 작은 땅을 소유해도 먹고 살 수 있지만 이곳에는 거대한 땅을 제공해도 소출이 안 난다는 것이다. 비옥한 땅은 숲으로 덮여 있고, 그나마도 빈 땅은 억새풀로 덮혀 있어 기경하기가 쉽지 않다는 것이 이유이다.

두 번째 문제는 그나마 소출된 물자를 팔 수 있는 판로가 없다는 것이다.

---

4 수도 이전 계획: 조코위 대통령은 인도네시아의 수도를 동부 칼리만탄(Kalimantan Timur) 지방에 위치한 동부 쁘나잠 빠사르(Penajam Paser Utara)군과 꾸따이 까르따느가라(Kutai Kartanegara)군에 걸친 지역으로 150만 명의 주민이 신규로 거주하는 도시를 만드는 것을 공식 선언함.

소비자가 있는 마을까지 가려면 멀기도 하지만 길도, 생산된 물건을 방출할 수 있는 수단(차량)도 없기 때문이다. 세 번째 문제는 자바인들은 이웃을 몹시 그리워한다. 땅이 부족한 자바에 산다는 것도 대책은 아니지만 가족, 친척, 이웃, 친구들이 그리운 저들은 특별한 대책도 없이 정부에서 무상 공급한 주택을 뿌리치고 다시 가난해지는 삶의 길로 되돌아가는 것이다. 그래도 일부이기는 하지만 적은 수의 사람들은 남아서 어렵게 농사를 짓고 있는 외로운 사람들에게 복음은 큰 힘이 되고 있어 이곳저곳에 교회가 세워지는 것을 보게 된다.

위에서 언급한 현대화는 저들의 영적인 자세를 흩트려 놓을 가능성이 얼마든지 있지만 장기적인 삶을 영유하면서 교육하는 프로그램을 가지고 개발한다면 경제적 변화를 기대할 수 있을 것이다. 김익배 선교사는 일찍 인도네시아 시민권을 취득하여 그곳에 비지니스를 개발하면서 신학교와 교회들을 재정적으로 후원하는 프로젝트를 개발해서 성공적으로 이끌어 가고 있다. 이러한 모델은 선교지를 자신의 나라로 생각을 하며 정착하는 경우에만 가능하고, 그러한 은사를 최대한 이용하여 자국인들의 경제와 복음전파에 힘쓸 수 있는 계기를 마련할 수 있다는 점에서 시도해볼 만한 좋은 자비량 선교 모델이라고 생각한다.

가난한 부자

나는 종종 정글 마을을 방문하면 "당신들은 너무 부자이기 때문에 가난하다"라고 역설적인 말을 하곤 한다. 저들의 땅은 말뚝만 박으면 자기의 땅이 될 만큼 정글 속에는 넓은 대지를 소유하고 있는 사람들이 많다. 불을 질러 놓고 곡식(밭벼)을 심은 넓은 땅을 소유하고 있는 화전민들이다. 그 땅은 끝이 보이지 않을 정도이지만 나오는 곡물은 심히 적은 양이다. 이유는 땅이 넓기에 관리를 제대로 못하고 있고, 땅에 대한 귀중한 마음을 가지고 있지 않기 때문이다. 땅을 관리를 못해 땅에서 얻을 수 있는 곡식이 없어 가난을 면치 못한다. 물론 정글 땅은 아주 척박하고, 어떤 곳은 우기에 물로 채워지는 경우 때문에 농사 짓기가 힘든 곳이 많이 있다. 그러나 이러한 나쁜 땅만 가지고 불평할 것은 못된다. 아무리 땅이 나쁘다 해도 개발 정신을 가지면 좋은 땅으로 만들 수 있고 노력한다면 개발이 불가능한 것은 아니다. 어떻게 나쁜 땅을 좋은 땅으로 만드느냐 하는 기술이 필요할 뿐이다. 저들의 가난 해소를 위한 프로젝트를 개발이 가능하다고 생각하는 전문가가 나온다면 단기로 와서 교육을 시킬 수 있을 것이다. 그렇게 되면 큰 경작지보다는 작은 경작지를 알차게, 그리고 비옥하게 만들어 토양에 맞는 곡물을 심는다면 가능성은 있어 보인다.

사실, 파인애플이나 바나나, 그리고 빠빠야 같은 열대 과일들은 토박한 땅에서도 잘 자라며, 알로에(Aloes)같은 식물도 약용으로 많이 쓰여지는데 그와 같은 작물을 심는다면 농촌 경제를 크게 도울 수 있을 것이다. 간단하고 적은 규모로도 가능한 작물을 생산할 수 있는 아이디어를 제공할 수 있다면 농촌은 달라질 것이다. 기업을 하는 사람들은 이러한 작물들을 심어서 성공하면서 비즈니스를 하고 있는데 벤치마킹을 해서 적은 규모라도 개발할 수 있다면 정글인들을 많이 도울 수 있으리라 생각한다. 이렇듯 가난은 하늘에서 주어진 것이 아니라 개척하기에 달려 있고, 땅을 사랑하는 정신을 가지게 만드는 것이라고 생각한다. 이러한 생각이 한국에서는 구시대의 산물이 되었지만 가나안농군학교같은 교육 시설이 필요할 지도 모른다.

의존도를 낮추어야

아프리카의 많은 나라들이 가난한 이유는 타인에 대한 의존도가 너무 높기 때문에 저들의 자립에 장애가 된다는 것이다. 자급자족 정신이 아니라 다른 사람들이 도와 주지 않으면 '우리는 할 수 없다'는 생각이 저들에게는 병이 되었고 거의 치료가 불가능한 상태이다. 내가 경험한 다약 사람들은 그러한 수준은 아니다. 오히려 나누려는 모습을 보면 대견하기도 하다.

이제 선교사가 저들의 삶을 위해 도와야 할 일은 우리도 할 수 있다는 믿음과 함께 방법을 제공하는 것이다. 저들은 가난하기에 의존도가 없을 수 없지만 물질적인 의존도을 불식시키고 정신적인 의존도만 가지도록 할 때 저들에게는 배우려는 자세가 창출될 수 있다고 보는 것이다. 이것도 역시 간단한 프로젝트로 교육을 시키는 방법이다.

안중안 신학교는 넓은 부지를 확보하고 있다. 초기 학교를 세울 때의 비전은 농촌학과를 개설해서 신학과 함께, 또는 간단한 성경교육과 함께 농촌교육을 시켜서 평신도 선교사로 정글로 들어 갈 수 있다면 교회도 돌보면서 주민들의 삶을 깨우치고 토양을 개발하여 주민들의 먹고 사는 문제를 해결해 줄 수 있는 농업선교사를 발굴할 목적인데 이 계획이 아직도 이루어지지 않고 있다.

가난 문제를 해결해 주기 위한 정신 교육은 "고기를 한 마리 주는 것 보다 낚시질하는 법을 가르쳐 주라"는 말이 있듯이 그들의 근본적인 문제 해결이 곧 교육이라고 생각한다. 특별히 복음이 저들의 영적인 문제뿐만 아니라 정신적 문제를 해결하여 삶의 질을 높여 주는 역할을 한다는 것은 모든 이스라엘 사람들도 알고 선진국가들도 잘 알고 있는 바이다. 정신력은 저들을 부지런하게 만든다. 어떤 도전이 없거나 다른 사람들과의 경쟁력이 없는 인간은 게을러지게 되어 있다. 그러므로 이러한 경쟁력을 위해서라도 정신 교육, 그리고 기술 교육, 추가로 하나님의 말씀으로 요리해 주면 사람들의 삶이 풍성해질 것이고, 자국 정부도 그러한 일을 해 주는 선교사들을 보면 저들에게 대한 좋은 이미지를 형성하게 될 것이고, 현대 선교사들의 사역이 그렇게 돌아가야 하지 않을까 생각한다. 이러한 사역은 장기전이 필요하고, 삶을 그곳에 묻겠다는 생각이 필요할 것이다.

바울의 선교는 개척한 교회들에게 무엇인가 나누어 주려는 생각보다는 저들의 믿음을 세워서 하나님께서 공급하시는 축복을 경험하도록 하는 것, 그리고 그 축복을 가난한 사람들과 나누기를 원했다. 개척교회들의 헌금을 거두어 도시인 예루살렘에서 고난 받는 가난한 성도들을 돕는 일을 하게 했다는 것이다. 그 의미는 저들의 가난이 주는 것으로 경제 문제를 해결할 수 있는 역설적인 이론이다. 가난한 형편을 의식하면서도 믿음을 줌으로써 오히려 가난을 극복할 수 있는 근거가 된다는 것이다. "환난의 많은 시련 가운데서 저희 넘치는 기쁨과 극한 가난이 저희로 풍성한 연보를 넘치도록 하게 하였느니라"(고후 8:2). 이것이 하나님의 은혜와 능력을 체험할 수 있도록 한 선교 전략이었다.

　나는 종종 필요를 하나님께 구하는 사람보다 주는 입장에 있는 사람이 더 많이 기도를 할 필요가 있다고 믿고 있다. 하나님의 뜻을 분별하는 것이 필요하다고 생각하는 것은 잘못 주었을 때에 오는 역효과는 신앙적 약화를 염려해야 하고, 인간에 대한 의존도를 높이는 문제, 순수하게 신앙으로 협력하던 자세가 물질의 조건으로 바뀌어지는 경우를 너무나 많이 보아왔기 때문이다. 그래서 돈으로 하는 선교가 문제가 있다는 것이다. 돈이 있을 때는 많은 사람들이 따르지만 돈이 떨어지면 떠나 버리는 사람들이 많기 때문이다. 그러나 없는 이들에게 주는 구제 사업은 언제든지 필요한 중요한 사역인 것만은 사실이다. 예수님의 불쌍히 보시고, 고쳐 주시고, 먹이시고, 해결해 주시는 모습은 분명 사람에서 육신의 필요를 채워주는 것은 구원받은 자의 기본 자세이기 때문이다. 중요한 것은 신앙적 자립과 경제적 자립 정신을 가지고 스스로 문제 해결을 위해 하나님께 의존하면서 기도하는 모습을 우리는 보기를 원한다는 것이다.

　결론적으로 칼리만탄 정글의 삶의 가난은 가뭄도 아니고, 질병이나 곤충으로 인한 농작물 피해가 아니다. 어떻게 보면 풍부한 환경 속에서 가난을 면치 못하고 있다는 것은 게으름, 지혜의 부족, 기대감의 부족 등이 저들에게 문제시 되지만 한편으로 가능성도 보인다.

자립으로 가는 길

정글에서 사역한 서양 선교사들은 헌신적인 면에서 위대한 선교사들이라고 평가할 수 있을 것이다. 그러나 저들의 약점은 자립으로 가는 길을 제공하지 못했다는 점이다. 그리고 선교사들의 사역 중에는 현지 지도력을 개발하여 선교사의 사역을 지속적으로 이어갈 사람들을 세우는 것이 중요하다고 생각하여 지역별로 성경학교를 세워 놓았다. 그러나 저들이 세워 놓은 성경학교들이 이제는 흔적도 없이 사라졌다. 선교사가 철수할 때를 보면 교회는 남아 있고, 교단도 구성되어 있지만, 교육기관은 찾아보기 힘들다. 그 원인이 무엇일까? 먼저는 학교의 수준을 너무 낮게 잡았다는 것이다. 지도자들을 만들 수 없는 수준, 가르치는 사람들도 배우는 사람들도 자격미달이어서 교육이 안 이루어지고 있다는 것이다.

두 번째는 자립 정신을 키워주는 교육이 되어야 하는데 서양 선교사에 대한 의존도가 지나치게 높았다는 것이다. 그리고 지도자가 된다고 해도 그들은 신학교 졸업 후 약 2년동안 경제적 어려움에도 불구하고 교회를 잘 인도하다가 결국은 포기하고 옛 직업인 농사꾼으로 돌아간다는 것이다. 교회가 목회자들을 부양하지 못하기 때문이다.

한국 선교의 자립도를 생각한다면 아직도 우리는 더 먼 길을 가야 할 것 같다. 우리 대에서 자립이 불

가능하다면 다음 대를 이어서라도 자립 목표를 이루어야 하지 않을까 생각한다. 그렇지 않으면 애써 만들어 놓은 우리의 사역이 사라지고 말 것이다. 한국 선교사들 중에서도 아버지 대의 사역을 다음 세대가 이어가는 경우가 생겨나기 시작했다. 선교사들 자녀들(MK), 그들은 선교 현장에서 자라났기에 문화나 언어에 탁월하니 선교의 좋은 자원들임에 틀림이 없다. 오히려 부모보다 더 나은 사역을 계승할 수 있을 것이다. 정글 속 사역은 장기간 지속하기가 쉽지 않다는 것이 사실이다. 그렇다면 한 세대 또는 단기간에 사역을 끝내야 하는데 그 사역을 맡아서 해줄 현지인들을 배출하려는 계획을 세우는 것이 바람직한 이유는 선교사들은 일정 기간의 사역을 계약하고 정글에 들어가기도 하고, 평생을 그곳에서 보내겠다고 결단을 하지만 선교단체가 만들어 놓은 은퇴연령이 되면 철수해야 하는 경우가 있고, 어떤 나라는 사역의 종류에 따라 비자를 계속 연장할 수 없는 경우가 있어 떠나야 하는 경우도 있기 때문이다.

어떤 경우는 선교사가 선교지에서 일생을 살았기에 다른 곳에서는 적응을 못하는 경우도 있다. 이름이 '굿맨'이라고 불리는 미국 선교사는 젊은 시절에 정글 속 사역을 위해 칼리만탄에 들어와 교회를 세우면서 주민들과 아주 가깝게 지내면서 정이 들었고 모든 것이 익숙하여 정글이 마치 고향과 같은 곳이 되었다. 소속 선교단체의 결정에 의해 그는 은퇴연령이 되어 미국으로 귀국하기로 결심하고 현장의 많은 친구들과 교우들을 모아놓고 환송 파티를 했다. 귀국하여 자신의 본국으로 돌아가 평생을 살 생각을 하고 갔으나 1년 후에 선교지로 다시 이사를 와 사람들은 모두 놀랐는데 그가 하는 말이 미국에 가보니 친구도 없고, 어떻게 살아야 하는지 사는 법도 몰라 정글에서의 삶을 그리워하게 되었다는 것이다. 그는 소위 '재입국 충격'을 경험한 것이다. 아주 오랫동안 타국에서 또는 미개지역에서 살다 보니 선진국이나 문명지역에서의 삶을 즐길 수도 적응할 수도 없는 폐인이 되어버린 자신을 보게 된 것이다.

이러한 선교사들의 희생이 계속될 수도 있지만 정글생활이란 특성상 그리 길지는 못하게 된다면 사역이 질이나 지속성을 위해서 장기간의 사역을 할 수 있는 방법들을 찾아내지 않으면 안 되었다. 어떤 선교사들은 현지의 시민권을 갖는 일도 있고, 요즈음은 동남 아시아에서는 일정 금액만 은행에 예금을 해 두면 장기간 체류할 수 있는 거류증을 주는 나라들이 생겼다. 즉 말레이시아, 인도네시아, 필리핀 등이 그렇다. 그러나 한계는 그 비자는 공식적으로 일을 할 수 없다는 것이다.

현지 지도력을 위한 선교사의 노력은 어려운 과정 임에도 불구하고 계속되어 왔다. 현지인들이 영원히 남아서 일을 지속적으로 해 나가게 하기 위하여 선교사들은 자신들이 떠나도 일은 계속되어야 하고, 그렇게 되게 하기 위해서는 토착 선교의 기반을 마련하는 데 힘을 써야 하는 것이 선교사의 큰 과제이다. 또 다른 방법은 선교사 자신이 현지 국가에 몸을 묻을 생각을 하고 그곳에서 생을 마감하도록 하는 것도 지상의 삶의 한 방법이고 선교의 한 방법일 수 있다. 어차피 선교사는 갈 곳 없는 나그네이기 때문이다.

3. 세속화와의 싸움

현대화는 어느 나라 어느 지역이든 급속도로 진행되는 추세이다. 정글 상황은 좀 느리기는 하지만 예외는 아니다. 현대화를 문제시할 필요는 없지만 현대화 과정에서 저들의 생각의 변화는 저들의 세계관의 변화를 만들어 내기도 한다. 사실, 기독교적 신앙을 가진다는 것은 죄성이 있는 잘못된 전통으로부터 벗어나게 한 것인데 이러한 현대화의 영향이 순진한 저들의 기독교 세계관을 흔들어 놓기도 한다.

나의 제1기 선교사의 삶은 전기 없는 곳에서 살면서 전등도, TV도, 음악도 제대로 듣지 못하며 사니 자연스럽게 자연을 즐기게 되었다. 자연은 인간의 삶에 아무런 죄성이나 악을 제공하지 않고 있어 그 속에 사는 사람들은 순수해질 수밖에 없다는 것을 깨닫게 해 주셨다. 그러나 세속은 급속도로 퍼져 나가고 있다. 말씀의 능력으로 세속에 대항하는 저항력을 가지고 세속이 포함하고 있는 잠재된 죄성을 이길 수만 있다면 그것은 분명 말씀의 능력이고 그 능력은 영적 싸움에서 승리하는 것을 말한다.

마태복음 17장에서 변화산 위에서 신비함을 경험했던 제자들이 예수님께 이곳에서 머물면서 주님의 신비함을 즐기며 평화롭게 사는 것이 세상에서 싸우면서 사는 것보다 낫겠다는 생각에 "주여, 여기 있는 것이 좋사오니"라고 주님께 요청했지만 주님은 제자들을 데리고 그 변화산을 내려오시게 된다.

우리는 쉽게 그러한 안정된 곳을 찾지만 주님의 생각은 다르다. 주님은 우리가 강해지려면 세상 악의 요소들과 대항해서 영적으로 싸우는 것이 성도들이 사는 길이고, 전도의 의무를 감당하는 일이라고 생각하신 것이다.

대체적으로 정글 속의 삶이란 세속과는 거리가 멀기 때문에 그 속에 사는 사람들은 악과는 거리가 먼 삶을 살고 있다. 그들의 종교와 관련되거나 전통적인 풍습에 의한 죄는 있지만 타인에 대한 범죄는 쉽게 찾아 보기 힘들다. 문제는 외부에서 밀려오는 많은 사람들에 의해서 죄성으로 오염이 되기 쉽다는 것이다. 그 오염이란 세상 현대화 속에서 생길 수 있는 많은 반복음적인 요소들이 곁들여 밀려 오고 있어 순수하게 교회에 출석하던 사람들이 이러한 새로운 모습에 관심을 갖기 시작한다. 이들에게는 저항할 수 있는 어떤 예방 주사도 맞은 적이 없기에 쉽게 동요되고 만다. 그래서 그들의 믿는 신앙을 쉽게 포기하거나 타협하게 되는 것이다.

지금 가장 큰 위기는 단순한 삶을 즐기던 사람들의 행복지수가 높지만 현대화하면서 저들에게 편리함을 제공하는 요소들이 저들에게 한 눈을 팔도록 하는 것이다. 오락으로 쉽게 생각을 빼앗기고 시간을 빼앗기게 된다.

여기서 과제는 말씀 교육해서 뿌리를 박을 수 있도록 세속에 대한 면역력을 높여 주는 것이다. 변해 가는 시대에 부응하여 새로운 전략이 나와야 한다.

선교사의 안주(安住)라는 병

선교지는 영적 싸움이 일어나야 하는 것이 정상적인 상황이다. 전쟁이 일어나지 않는 것은 누구나 바라는 평화의 무드이지만 어떻게 보면 사탄이 그들의 공격을 멈추었다는 말도 된다. 사탄은 자신이 공격을 당하거나 싸워야 할 명분이 없다면 싸우려 들지 않을 것이다. 개인적인 삶도 사탄의 도전을 통해서 하나님이 쓸만한 일꾼으로 만드는 경우는 사탄의 시험이 아니라 사탄의 도전에도 충분히 싸우고, 이겨낼 수 있도록 하는 신앙의 방법이 있다. 사탄은 교회가 세워지면 당연히 자신들의 영역이 사라지고 있다는 것을 안다. 선교의 원리는 싸움이 없다면 사탄이 소유하고 있는 땅을 빼앗을 수도 없다. 선교사에게 적과 싸워야 하는 일 외에도 또 다른 싸움은 자신과 싸워야 하는 '안주'라는 병이다.

선교지에는 아무도 우리의 삶을 감독하는 사람이나 간섭하는 사람이 없다. 선교사의 삶이란 환경적으로 조금 불편하기는 해도 마음은 평안하다. 그 이유는 선교사들은 늘 존경받고, 현지인들은 선교사들이 하라는 대로 순종하는 사람들이 많다는 것이다. 이러한 연유로 선교사들은 자기도 모르게 쉽게 권위를 세우고 고집을 부리고 보스의 위치에 서기도 한다. 때문에 선교사들은 계속해서 자신을 돌아보아야 하고, 주님의 "인자가 온 것은 섬김을 받으려 함이 아니라 도리어 섬기려 하고" 하신 말씀을 되새기면서 섬기는 일이 무엇인가에 대한 자신과의 싸움을 계속해야 한다.

어떤 때는 선교사의 행동이 저들에게 배울 수 있는 요소도 되지만 저들 자신들과 '다른 사람'(외국인)이라는 이유 때문에 선교사의 삶에 관심을 가질 필요가 없다고 생각한다. 때문에 선교사들은 스스로가 자기 컨트롤하지 않으면 아무도 지적해 주는 사람도 없고, 무슨 일을 저질러도 문제가 되지 않는 경우도 있다. 이러한 환경에서 선교사의 삶은 자주 말씀과 기도로 씨름해야 하고, 현지인들과의 영적인 모임을 자주 만들어 그들과의 관계가 '친구'로서 그 이상도 그 이하도 아닌 관계가 형성될 때 상호간의 허물없는 충고와 조언이 가능하게 될 것이다.

정글에서 선교사의 삶이 쉽게 안주형으로 바꾸어질 가능성이 있는 이유는 외적인 도전이 없을뿐만 아니라 경제 생활도 원인이 될 수 있다. 정글의 삶에서는 주택비도 많이 안 들고, 식비도 자국에 비해 저렴하거나 현지인에게서 조달된다. 나의 경우 절약한 생활비를 사역비로 보충할 수 있는 기회가 되기도 했는데 이러한 삶은 선교사에게 있어 하나의 특혜로 생각을 하고 있지만 한 편으로 안일하고 자유로움이 사역적 열정이 죽어 갈 수 있겠구나 하는 생각을 하게 된다. 이러한 자신과의 싸움의 승리는 지속적인 영적 싸움에서 승리를 말하는 것이기에 사역적 용기와 열정을 불 태우는 것이 중요하다고 생각을 하게 된다. 우리는 안주형 선교사가 되는 것을 경계해야 하고, 아무리 세월이 지나 시니어가 되어도 초심을 잃지 않아야 격전지에서 공격형 선교사가 될 수 있다고 믿는다.

기도로 일꾼 세우기

　사역 장애물 중에는 늘 일꾼이 부족하다는 것이 가장 큰 장애물이라고 본다. 나는 정글에서의 10년이라는 짧은 봉사였지만, 수많은 간증과 열매 그리고 보람을 생각하면 일생 잊을 수 없는 순간들이 많았다. 선교의 열매 란 현지화되어 현지인들에 의해 지속적으로 만들어져 나가는 것이어야 한 다. 사역에 대해 여러 가지로 평가할 수 있는 것이나 그보다는 나 개인적으 로는 낮은 사람들과의 만남을 통한 나의 적응능력, 나의 낮은 곳을 향해서 만들어지는 인격의 모습, 저들 과의 교제와 대화를 통한 커뮤니케이션 기술 등 내게 돌아온 축복은 셀 수가 없이 많다고 하겠다.

　처음에 수많은 서양 선교사들의 선교지로 여겼던 서부 칼리만탄이 저들 이 떠나면서 공백을 이루게 되었는데 그 공백을 채울 수 있는 인원이 없다 는 것이다. 1983년 인도네시아 정부는 선교사들을 포함해서 모든 외국인들 은 인도네시아인들에게 업무들을 맡기고 떠나라는 정책을 펴기 시작했을 때 저들의 생을 정글 칼리만탄에서 보내겠다고 마음 먹었던 선교사들이 놀 라 부지런히 자신들의 사역을 현지인들에게 맡기려 하니 훈련된 사람이 없 어 이양에 실패하게 되거나 준비되지 않은 현지 지도자들에게 맡김으로 인 하여 사역이 파탄이 나는 경우가 있었다. 그래서 흔적도 없이 사라지는 경 우가 많이 있었다.

　그러나 지금은 다행스럽게도 인도네시아 정부는 교육 사역에 종사하는 선교사들에게 아직도 비자를 허락하게 되어 학교를 세우는 일을 하면서 계 속적으로 비자문제를 해결할 수 있었다. 말하자면 인도네시아 정부는 현지 사람들이 할 수 있는 사역들은 현지인들에게 맡기고, 현지인들이 할 수 없는 교육 사역 등은 외국인이 할 수 있도록 허락을 한 것이다. 이러한 일을 당연히 선교사들의 사역의 목표로 삼아야 하고 현지 지도자들이 세워지는 것이 선교 사역의 마지막 단계이어야 한다. 이러한 비자 문제는 어떻게 보면 사역의 현지화, 현지 지도력을 세우는 선교를 해야 한다는 관점에서 보면 정부의 비자 정책이 이러한 선교적 목표를 빠르게 이루도록 도와 주는 격이 되었다. 사실, 선교는 각 나라의 정치 구조나 종교 정책에 많은 영향을 받게 되지만 우리의 자세는 그러한 환경에서도 하나님의 지혜로 상황에 걸맞는 전략을 세우는 것이 현대 선교의 열쇠라고 생각한다.

처음부터 부족한 일꾼들에 대해서 언급을 많이 했지만 한국 선교사들이 많이 파송되어 기회가 주어진 정글 속 사역을 많이 해야 할 여지를 남겨 놓고 있지만 아직도 부족한 일꾼들의 숫자는 날마다 늘어나고 있다. 선교사들은 정글의 현장 사역도 필요하지만 도시에서 구체적으로 현장에서 일할 수 있는 사역자들을 위한 훈련프로그램을 개설해서 같이 오지로 들어가 사역하고 나오는 것도 잘만 기회를 만들면 바람직한 사역이 될 수 있는 모델이라고 생각한다.

개교회 지도자들 훈련은 현장 중심의 실질적 훈련이 될 수 있고, 너무 많은 경비를 들이지 않고도 가능하며, 지속적인 관리체계를 세워 나갈 수 있다는 점에서 좋은 사역이라 할 수 있을 것이다. 이러한 사역은 자녀 교육 때문에 대도시, 소도시 등 선교사들이 정글에 살지 않아도 되는 비거주 선교 사역 개발이라는 차원에서 디자인해 나가는 것이다.

기도의 능력이 일꾼 부족의 문제를 채워갈 수 있을까? 예수님은 가능하다고 말씀하셨다. "그러므로 추수하는 주인에게 청하여 추수할 일꾼들을 보내 주소서 하라"(마 9:38). 일꾼의 주인은 주님이시기에 우리는 일꾼을 보내 달라고 기도할 필요가 있고, 일꾼을 훈련해 내야 할 필요도 있다. 기도를 부탁하는 일이 가벼워서는 안된다. 기도의 힘은 막강한 것이며, 기도의 능력으로 사역을 했다는 '죠지 뮬러'의 모습은 선교의 열쇠는 기도라는 것을 말해 주고 있다. 기도를 사역화시킬 필요가 있다. '기도하면 하나님이 일하시지만 기도하지 않으면 우리가 일을 해야 한다'는 말이 있듯이 하나님의 능력을 힘 입는 일은 하나님과의 동역을 말한다.

한국 선교사들은 같이 일하기가 힘든 각자가 지도자, 각자가 탁월한 모습 때문에 모래알이 되기 쉽다. 그렇다면 억지로 협력을 강조하거나 같이 일하는 모델들보다는 현지인들과 협력모델을 만들어 갈등없이 사역을 개발하는 것도 바람직한 모델이라고 생각한다. 차라리 문화가 다르면 상호 갈등이 많지 않다는 것이다. 나의 일본 선교사들과의 동역 경험은 많은 일들을 같이 해 냈고, 완전 이질적인 사람들과 동역을 통해서 만들어졌다. 나는 더 많은 한국 선교사가 칼리만탄에 파송되어 오기를 기도하고 있지만 부족을 채울 수 있는 또 다른 방법은 한 사람의 선교 역량을 확대하는 방법으로서 현지인과의 동역을 주장하는 것이다.

주님은 요한복음 17장에서 "그들도 다 하나가 되어"(21절) 믿는 일에 하나됨을 위해 기도하셨다. 이것이 바로 필요한 일꾼들을 위한 기도가 아니겠는가?

서부 칼리만탄 선교를 맺으면서

1981년 스파욱을 떠나면서 성도들이 보여준 사랑을 지금도 생생하게 기억한다. 스파욱 교회 성도들은 떠나는 우리 가족을 위해서 처음으로 나무 제재소에서 사용하는 좋은 보트를 교회 앞 까푸아스 강 섶에 대 주었다. 내가 놀란 것은 정글에 살면서도 그렇게 좋고 빠른 배를 타 본 일이 없기 때문이다. 그것은 나와 아내 그리고 딸 연주가 짐들을 싣고 폰티아낙으로 떠나는 큰 배에 연결하기 위해 2시간을 달려야 할 스피드 보트이다. 마치 바울이 에베소를 떠나면서 바닷가에까지 나와 환송했던 그 모습을 재연하는 것 같았다.

떠나기 전에 스파욱 교회 모든 교인들이 까푸아스 강변까지 나왔었고, 정글 교회들에서도 온 많은 교인들이 우리가 떠나는 것을 보기 위해서 먼 길을 걸어 같이 환송을 나왔다. 정글에서 온 한 성도가 1만 루피아(10불)를 교통비로 사용하라고 나의 주머니에 넣어 주었다. 그러면서 내 손을 잡고 눈물을 흘리는 것이다. 영락없이 옛날 시골 할머니를 보는 것 같았다. 적은 돈이지만 그들에게는 큰 마음이었다. 나는 다시 돌아오겠다는 약속을 했지만 지키지 못한 것을 지금도 아쉬워한다.

1988년 12월 안중안 신학교 프로젝트를 끝내고 떠나는 길이었다. 신학생들은 우리와 함께 5년을 같이 한 캠퍼스에서 지내면서 학교를 짓고 나무를 심으며 피곤한 몸으로 말씀을 배웠던 개척자들이기에 많은 정이 들었다. 더욱이 처음 학교를 짓는 과정에서 학생, 교수 모두 할 것 없이 손에 흙을 묻히며 쌓아 올린 벽돌, 나무를 심고, 계단을 만들기 위한 작업 등이 모두 내 머리에 생생하다. 이렇게 사랑하는 또 다른 자녀들을 두고 떠날 때의 아픔을 경험하지 못해본 사람은 모를 것이다. 이러한 떠남의 아픔은 하나님의 더 큰 사역을 위하여, 그리고 후임자를 통해서 세워질 더 좋은 학교를 만들기 위해서, 그리고 현지 지도력이 세워지게 하는 하나님의 계획임을 알고 있었다. 떠나는 일은 마음 아픈 일이지만 더 큰 일을 계획하신 하나님께 대한 나의 순종은 더 큰 사명이다.

나는 칼리만탄 사역 이후 싱가포르에서 사역했지만 나의 대부분의 간증

거리가 제일 많은 곳은 역시 칼리만탄에서의 삶이다. 그만큼 어려움도 많았지만 축복도 많았다는 말이다. 나의 사역이 다양성 있게 전개될 수 있었던 것은 하나님께서 처음부터 정글 현장에 투입시키기 위해 나에게 고된 훈련을 시켜 주셨고, 지금도 부족한 것이 많음을 고백하지만, 고린도전서 1장 27절에 "하나님께서 세상의 미련한 것들을 택하사 지혜 있는 자들을 부끄럽게 하시고 세상의 약한 것들을 택하사 강한 것들을 부끄럽게 하려 하시며"라는 말씀이 정확하게 나에게 하신 말씀으로 믿고 있다.

분명한 것은 내가 소진한 것보다 받은 축복이 더 많았고, 저들에게 가르친 것보다 내게 배움이 많았고, 내가 준 것보다 받은 것이 더 많았다는 것이다. 나 같은 약한 것을 쓰실 수 있다면 세상에 더 많은 훌륭한 분들을 하나님께서 쓰시지 않겠나 생각하게 되는데, 헌신만 있다면 하나님이 그를 통해서 더 큰 일을 이루시리라 믿는다.

솔리 데오 글로리아!(Soli Deo Gloria!)